河北科技师范学院学术著作出版基金资助
河北省社会科学基金项目（HB10EYJ236）后续研究成果
河北省社会科学发展研究课题（20200202052）后续研究成果

休闲农业与乡村旅游发展模式研究

张亚卿 著

燕山大学出版社
·秦皇岛·

图书在版编目（CIP）数据

休闲农业与乡村旅游发展模式研究/张亚卿著. —秦皇岛：燕山大学出版社，2024.12
ISBN 978-7-5761-0571-1

Ⅰ.①休… Ⅱ.①张… Ⅲ.①观光农业－研究－中国②乡村旅游－旅游业发展－研究－中国 Ⅳ.①F592.3②F592.3

中国国家版本馆 CIP 数据核字（2023）第 200122 号

休闲农业与乡村旅游发展模式研究
XIUXIAN NONGYE YU XIANGCUN LÜYOU FAZHAN MOSHI YANJIU

张亚卿 著

出 版 人：陈　玉	
责任编辑：孙志强	策划编辑：孙志强
责任印制：吴　波	封面设计：刘馨泽
出版发行：燕山大学出版社	电　　话：0335-8387555
地　　址：河北省秦皇岛市河北大街西段 438 号	邮政编码：066004
印　　刷：涿州市般润文化传播有限公司	经　　销：全国新华书店
开　　本：710 mm×1000 mm　1/16	印　　张：14
版　　次：2024 年 12 月第 1 版	印　　次：2024 年 12 月第 1 次印刷
书　　号：ISBN 978-7-5761-0571-1	字　　数：243 千字
定　　价：69.00 元	

版权所有　侵权必究
如发生印刷、装订质量问题，读者可与出版社联系调换
联系电话：0335-8387718

前　言

乡村有久违的乡音、乡土、乡情，有古朴的生活、恒久的价值和传统，更有沉浸在骨子里的、浓厚的农耕文明和精神。中国的乡村有文化、有历史、有家族、有独特的生活方式，离开乡村无法解读中华文明。据统计，2000—2010年，我国自然村由363万个锐减至271万个，10年间减少了90多万个，其中包含大量传统村落。截至2020年，中国还有238万个自然村落，大部分有一定资源条件的村落，都可以发展休闲农业与乡村旅游，但休闲农业与乡村旅游并非村落发展的唯一途径。

休闲农业与乡村旅游首先是一种生活方式，然后才是一种旅游方式。城市追求速度和效率，快节奏的生活使人们压力倍增，乡村则比较注重人与自然、生态及文化的共融，创造闲适的生活空间。乡村是人类共同的家园，给人最大的感受是宁静、和谐、唯美，只有以乡村的生活方式做深度体验，才能真正地体验乡村。旅游化的乡村生活有选择地融入现代人的生活方式、情感喜好、审美情趣，形成旅游休闲形态的乡村品质生活。旅游化的乡村生活是全域旅游的乡村版，是有别于城市的一种生活空间和生活方式，更是一种精神的追求。既有的大农业、乡村的居住、交往、互助、劳作、守序、崇文、依赖等关系与情感，造就乡村生活的闲适性，这正是当下休闲旅游市场所追求的。传统手工业、创意的乡村文化产业等，都是增强乡村生活舒适性和吸引力、复兴乡村的资源保障。

休闲农业与乡村旅游市场需求旺盛、富民效果突出、发展潜力巨大，是新时代促进居民消费扩大升级、实施乡村振兴战略、推动乡村产业高质量发展的重要途径。"十四五"时期，在全面推进乡村振兴战略背景下，加之新冠疫情的长期性、不间断影响，休闲农业与乡村旅游将面临什么样的内外部环境，又会迎来什么样的变化呢？休闲农业与乡村旅游规划不仅是吃住行游购娱单体要素的配置，还包括旅游设施、旅游业态、旅游产品等基本旅游要素，还涉及乡村产业、空间结构、乡风文明、生态建设等各方面的统筹，是一个全面且综合的整体业态体系布局方案。交通区位优越、风貌保存完整、文化底蕴深厚、资源特色突出、产业基础优良和资本进入较易的乡村，更容易发展成为乡村旅游体验目的地。

对于本书，笔者最初的构思始于2010年的研究课题。2010—2011年，主持完成河北省社会科学基金研究课题："环京津休闲旅游带的产业融合存在问题及对策研究"（HB10EYJ236），开始关注休闲旅游及产业融合问题。2014—2015年参与河北省教育厅重大课题攻关项目："京津冀一体化下燕山农业特色产业发展战略研究"（ZD201451），开始思考从农业特色产业角度推进休闲农业发展。2015—2016年主持完成河北省社会科学发展研究课题："基于地格理论的河北省燕山地区休闲农业转型升级研究"（2015030239），开始思考河北省燕山地区休闲农业的整体规划与发展，撰写完成著作《河北省燕山地区休闲农业发展研究——基于地格理论视角》。2017—2018年主持完成河北省社会科学发展研究课题："河北省中小学生研学旅行的教育研究"（201703040105），将中小学的自然认知教育融入休闲农业与乡村旅游，撰写完成著作《河北省中小学生研学旅行发展研究》。2020—2022年主持完成河北省社会科学发展研究课题："优势特色种植业与深度休闲游助推河北燕山地区产业提档升级研究"（20200202052），继续深入研究乡村地区优势特色产业与旅游业的融合发展。基于前期的研究工作和科研实践，笔者开始重点关注休闲农业与乡村旅游的发展。基于此，才有了本书的构思和执笔，系统地思考我国休闲农业与乡村旅游发展过程中的诸多问题，客观冷静地审视当前的发展热潮。

在乡村地区开展的旅游活动，我国有观光农业、休闲农业、乡村旅游、休闲农业与乡村旅游等多种叫法，本书对休闲农业与乡村旅游之间的关系进行辨析，并规范统一为休闲农业与乡村旅游。全书结合我国各地发展实践，精选大量经典案例对我国休闲农业与乡村旅游的发展历程、发展条件及发展模式等进行了系统研究，致力于乡村旅游产业的可持续发展，为全面推进乡村振兴作出贡献。

由于我国乡村地域广阔，各地社会经济条件千差万别，因此没有任何模式可直接照搬，需因地制宜地加以借鉴。近年来，笔者多次到各地乡村进行调研，但由于时间、财力、物力、人力等多方面因素的局限，很难全面地实地考察，因此在研究方面存在一些局限性及片面性。本书集合了笔者多年科研实践和课堂教学工作的启示和想法，可能部分研究内容与一些学术观点存在差异，而且由于时间仓促和精力有限，书中难免会有一些错误和不妥之处，希望学术界同人多多批评指正。

本书的完成离不开众多朋友的关心、支持和帮助。首先，感谢学校的各位领导和老师，在撰写过程中给予了笔者全方位的关心和帮助；其次，感谢学校乡村振兴研究中心和河北省高等学校人文社会科学重点研究基地（河北科技师范学院冀东文化研究中心）的大力支持；最后，感谢在教学过程中给予笔者创新思路的学生们。

河北科技师范学院　张亚卿
2023 年 11 月于秦皇岛

目 录

第一章 认识休闲农业与乡村旅游 ………………………………… 1
 第一节 农业与休闲农业 ……………………………………… 1
 第二节 乡村与乡村旅游 ……………………………………… 8
 第三节 休闲农业与乡村旅游的联系 ……………………… 17
 第四节 发展休闲农业与乡村旅游的意义 ………………… 19

第二章 休闲农业与乡村旅游发展的理论基础 …………………… 26
 第一节 可持续发展理论 ……………………………………… 26
 第二节 产业融合理论 ………………………………………… 28
 第三节 旅游地生命周期理论 ………………………………… 29
 第四节 利益相关者理论 ……………………………………… 31
 第五节 体验经济理论 ………………………………………… 33
 第六节 文化记忆理论 ………………………………………… 34
 第七节 地域分异规律理论 …………………………………… 36

第三章 休闲农业与乡村旅游的开发原则 ………………………… 38
 第一节 原真性原则 …………………………………………… 38
 第二节 特色性原则 …………………………………………… 40
 第三节 主题性原则 …………………………………………… 41
 第四节 协调性原则 …………………………………………… 42
 第五节 因地制宜原则 ………………………………………… 43

第四章　我国休闲农业与乡村旅游发展历程·················45
第一节　1.0 时代：乡村农家乐——雏形期（20 世纪 80 年代末期至今）··················47
第二节　2.0 时代：乡村休闲——发展期（2004 年至今）··········52
第三节　3.0 时代：乡村度假——成熟期（2012 年至今）··········61
第四节　4.0 时代：乡村旅居——突破期（2016 年至今）··········67

第五章　休闲农业与乡村旅游发展条件及目标·················71
第一节　资源··········72
第二节　游客··········76
第三节　社区··········78
第四节　投资商··········81
第五节　政府··········83
第六节　旅游可持续发展··················108

第六章　休闲农业与乡村旅游发展模式研究概述··················111
第一节　乡村旅游发展模式研究··········112
第二节　休闲农业发展模式研究··········114
第三节　休闲农业与乡村旅游发展模式··········115
第四节　发展模式综述··········115

第七章　休闲农业与乡村旅游的开发模式··················117
第一节　景区依托型发展模式··········117
第二节　城市依托型发展模式··········128
第三节　产业带动型发展模式··········135
第四节　创意主导型发展模式··········145
第五节　特色资源依托型发展模式··········153

第八章 休闲农业与乡村旅游的经营管理模式 160
第一节 经营管理模式概述 160
第二节 "农户+农户"模式 163
第二节 个体农庄模式 165
第三节 "村集体+农户"模式 169
第四节 "企业+农户"模式 175
第五节 股份制模式 179
第六节 "政府+企业+农户"模式 183
第七节 "政府+企业+农民旅游协会+旅行社"模式 187
第八节 典型模式对比分析：西递与宏村旅游发展模式比较 190
第九节 经营管理模式总结 193

参考文献 195

第一章　认识休闲农业与乡村旅游

第一节　农业与休闲农业

一、农业

（一）农业的概念

地球上的农耕发明，被称为"绿色革命"或"新石器时代革命"。一般认为，在采集经济基础上产生了农业生产活动。大约在一万年前的旧石器时代末期或新石器时代初期，人们把一些可食植物栽培、驯化为农作物，在实践的过程中逐渐产生了农业。农业是人类社会赖以生存的基本生活资料的来源，是支撑国民经济建设与发展的基础产业。

农业是指利用动植物等生物的生长发育规律，通过人工培育来获得产品的生产活动。广义农业包括种植业、林业、畜牧业、副业和渔业。数千年来，中国农业一直以种植业为主。由于人均耕地面积相对较少，粮食生产占据主要地位，所以狭义的农业仅指种植业或农作物栽培业，包括粮食作物、经济作物、饲料作物和绿肥等农作物的生产活动。农业的劳动对象主要是有生命的动植物，生长繁育周期长，具有强烈的季节性和地域性；生产时间与劳动时间不一致；产品大多具有鲜活性，不便运输和储藏，单位产品的价值较低。农业生产的基本特点是经济再生产与自然再生产相互交织。

（二）农耕文明

中国五千年的文明就是乡村主导的文明，古代农村是耕读乡村，秉承耕读传家，劳作滋养身体，读书修身养性的理念，形成物质与精神生活的良性循环。[1]为适应生活、生产的需要，在长期的游牧和农耕历史中，形成了包含国家管理理念、人际交往理念，以及语言、戏剧、民歌、风俗及各类祭祀活动等文化集成的农耕文明。现如今保留相对完好的古村镇承载着中华民族不同历史时期的仍存活的文明形态和文明历史，是未来最稀缺的旅游资源。中国早期农业呈现南稻北粟的格局，即南方以水稻为代表的水田农业和北方以粟为代表的旱作农业两大系统，同时结合发展手工业和家畜饲养业。

在我国农业发展史上，耕作制度大致由撂荒耕作、休闲耕作、连作耕作、轮作耕作向复种耕作发展。复种耕作制又因地制宜地发展了间种、套种、混种等多种形式。以生产工具发展为标志，耕作方式由传统农业的刀耕火种、石器耕锄、铁犁牛耕向现代农业的全机械化耕作发展。在长期的采集野生植物的过程中孕育了旱地栽培、水田栽培、覆盖栽培、节水栽培、垄作栽培、梯田栽培、畦作栽培、无土栽培、温室栽培等多种栽培方式。劳动人民通过农田水利灌溉与排水工程保障农田用水供给，采用了许多节约水资源的灌溉方法，改漫灌为喷灌、滴灌、渗灌等，提高了水资源利用率；兴建了许多利于灌溉的工程，如四川省的都江堰、新疆的坎儿井等，已成为我国伟大的文化遗产。

我国从秦汉时期就有二十四节气、七十二候的完整记载，是劳动人民长期经验的积累与总结。二十四节气是依据黄河流域的时令、气候、物候等方面变化规律建立起来的，能反映物候和季节的变化，指导农业生产活动及衣食住行等日常生活。我国地域辽阔，各地气候条件复杂多样，黄河流域以外的其他地区，二十四节气只能起参考作用。二十四节气蕴含着丰厚的中华传统文化，有关二十四节气的农事、民俗、诗词、谚语、饮食、养生等，不仅是在讲述人与自然、人与人的关系，更是在讲述人类生存的基本法则。2016年，中国"二十四节气"被正式列入联合国教科文组织人类非物质文化遗产代表作名录，旨在传承和保护二十四节气，使其在当代社会文化生活中焕发出新的活力。

全球重要农业文化遗产（GIAHS），是指农村与其所处环境长期协同进化和动态适应下所形成的独特的土地利用系统和农业景观，[2]具有丰富的生物多样性，是人类长期的生产、生活与大自然所达成的一种和谐与平衡，有利于区域可持续发展。2002年，联合国粮食及农业组织正式启动全球重要农业文化遗产保护项目，旨在建立全球重要农业文化遗产及其有关的景观、生物多样性、知识和文化保护体系。联合国粮食及农业组织官网统计数据显示，截至2023年11月，共认定了26个国家的86个系统及遗产地，其中我国遗产总数达到22个，居世界各国首位。我国原农业部于2012年开始启动中国重要农业文化遗产的发掘与保护工作，截至2023年11月，我国共组织认定了7批188项中国重要农业文化遗产，挖掘、保护、传承和利用工作正在积极推进。农业文化遗产保护，旨在将传统农业知识与经验在新的历史条件下得到弘扬，为我国生态文明建设提供历史的教训与借鉴，不是保护落后，而是传承农业精华，与当前倡导的"生态农业""循环农业""低碳农业"理念等同。

农业文化遗产所在地优越的自然生态环境，多样的文化遗产，尤其是地域独特的农业生产方式和农民生活方式、品质优越的农副产品，成为休闲农业与乡村旅游发展的重要依托资源。中国科学院地理科学与资源研究所研究员闵庆文认为，农业文化遗产旅游应当走全域旅游发展之路，需要处理好六个关系，即农业与旅游的关系、居民与游客的关系、企业与社区的关系、不同从业者的关系、景点与景区的关系、淡季与旺季的关系，注意保护品种资源、生态环境、传统技艺、传统知识等，让旅游开发有益于农业文化遗产保护传承，让传统农业生产得以可持续发展。[3]

目前，公众一直在谈的"三农"问题，远不能满足时代发展的诉求，一味地要求恢复过去农业生产方式的做法是不可取的。中国艺术研究院研究员苑利认为，农业文化遗产保护应秉持大遗产概念，包括农业生产经验和农业生活经验两部分。与农耕生活息息相关的传统工艺技术、传统礼仪节庆、表演艺术等农业生活经验，是农民闲暇之余的娱乐活动，将其纳入农业文化遗产当中，既能满足游客的休闲娱乐需求，还能为农民带来部分额外收入。自然、无污染的传统农耕技术、传统文化，是当时先进文化的代表，也是当代学习的榜样。当今的任务是在充分继承农业文化遗产的同时，利用现代技术改进农业技术，使之符合当代需求，让农业文化遗产以鲜活的状态存在并服务于当下。[4]

（三）农业发展趋势

中国农业正处于经济转型的十字路口，正在由传统农业加速向现代农业转型。与世界先进农业相比，我国农业与之还有一定差距，比如技术研发落后、产品标准化较差等。传统农业正在遭遇发展瓶颈，一些小村庄会逐渐消失，农业人口将进一步减少，劳动力成本优势不再明显，农民将慢慢转变为新型职业农民。很多"新农民"来到农村，带来雄厚的资金，先进的理念、经验和管理技术，通过流转等方式将土地集中到一起，为规模化生产做好铺垫。[5]

现代农业是与传统农业相对应的概念，是在现代工业和现代科学技术基础上发展起来的商品化、社会化的农业，互联网、高科技为农业发展带来创新和活力。现如今，农业已经不再是单一的生物产品生产行业，农业生产从手工劳动到机械化操作，再到信息技术的广泛应用，传统农业向现代农业转型发展，现代农业有了乡村产业的全方位展示。农业与工业的结合日益深入，农业生产逐渐走向研发、生产、销售、流通一体化的道路，拓展了农产品的附加值空间，推动了农业经济的综合发展，加速推进农业产业化进程。21世纪是农业发展的重要阶段，以互联网为代表的计算机网络技术、以基因工程为核心的现代生物技术、以高科技为基础的温室技术、以GPS为代表的精准种植技术应用于农业生产与推广，促进了"精准农业"的产生。随着观光农业、订单农业、都市农业、休闲农业、生态农业的兴起，农业跨领域整合资源，产业之间呈现融合态势，第一、二、三产业的融合发展将致力于乡村振兴战略。

我国的粮食高产量是以大化肥、大农药、大量消耗地下水为代价的，农业生态环境被严重污染，粮食安全问题不容乐观。在取得成效的同时，更应注意到，工业化农业的发展面临着能源枯竭、环境污染和生态失衡等一系列问题，未来的新科技革命将着力解决工业化农业带来的能源、环境和生态问题，农业的可持续发展任重而道远。从可持续发展的角度看，要解决粮食安全问题,未来农业只能走高效生态循环农业的道路,用工业化理念推进农业现代化。借鉴工业化理念,农业劳动向机械为主转变,农业决策向科学决策为主转变,农产品销售向深加工为主转变,把现代经济的管理理念、组织方式、营销手段、科学技术引入现代农业生产,为我国农业发展问诊号脉。[6]

二、休闲农业

(一)休闲的含义

休闲之事古已有之。休闲有两层含义,一是消除体力上的疲劳;二是获得精神上的慰藉。休闲发端于物质文明,物质文明又为人类提供了闲暇、伴生了闲情逸致。在现代,国民把休闲上升到文化范畴,具有鲜明的时代特征。在《辞海》中,"休"有"吉庆、欢乐"的意思;"闲"有安静、清静的意思。从词意的组合上,表明了休闲所特有的文化内涵,表达了人类生存过程中劳作与休憩的辩证关系,又喻示着物质生命活动之外的精神生命活动。[7]

亚里士多德被称为"休闲之父",他在著作《政治学》中曾有这样的表述:"休闲才是一切事物环绕的中心。"他认为休闲是人的本性所为,重点强调如何经营休闲生活。在《马克思恩格斯全集》中,马克思提出了与劳动观相对应的休闲思想。在马克思眼中,"休闲"一是指"用于娱乐和休息的余暇时间";二是指"发展智力,在精神上掌握自由的时间"。某种意义上,休闲与马斯洛"层次需求论"中最高级的自我实现理念相一致。当人类的物质财富达到一定水平,就会寻求生存过程中劳作与休憩的平衡,即对精神生命活动的追求。休闲是人类社会发展的一种存在形式。劳作是为了休闲,休闲是人类生活的最高境界。

(二)中国式休闲

21世纪休闲产业将成为全球经济的最大推动力。旅游与休闲的结合,旨在引领一种全新的高品质休闲生活方式。从20世纪80年代开始,我国工时制度调整经历了每周六天工作制、隔周五天工作制到每周五天工作制。1999

年我国开始实施"黄金周"长假制度，形成春节、劳动节、国庆节三个黄金周长假。2007年修订、2008年1月1日开始施行，劳动节法定假期变为1天，为弘扬中国传统节日而增设清明、端午和中秋三个法定假日，各放假1天。2007年12月国家颁布了《职工带薪年休假条例》，国民才慢慢开始考虑如何打发不工作的时间，休闲最初是被动的。"黄金周"的出现，把国民带入了旅游大军的行列，媒体纷纷用"井喷"来形容旅游热潮，"黄金周"假日经济效益凸显的同时，也带来了交通通达、景区产品供给、旅游安全等种种难题，违背了旅游活动的初衷，与国民期望的休闲生活还有很大差距。

我国旅游业经历了从"小众"到"大众"的转变，休闲度假理念也开始由社会金字塔尖的人群，逐渐向中产阶层广泛传播。中国旅游研究院院长戴斌指出，当前中国已进入大众度假时代，旅游也成为百姓常态化的生活方式。休闲产品也同样是在小群体范围内兴起，继而逐渐在大众中推广开来，当然距离人人休闲还有相当的距离。休闲度假目的地也从生态环境日益糟糕的城市转向没有被污染的广大农村地区，乡村俨然成为新的休闲潮流目的地。

随着我国休假制度的调整与带薪休假的逐步推广，国民的休闲意识已被全面调动，但更多停留在对假期的延长上，[8]还处于全民休闲的初级阶段。政府、企业更多地关注休闲产业所带来的经济效益，而国民需要的只是休闲享受和享受休闲，我国的休闲产品、休闲体制显然还不能满足国民的休闲需求。我国闲暇时间具有长期增加的趋势，但增速却是递减的。纵观国外发达国家，闲暇时间远高于我国，且机制灵活。我国闲暇时间短缺将成为未来制约休闲消费增长的最主要因素。[9]

全国政协委员、经济学家蔡继明教授，中国旅游研究院院长戴斌，北京交通大学旅游与规划研究中心主任王衍用，北京第二外国语学院旅游发展研究院院长张凌云等众多专家均认为，只有全面推行带薪休假，国民才可以自由选择放假时间，才能改善法定假日"全民赶集"的局面。笔者认为，假期的延长并不能实质性地解决人满为患的局面，也不能实现真正的休闲，让更多的国民依法享有"个人黄金周"，理性选择休闲方式、合理安排闲暇时间才是理想的途径。

（三）休闲农业一般概念

为缓解工作、生活压力，城市居民到乡村享受悠闲、体验生活，首先是20世纪30—40年代在意大利、奥地利等地兴起生态休闲农业，随后在欧美国家迅速发展起来。近年来，亚洲地区如以色列、日本以及中国台湾等地的休闲农业也得到充分的发展。日本、美国等发达国家的休闲农业发展已经进入高级阶段——租赁。休闲农业这一概念多在亚洲的日本等国家和中国台湾地区流行，而乡村旅游的概念则多被欧美国家广泛采用。[10] 国际上与休闲农业相关或者意义接近的词语有 Agritourism，Farmtourism，Rural Tourism，Farm Tourism，Village Tourism，Alternative Tourism，Green Tourism 等。

台湾地区是我国休闲农业发展最早，也是最发达的地区。1989年，台湾大学受"农委会"委托，举办了"发展休闲农业研讨会"，提出休闲农业的概念。随后，台湾当局对休闲农业定义进行界定，[11] 即利用田园景观、自然生态及环境资源，结合农林渔牧生产、农业经营活动、农村文化及农家生活，提供人们休闲，增进人们对农业及农村的体验为目的的农业经营。台湾学者的定义更加强调除传统的农业生产功能之外的其他功能的拓展。台湾于20世纪90年代初在其当局制定的《农业综合调整方案》中，首次提出农业、农民、农村"三位一体"和生产、生活、生态"三生农业"的概念。台湾休闲农业在主推"体验经济"之后，还出现了"分享经济"的理念，即休闲农业经营者与游客分享乡村生活，变"顾客是上帝"为"与客人首先成为志同道合的朋友"，倡导"拥有不如享有"的消费理念。特别是头城休闲农场的创办人卓陈明女士将现代农业的功能从"三生"拓展为"四生"，即增加了"生命的体验"。台湾地区以农业生产、乡村生活体验以及创意文化为支撑的休闲农业已日渐发展成熟。台湾地区休闲农业成为其农业发展的特色，也是其农业成功转型的标志。

我国大陆的休闲农业则是萌芽于20世纪90年代的深圳荔枝园采摘活动。早期的"休闲农业"往往被称为"观光农业"，当时主要是以在农村观光采摘、感受农村生产环境、文化氛围为主。国内学者中对休闲农业没有权威的定义和统一界定，也未见完善的理论体系，代表性的有范子文（1998）[12]、戴美琪（2006）[13]、郭焕成（2008）[14]、范水生（2011）[15]等人的研究，但对休闲农业同时具备农业和旅游业的特性都有所认同。学术界对休闲农业大致从三个角度进行基本属性的认定，第一种是从农业角度出发，重点强调休闲农业作为农业生产经营活动的特性，是发展农业农村服务业的结果；第二种是从旅游业角度出发，强调休闲农业的旅游产业特性，核心是旅游服务、旅游项目；第三种是从新型产业角度出发，强调休闲农业是农业与旅游业交叉融合的产物。随着社会经济的发展、人类消费观念的升级，休闲农业的活动形式从最初级的观光、采摘向休闲度假转移，其概念和内涵也在逐步深化。

综上所述，可以发现休闲农业以"三农"为背景，以有形的农业生产和无形的乡村文化资源为基础，开展多种形式的休闲项目，提供休闲游憩服务，是农业资源与休闲游憩活动整合形成的新兴休闲产业。休闲农业突破了传统农业的掠夺式生产模式，既是传统农业向高效现代农业的功能延伸和产业拓展，也是旅游业为满足市场多样化需求而进行的横向拓展。

第二节 乡村与乡村旅游

一、乡村

（一）乡村的概念

在《辞源》中，乡村被解释为主要从事农业、人口分布较城镇分散的地方。[16]就城乡关系而言，乡村与城市相对应，两者居住环境不同，突出地域概念；从产业关系来看，乡村与农村意义相近，农村是指从事农业生产为主的劳动者聚居地，乡村和农村相互独立却又相互并存。[17]现代意义上的乡村包括自然村落、村庄，在中国，乡村指县城以下的广大地区，是一个地域综合体。事实上，乡村不只有农业、农民，不只提供农产品，还有非农产业，还有非农的从业者。随着城市化的逐步推进，乡村的功能在不断地发生变化。按照乡村的经济活动内容，可分为农、林、牧、渔村，以一业为主，也有农林、农牧、农渔等兼业村落；根据乡村是否具有行政含义，可分为村落实体的自然村和行政实体的行政村。城镇人口相对比较集中，而乡村地区人口呈散落居住状态。山区由于地形复杂，可用作聚居的土地资源有限，人口聚居较平原区更为分散，呈现出"大分散、小聚居"的特点。

工业化社会之前，社会中大部分的人口居住在农村，进入工业化社会之后，这一比例逐渐发生逆转。我国城市化经历了曲折的发展过程，数据统计显示，1949年末我国共有132个城市，城镇化水平为10.6%，1978年提升为17.9%。改革开放以来，城市化进程加快，2008年，我国城镇人口达到6.07亿，城镇化水平提高到45.68%。2019年，国家发展和改革委员会制定下发了《2019年新型城镇化建设重点任务》，近百个城市落户限制取消或将放开放宽，农业转移人口进城落户更加便捷，在农村居住的社会人口会越来越少。由于我国人口基数大，即使将来30%～40%的人口留在农村，也仍然是一个不小的人口数字，所以，我国整体经济发展水平的提高在很大程度上取决于农业农村的发展。《国家新型城镇化规划（2014—2020年）》中提出，到2020年，常住人口城镇化率达到60%左右，户籍人口城镇化率达到45%左右的目标，在部分或提早完成既定目标的背景下，更应关注如何将人口从大城市向中小城市分流。根据国家统计局《中华人民共和国2021年国民经济和社会发展统计公报》统计数据，2021年年末全国常住人口城镇化率为64.72%，比上一年末提升了0.83个百分点。政府要遵循城镇化发展规律，首先要满足农民的需求。未来中国的城镇化率有望达到70%左右，与发达国家持平。

《中华人民共和国2021年国民经济和社会发展统计公报》数据显示，2021年末全国农民工总量为29 251万人，比上一年提升了2.4个百分点，农民进一步从土地中解放出来，但农民工进城速度出现放缓趋势。由于就业吸纳能力、基础设施和公共服务水平等存在一定差异，不同城市对非户籍人口的吸引力也有高低之分。人口选择性地流向大城市，大城市人口将继续快速增长，部分三四线城市却增长乏力，甚至面临着人口外流的压力。我国城镇化发展由高速度增长向高质量增长转变，增长速度逐渐放缓。深圳大学管理学院院长刘军指出，在推动城镇化发展的同时，需要加快中小城市产业化的发展，向中小城市引流。中国社科院农业发展所李国祥研究员、首都经贸大学特大城市研究院蒋三庚教授均赞同，城市在发展过程中要尊重城镇化规律，为农民工进城获得城市户口和享受城市服务创设条件，引导农民进城变为城市户籍居民。[18]

长期以来，由于乡村地区交通不发达、生产力低下，自然生态环境得以更好的保留，破坏程度远低于城市。随着城市环境污染加剧，城市生活工作压力增大，越来越多的城市居民开始选择到乡村去休闲、度假或建立第二住所。国家加快城镇化建设，人口大量涌向城市，随着城镇化建设速度放缓，劳动力不同程度地出现过剩，农民又逐渐回归乡村。再加上国家对乡村的福利政策越来越多，越来越多的农民选择返乡务农、创业。

（二）乡村发展

乡村是生产力发展到一定阶段的产物。未来，当生产力发展到一定程度，城市与乡村的本质差别将逐渐消失。很多人有这样的疑问：未来中国的乡村还会存在吗？如果是以农耕文明为典范的乡村肯定不复存在，取而代之的是以农业机械化、农业科技化、农业规模化为主导模式的乡村，会释放更多的土地进行生态养护，农民会更多集中到小镇上定居。在世界乡村向社区、家庭、生态、自给自足回归的时代，农村原有的老农民、回乡创业的新乡贤、到乡村去度假的城市居民，逐渐回流乡村，逆城镇化潮流开始。农民会越来越职业化，新型职业农民出现，乡村社会结构将发生变化。

从区域位置来讲，城市往往是众多商圈的聚集地，紧邻城市的是郊区，再向外是乡村，区域位置的布局有相对优劣之分。从生活状态来讲，城市的生活节奏比较快，工作生活压力较大；而农村的生活节奏比较慢，生活相对悠闲自得，以土地为生。从情感角度来讲，城市居民在享受譬如购物、教育、就医、社交等便利条件的同时，却在不断地抱怨环境恶化、交通拥挤、生活压力大等诸多问题；除去交通的不便利，农村居民很少指责自己的居住环境，对家乡的眷恋演变成割舍不掉的浓浓乡愁。

我国人口数量大，人均土地资源有限，随着农业技术的推广应用，农村大量劳动力从土地中解放出来。城乡之间就业机会和收入的差距逐渐拉大，必将导致农村剩余劳动力和人口流向城市。大量农村青壮年涌入城市并长期居住在城市，使得老年人和少年儿童留守农村，出现农村"空心化"的社会现象，农村老龄化问题日益突出。从另一个角度来看，只有农村剩余劳动力转移出去，农业土地才能集中到少数人手中，实现规模经营。"大国小农"是我国的基本国情，小农户家庭经营仍将是未来我国农业的基本经营方式，要正确处理发展适度规模经营和扶持小农户的关系，发挥适度规模经营的引领作用。[19] 中国是高速度低品质的城镇化，短短30年时间，从1978年的193座城市增加到2008年的655座城市，然而健康的城市化及城镇化要素尚未完善。城市数量快速增长的背后，却隐含着村落的大量消亡，一同消失的还有那些年代特有的老物件和原始风貌。据统计，2000年至2010年，我国自然村由363万个锐减至271万个，10年间减少了90多万个，其中包含大量传统村落，年轻人外出求学、打工、定居，村庄慢慢空心化。在中央城镇工作会议上，冯骥才先生曾表示，"传统村落的消失，不仅是灿烂多样的历史创造、文化景观、乡土建筑、农耕时代的物质见证遭遇到泯灭，大量从属于村落的非物质文化遗产也随之灰飞烟灭"。村落的原始性，以及其所附有的文化性逐渐被瓦解。2003年，中国民间文化遗产的抢救工程由中国民间文艺家协会发起并启动，冯骥才先生跑遍了全国26个省、自治区，进行民间社会文化与古村落的抢救，被称为"传统村落与文化的守望者"。

（三）乡村振兴

乡村的没落，是城市化的必然。新中国成立后，我国经历了城镇化和工业化，政策导向是以城市和工业为核心，农业反哺工业发展，农村各种资源或要素向城市单向地流动，特别是向具有极大集聚力的发达地区和中心城市流动。[20] 越来越多的农村青壮年向城市迁移，农村居住人口减少，出现空心村现象，村庄大量消亡，乡村面临着凋敝和衰落。但毋庸置疑的是，改革开放四十多年来，在我们感慨基础设施落后、环境污染严重、自然资源匮乏的同时，又不得不承认交通更加通达，生活更加便利，卫生条件得到明显改善，农村的生活水平得到了显著提升，但为何我们看到的仍然是村庄的大量凋敝？

村庄凋敝，人丁凋零，这种状况是人们主动选择后形成的结果。城镇化和工业化需要大量的农民进入城镇就业，农村青壮年劳动力转向非农产业，身份变为农民工。由于教育水平低、技能少，农民工所从事的是非正式、低报酬的体力劳动工作，如保洁、保安、保姆和建筑工等。即便如此，进城打工或从事其他非农产业仍能极大地改善农村家庭的经济状况，进城务工者也充分地享受到城镇福利，面对种田带来的显而易见的低收益，面对城市的各种优质资源配置，更多的进城务工者选择在城镇买房定居，不再想回归乡村。年轻一代虽有农民身份，却不再拥有土地，既不会务农也不愿务农，乡村已不能满足新一代不断提升的生存与发展需求。现代农村家庭更加重视教育，希望子女能够借助教育改变自身命运，现代教育的结果以另一种隐蔽的形式将乡村掏空，加速了较低龄原住人口的流失。教育越成功，生于此地的优秀人才就越会离开乡村，而不是留下来滋养乡村。有活力的年轻一代、有知识的读书青年、有本领的手工艺人、头脑灵活的经商者，都义无反顾地涌向城镇，只剩下老弱病残幼留守乡村。

从某种程度上看，中国农村的确是"衰落"了，但不一定是坏事。经济学者胡景北论证说，中国是农业劳动力转移的典型国家，1978—2015年间，中国乡村就业人口中从事农业者从92%下降到了59%——也就是说，许多人即便仍生活在乡村，也不再务农。未来农业农村现代化，要求农业生产活动逐步摆脱传统劳动密集型模式，向机械、化肥、能源、生物等资本和知识密集型模式转变，农业将释放出更多的劳动力，中国未来并不需要那么多的人务农。农村"衰落"的首要特征就是越来越多的人从农业劳动中解放出来，获得了相对更大的自由度，充分发挥自身的潜力，将人生价值最大化。

乡村衰落之后，乡村价值的重塑或者说乡村主义兴起，基于此国家提出了乡村振兴战略。党的十六届五中全会提出新农村建设，总体要求是：生产发展，生活宽裕，乡风文明，村容整洁，管理民主。党的十九大报告中提出乡村振兴战略，明确了"产业兴旺，生态宜居，乡风文明，治理有效，生活富裕"的总体要求。中国人民大学刘守英教授提出，乡村振兴战略是对重农业、轻乡村的矫正，城乡融合的核心是城市文化和乡村文化共存共荣，相互依赖需求。[21-22] 乡村振兴战略把乡村与城市平等对待，注重发挥乡村的主动性，通过乡村重构焕发乡村发展活力、增强乡村吸引力，构建新时代乡村可持续发展机制。

乡村为工业和城市的发展作出了巨大贡献，城市以空前的速度、规模和效率不断扩张，成为国家和地区经济发展的主导。城市发展，为什么乡村要同步发展、同步繁荣？根本原因在于城市需要大量优质农产品的供给，需要绿色空间的生态支撑，需要乡土文脉的延续，需要广大农民的守护与奉献。同样，为留住"乡愁"，留住"绿水青山"，城市需向乡村提供资金、技术等更多、更好的服务，这是城市发展的内在之需，是振兴乡村的原本之理。首都经济贸易大学张强教授认为，若仅以村庄的空心化和务农人口的老龄化作为农业人口"过度转移"的主要标志，即可得到这样一个假设，实现乡村振兴的基本内容是乡村地区保持一定数量的人口规模，其中保持年轻人口占有一定的比例，基于此，他认为乡村振兴至少应包括振兴乡村社会、振兴乡村产业、振兴乡村文化、振兴乡村精神。[23] 关键是如何打破农村老弱妇幼的人口结构，提供那些承载乡村功能、能够容纳更多年轻人就业的产业。留住农村年轻人，吸引农村新乡贤，通过"留住"与"吸引"，促进乡村的稳定、繁荣与复兴。乡村原本的主体是世代居住在那里的农民，农民所从事的农业劳动其实是专业技术知识含量极为丰厚的职业，通过振兴乡村文化和乡村精神，让年轻一代重获农民的职业自信。乡村发展所需要重视的核心，是如何防止农民在乡村的衰落与振兴过程中缺位或者被边缘化。农民理应是受人尊重的劳动者，政府推动并培养农民的职业自信是留住乡村、坚守乡村、振兴乡村的原动力。

乡村的振兴，是逆城镇化的结果。传统意义上以农业生产和农业工作者居住为主的"农村"，就逐步演变成为产业多样化和居住人口职业多样化的"乡村"，传统意义上较为单一性的农村功能也逐步演进成为具有农业和其他产业的生产功能，也具有宜居、宜业、宜游等多功能的乡村。[23] 当那些凋敝的乡村被怀旧的人们重建起来后，展现在世人眼前的将是崭新的农村：遵循古人的劳作规律，没有转基因，没有化肥，没有农药，没有高产，只有简单纯粹，这些都将成为体验传统农业和传统生活方式的重要载体。伴随我国逆城镇化进程，城镇居民厌烦了城市的压力与喧嚣，更加怀念那个"乡村自治的熟人社会"，承袭传统的礼俗，扎根土地的生产方式，依托血缘、乡邻的社会关系，越来越多人选择从城市向乡村转移，乡村已成为国民的理想生活之地，这是借助乡村资源发展旅游的重要契机。

我国近年来开展的新农村建设、小城镇建设、打造美丽乡村、创建和美乡村等工作，不断完善农村地区的基础设施，提高公共服务水平，同时也在创造着城市资源或要素外向流动的物质基础。随着基本公共服务城乡均等化和优质公共服务区域配置均衡化，随着城乡多方面生活条件差距逐步缩小，乡村振兴也将具备越来越成熟、越来越有利的条件。[24]未来的乡村，与邻近的城市群产生关联，增强服务的便捷性，借助交通经济和互联网经济共同发挥更大的效能。

（四）乡村文化之忧

伴随着城市和经济发展，在乡村现代化的过程中，我们的传统乡土文化正在消散。部分乡村片面追求所谓的现代化城市生活，农民逐步上楼进社区，社区在外表上与城市基本无差异，但是却不拥有与城市同等水平的服务设施，乡村发展又失去了原有的乡土气息和文化特质。被城市的消费主义和功利主义所攻陷的乡村，缺乏自身恒定的价值观，乡风民俗摇摇欲坠，新旧价值观交替之际风气败坏，带来精神上的绝望与无奈。近年来，在乡务农人员减少了，大批有为知识青年进城务工，留守乡村的老弱妇幼文化知识严重不足，无力担当乡村和谐文化的建设者和传承者的重任，广阔农村有成为新的文化荒野之忧。

城市公共文化空间的室外部分主要包括文化广场、历史建筑、人文景观、高校校园、公园和自然景观等，室内部分主要包括美术馆、图书馆、科技馆、影剧院、博物馆、体育馆、艺术中心和市民活动中心等，这些景观地域单元实体成为现代城市居民进行休闲活动的重要场所。党的十七届六中全会以来，文化建设已经成为我国基本国策之一，城市的公共文化服务体系大框架已基本成型。乡镇因其财政收入的来源有限，基本上无力承担包括文化在内的公共服务，对农村公共文化投入不足。

乡村需要休闲娱乐文化的消费，同样乡村也需要高雅的文化来提升品位。相对于城市的繁华与喧嚣，乡村是寂寞与单调的。千百年来，乡村的文化活动完全属于自治、自办的范畴，自办文化活动一定是老百姓喜闻乐见的形式。

为了满足自身的文化需要，乡民们发掘了很多的传统曲艺形式，譬如大鼓书、戏剧和民俗活动等，内容多是讲述历史故事，宣传忠孝节义，有利于增强对国家、民族的认同感、倡导社会主流价值观，可以说真正做到了"寓教于乐"。而近代以来，我们看到的是政府在乡村文化上投入的严重不足，由于社会和文化环境的变化，像戏剧这类传统的艺术形式还能引起农村老年人一定程度的共鸣，但无论是表演形式还是思想内容却很难吸引年轻人。农村的文艺演出少了，政府组织实施的"三下乡"活动影响范围有限，老百姓的积极性也不是很高，乡村成为被文化忽略或冷落的地带。中国古代乡村的文化生态和文化传承模式被破坏了，而现代乡村的文化生态和文化传承模式却没有建立起来。[25]

乡村民间文化面临着失传与消亡的危险。随着电视、电影、手机、互联网等的普及，诸多民间传统文化失去了市场，诸多民间艺术后继无人，一些承载着民族文化地域特色的非物质文化遗产，如剪纸、刺绣、蜡染、雕刻、书画、曲艺等民间技艺都不同程度陷入发展困境。非物质文化遗产的传承与保护，需要文化自觉。文化是民族的血脉，文化需要传承，需要听众，也需要参与者。[26]乡村急需文化的滋润，而文化的滋润不能单靠农民自身。

我国乡村社会正在发生着深刻的变化，传统的乡村走向衰败，新的乡村社区正在形成。未来，我们将看到的是一定程度上现代化了的新乡村。

二、乡村旅游

从乡村地区发展的角度来看，早在19世纪的欧洲，由于一个多世纪以来的工业化和城市化，发达国家乡村的政治和经济地位发生了翻天覆地的变化，乡村地区人口大量外移，导致乡村服务的萧条和乡村社区的衰败，随之而来是乡村人口老龄化，旅游业成为进行乡村经济结构调整的重要途径之一。从需求的角度来看，乡村旅游是城市居民逃避工业城市污染和快节奏生活方式的产物，[27]随后在欧美等发达国家迅速扩展。目前，西方发达国家乡村旅游已走上了规范化发展的轨道，对经济不景气的乡村地区发展起到了非常重要的推动作用。在许多国家，乡村旅游被认为是一种阻止农业衰退和增加农村收入的有效手段。[28]

我国大陆的乡村旅游于20世纪90年代开始兴起，目前正从初级发展阶段向规范发展阶段过渡，发生地从大城市周围地区向资源更优的边远地区转移。从最初的资源特色主导、农业产业主导和政府扶持主导过渡到了市场主导。[29]

国内外学者对乡村旅游做了大量的研究，但对基本概念没有统一的界定，比较有影响的乡村旅游定义有下列几种。世界旅游组织1997年定义，乡村旅游是指旅游者在乡村（通常是偏远地区的传统乡村）及其附近逗留、学习、体验乡村生活模式的活动。欧洲联盟（EU）和世界经济合作与发展组织（OECD）（1994）将乡村旅游定义为"发生在乡村的旅游活动"，其中"乡村性是乡村旅游整体推销的核心和独特卖点"。[30] 国外的学者Dernoi（1983）[31]、Inskeep（1991）[32]、Bramwell & Lane（1994）[33]、Richard Sharpley（1997）[34] 等都曾对乡村旅游进行界定。国内有关乡村旅游的定义较多，如王兵（1999）[35]、肖佑兴（2001）[36]、何景明（2002）[27]、刘德谦（2006）[37]、郭焕成（2010）[29] 等知名学者都曾进行界定，根据对乡村旅游研究的侧重点不同，主要形成了资源说、市场说、地域说、综合说四种界定。[38]

从国内外的定义可以看出，其内涵基本都包括两个方面。第一，从地理角度看，乡村旅游是发生在乡村地区的旅游活动，其特色是乡土性和地域特征，要让旅游者体验到与城市不一样的生活。第二，从资源角度看，乡村旅游是以具有乡村特性的自然和人文资源作为旅游吸引物。由此，可以给出这样一个概念，乡村旅游是以乡村原生态的自然景观资源和丰富的乡土文化资源为吸引物，为城镇居民提供观光、休闲、娱乐、度假等需求的旅游产业形态，属于旅游产品体系中的专项旅游，是与城市旅游相对存在的区域综合性旅游形式。

近年来，围绕乡村旅游提出很多原创新概念和新理论，如游居、野行、居游、诗意栖息、第二居所、轻建设、场景时代等，使乡村旅游内容更丰富、形式更多元，有利于缓解乡村旅游同质化日益严重的问题，成为很多地区的旅游新名片。[39]

第三节 休闲农业与乡村旅游的联系

我国是一个历史悠久的农业大国,农业地域广阔,自然景观优美,经营类型多样,农业文化丰富,民俗风情浓厚,具有发展休闲农业与乡村旅游的优越条件。休闲农业与乡村旅游是对传统产业的革命性改革,其市场潜力巨大、前景广阔,对产业政策、产业环境、产业技术均有创新性的要求。那么休闲农业与乡村旅游之间到底是一种什么样的关系呢?

一、休闲农业与乡村旅游的区别

纵观休闲农业与乡村旅游的概念和内涵、国内外发展历程,是你中有我、我中有你的关系。长期以来,两者几乎成为一组同义词,在各种场合通用,或放在一起并用或联用。

(一)概念上的区别

休闲农业与乡村旅游是理解上的差别,并非概念上的差别,两者之间并没有严格意义上的界限。严格来讲,休闲农业与乡村旅游是两个既相近又相异的概念。

休闲农业是农业的延伸发展,是农业与旅游业交叉形成的一种新型产业形态,是农业的衍生品,注重相关产业的发展和整合,以推动产业融合为核心;乡村旅游更加强调空间维度的地域观念,是以典型乡村景观意象为吸引物的旅游产业形态,以乡村生活体验为核心。从概念上来看,休闲农业强调的是农业,着力点在农业上,强调农业与旅游产业活动的同步性;乡村旅游强调的是旅游,着力点在旅游上,强调旅游产业活动与乡村人文属性与自然环境之间的关联性。

(二)分类标准的不同

从参与农业活动程度的不同,休闲农业可以分为以田园景观为吸引的农业观光型、以现代农业为吸引的农业生产型、以互动体验为吸引的农业体验型，产品业态有农业观光园、田园综合体、农业公园、家庭农场、休闲农场、共享农庄、市民农园等。

从旅游产业提供服务内容的不同，乡村旅游可以分为以乡土聚落为核心的乡居社区聚落、以特色消费为核心的新型业态、以康养服务为核心的乡村休闲度假，产品业态有传统古村落、民俗特色村、主题特色民宿、乡村创客基地、乡村度假综合体、乡村度假庄园等。

二、休闲农业与乡村旅游的关联

（一）相同之处

休闲农业与乡村旅游发生的地点、依托的资源和实现的功能等基本一致。第一，基本条件相同。发展休闲农业与乡村旅游需同时满足"发生在乡村地区"和"以乡村作为主要吸引物"两大特征，[27]这两大特征也是休闲农业与乡村旅游基础价值和面向游客的核心吸引力所在。休闲农业和乡村旅游发生的地点都在乡村地区，以农业农村的各类资源，如田园景观、山水生态、设施农业、农业生产、农耕文化、乡村聚落、乡村建筑、乡村文化等为吸引物，开展旅游活动、组织农业生产。休闲农业与乡村旅游的本质吸引力在于为游客提供主题鲜明、内涵丰富的乡村旅行体验，特别是个性化的精神体验是主要消费诉求。第二，发展目的相同。乡村旅游作为一种产品形态，可以满足旅游者观光、娱乐、购物、科普、康养、休闲、度假等多种需求，满足旅游者的多样化和个性化需求。乡村旅游作为发生在乡村地区的专项旅游活动，带动农村运输、餐饮、住宿、文化、推广及相关服务业的发展，延伸产业链条、促进资源高效利用，拓展农村的非农就业空间，农业增收、农民致富，促进城乡交流，成为实现农业农村现代化的重要因素。休闲农业通过拓展非农功能，带动农产品加工业、服务业、交通运输、创新创意等相关产业的发展，开辟现代农业发展的新途径，同时可以满足旅游者回归乡野的旅游需求，有助于培育新型旅游消费形态，促进旅游消费转型升级。随着休闲农业与乡村旅游的迅速发展，旅游消费转型升级和农业农村可持续发展成为休闲农业与乡村旅游开发建设必须要考虑的两个重要条件。

（二）并用或联用

刻意区分休闲农业与乡村旅游的本身意义并不大，很多时候两者都是放在一起并用或联用。农业农村部主办"中国休闲农业和乡村旅游网"，主要提供政策咨询、编制发展规划、承担信息统计和监测分析等服务工作。原农业部和原国家旅游局在2010—2017年连续8年启动全国休闲农业与乡村旅游示范县、示范点的创建评比工作；原农业部于2017年4月在浙江省安吉县召开2017全国休闲农业和乡村旅游大会；2017年6月，原农业部办公厅印发《关于推动落实休闲农业和乡村旅游发展政策的通知》，促进引导休闲农业和乡村旅游持续健康发展；2018年、2019年，农业农村部办公厅开展休闲农业和乡村旅游精品推介活动，向社会推介精品园区（农庄），促进我国休闲农业与乡村旅游事业的繁荣发展。

第四节 发展休闲农业与乡村旅游的意义

单纯地讲农业、讲乡村很难带动旅游业发展，旅游活动却可以带动乡村发展，但要有一定的规模和规划，没规模自然不会有效应，没规划必定会发展无序。比如没有人是为了哈密瓜去新疆，但去新疆一定会吃哈密瓜，去库尔勒一定要品尝香梨。在充分尊重农业生产功能、乡村生活功能和生态功能的基础上，休闲农业与乡村旅游实现了农业、乡村与旅游业的有机融合。休闲农业与乡村旅游对农业的发展、农村的繁荣、农民的增收具有重要的带动作用，具有促进增收的经济功能、带动就业的社会功能、传承农耕文明的文化功能、美化乡村环境的生态功能、强化基层组织建设的政治功能，休闲农业与乡村旅游正在成为农村经济发展的新引擎。休闲农业与乡村旅游为城镇居民找到了释放压力的场所，能够给游客提供观光娱乐、休闲度假、康体养生、科普教育等多样的服务和体验，正在受到消费者热捧。

旅游业具有与农业、乡村融合的必要性。农业为旅游业提供新的发展空间，旅游业为农业提供服务。农业、农村的各种资源，比如农田景观、乡村风貌与风情以及农事体验活动等，因其鲜明特色而成为独具魅力的旅游资源，开发为新的专项旅游及产品。旅游业为乡村带来更多的发展机会，休闲农业与乡村旅游在经济、社会、文化、环境等方面的正面效应显著，其通过市场机制的运行达到供求平衡以及资源合理配置。[40] 随着居民收入的提高、生活方式的转变、城市病的加剧，整个行业呈现"井喷式"发展，并取得显著成效，休闲农业与乡村旅游成为国家"十三五"以来的重要建设内容。

一、实现乡村振兴的重要途径

对于西方发达国家而言，休闲农业与乡村旅游是工业城市污染和快节奏生活方式的产物。同时，在许多国家，休闲农业与乡村旅游被认为是带动乡村地区发展的重要方式。在美国 30 个州有明确针对乡村区域的旅游政策，其中 14 个州在旅游总体发展规划中包含了休闲农业与乡村旅游。在以色列，休闲农业与乡村旅游开发成为对农村收入下降的一种有效补充，相关企业数量逐年增多。休闲农业与乡村旅游对乡村地区经济的贡献和意义在多个国家和地区得到充分证明，包括加拿大、澳大利亚、新西兰、东欧和太平洋地区在内的许多国家，都认为休闲农业与乡村旅游业是乡村地区经济发展和经济多样化的动力。

中国作为农业大国，休闲农业与乡村旅游的蓬勃发展，是在农业发展疲软、"三农"问题突出、市场需求强烈的背景下产生及发展的。2018 年，《中共中央国务院关于实施乡村振兴战略的意见》和《乡村振兴战略规划（2018—2022 年）》发布，对发展壮大乡村产业作出专项部署，引领农业转型升级、助力乡村振兴与乡村繁荣。

在我国多数乡村呈现凄凉景象的背景下，很多乡村尝试转型发展和提档升级，试图带动乡村人口的回流和收入的增加，旅游的发展给乡村带来了新的机遇，让"乡村"以"旅游"的方式再次跃入国民大众的视线。尤其是那些生态环境优越、乡村旅游资源丰富，但经济发展水平较低，村庄"空心化"

现象严重的乡村地区，大力发展休闲农业与乡村旅游具有特殊的意义。

二、促进农业转型与升级

2019年4月21日，国务院关于乡村产业发展情况的报告提请十三届全国人大常委会第十次会议审议，农业农村部部长韩长赋在报告中指出，休闲农业和乡村旅游蓬勃发展，实施休闲农业和乡村旅游精品工程，建设一批休闲观光、乡村民宿、健康养生等园区景点，2018年全年接待游客30亿人次、营业收入超过8 000亿元。休闲农业与乡村旅游发展紧密结合全面建成小康社会、解决"三农"问题和扶贫开发，成为农村脱贫致富、农业提质增效和农民就地城镇化的新途径。旅游的导入，让乡村的价值被重新发现和定义，乡村的文化、产业、遗产、生态得以激活和复兴。全国各地的实践充分证明，休闲农业与乡村旅游的发展能够促进乡村方方面面的改革，表现出很强的经济价值、文化功能和社会意义。

（一）经济价值

乡村之所以发展休闲农业与乡村旅游，是将其视为恢复和发展经济的手段，更多的是看重其经济价值。旅游研究也同样始于旅游活动的经济影响研究。在休闲农业与乡村旅游发展的早期，主要是利用不同于城市的自然风貌吸引城镇游客。

第一，调整产业结构。休闲农业与乡村旅游被称为第六产业，是第一、二、三产业的融合发展，第二、第三产业依附于第一产业，使农业逐渐变为综合性产业。休闲农业与乡村旅游发展，改变农村的经济增长方式，推动现代农业经济体系建设，科技农业、休闲农业、绿色农业、创意农业、设施农业、观光农业、体验农业等加速发展，突出农业的休闲功能，在一定程度上弱化了原有的生产功能，拓展农业发展的内涵和外延，延伸产业链条，农村产业结构得到优化和调整。第二，提高农业附加值。一方面挖掘农业的观赏价值，具体有农业生产活动赖以进行的土地、水域、森林等所表现出来的生产方式之美，如广西龙脊梯田和云南哈尼梯田呈现出的层次美和曲线美；平原农业和草原农业呈现出的辽阔美,如江西婺源的油菜花田、张家口坝上的草原天路;农民建造的农业设施和农业生产工具体现的是农业生产方式的美,如用于蓄水的池塘、湖泊和人工开挖的沟渠等,又如成都平原的都江堰工程、河北省卢龙县的"一渠百库"工程。功能转变,将其打造成为特色旅游资源。另一方面是挖掘农业生产的体验价值,如卷起裤腿在稻田里插秧,在丘陵山区茶场采摘春茶,采摘绿色有机的瓜果蔬菜,挤牛奶,捡鸡蛋,喂养小动物,让游客体验农业劳动的乐趣。第三,拓宽农民增收渠道。乡村旅游是一种充分利用乡村资源开展的旅游活动,而资源的所有者和创造者都是农民,农民是经营的主体,可以将一般的生产资源和生活资源转化为经营性资产,从休闲农业与乡村旅游发展中直接受益。农民可以就地、就近参与到休闲农业与乡村旅游服务中,提供交通、餐饮、住宿、向导、表演等服务赚取工资;农民的房屋和土地出租可以获得租金;农民种植、加工的农产品直接面对消费者,跳过流通环节直接到达消费者手中,适时解决农产品销售难的问题,拓宽销售渠道,直接或间接提高农民的经济收入。

时下,休闲农业与乡村旅游开发正成为经济发展新风口,国家大量资金投入乡村的旅游业。需要考量的是,如何开发才能拉动地区经济增长,为贫困地区长期造血。休闲农业与乡村旅游必须转型升级,才能满足游客日益多样化的需求。

(二)文化功能

随着休闲农业与乡村旅游在各地的出现,产品出现同质化现象,城镇居民已不满足于近乎雷同的山水自然风光,为了吸引更多游客到访,挖掘各地特色鲜明的乡村文化成为破解难题的法宝。在挖掘、保护当地文化表现形式、修复历史建筑物及遗址等方面,旅游起到了积极的推动作用。

乡村文化是休闲农业与乡村旅游的生命力和竞争力,旅游者的旅游活动以了解乡村历史、感受乡村文化、体验乡村生活为主要目的。休闲农业与乡村旅游开发过程中,按照"在发掘中保护、在利用中传承"的思路,通过深入挖掘、拯救、复原、宣传等一系列活动,使原本鲜为人知,已濒临绝迹、不可再生的历史传承和农耕文明得以发扬光大,推动遗产地经济社会可持续发展。把乡村文化遗产与传统村落、传统民居相结合，发展具有文化内涵的休闲乡村，使乡土民俗文化得以推广、保护和延续。旅游开发使当地居民认识到历史文化的价值，增强了自豪感，激发了保护传统文化的意识。

在休闲农业与乡村旅游发展的过程中，在利益的驱使下，出现了文化的庸俗化、文化的商业化、文化的同化等问题，使传统文化失去了原有的文化内涵和真实性。游客需要的是原汁原味的乡土气息，因此在利用文化塑造品牌的同时，一定要守住文化的原真性。

（三）社会影响

随着休闲农业与乡村旅游的持续发展，其对乡村接待地社会产生了巨大的影响，研究者开始关注到社会、环境、生态等问题，在对接待地的积极社会影响之外，还看到了负面影响，从而更加系统地、公正地研究旅游现象。

第一，推动城乡精神文明对接。休闲农业与乡村旅游成为城市与乡村互动的桥梁，使城乡居民近距离地进行信息、科技、观念等方面的交流，加深城镇居民对农业、农村的认知，加强城市对农业、农村的支持，为农村带来了新思想、新观念；而对长期生活在农村的居民来说，通过接触和观察游客，可以感知城市文明、感受城乡文明的异同，村民思想观念和文明程度明显提升，促进城乡文化交流，推动城乡协调发展。在旅游过程中，农户接触到游客的高品位精神追求，从而丰富自己的精神世界和文化生活。为提高接待服务水平，各级政府、企业或协会都会举办相关培训课程，培训从业人员的接待流程、外语交流、管理理念等旅游服务技能，从而影响带动村民素质的提升。为了更多地吸引游客到访，村民会自发地保护自然生态环境，环保意识增强，村民自治的社会功效日益显现。第二，吸纳农村剩余劳动力。乡村旅游业属于劳动密集型产业，对劳动力的吸纳能力很强，且劳动力的准入门槛较低，成为广大农民向非农转移的重要领域。较低层次的从业者，如直接为游客提供餐饮、住宿、向导、交通、安保、保洁等服务的服务人员，乡村土特产品的加工和售卖者，乡村民俗文化的表演者；较高层次的从业者，如乡村旅游景区的策划和管理人员，主要包括有想法、有魄力的年轻人和德高望重的乡村管理者。第三，改善乡村环境。游客对旅游目的地的卫生状况，尤其是对健康安全的要求较高，这就促使乡村旅游地加大基础设施投入、改善人居环境、健全乡村社会化服务体系，如给排水建设、村庄美化净化亮化、卫生厕所建设、生活垃圾处理等问题的解决，使农村环境卫生和村容村貌得到明显改善。

在休闲农业与乡村旅游发展的过程中，在利益的驱使下，村民的淳朴民风被游客的不文明行为熏染，导致价值观和道德感退化，大量游客的蜂拥而至，致使犯罪、嫖娼、赌博等社会问题加剧，在一定程度上破坏了乡村原有的生态平衡。所以，合理处理开发与保护之间的矛盾，有效地保护与利用资源，是我们长期思考的问题，需要在实践中不断摸索。

三、丰富旅游业的实践与内涵

休闲农业与乡村旅游展示给游客的美体现在农业生产方式的美和农民生活方式的美。在乡村，旅游资源富集，游客可以便利地接触大自然，呼吸新鲜空气，品尝真正的溜达鸡和绿色有机食品，聆听傍晚的蛙叫和清晨的虫鸣，让游客流连忘返。乡村有别于城市，具有原始自然地貌、原生自然植被和千年传承的人文传统，休闲农业与乡村旅游把乡村的自然生态、民族文化和农耕文明融入传统旅游文化当中，丰富了旅游产业的供给体系，符合城镇居民回归自然的消费心理，成为我国旅游产业的重要支撑。随着消费结构升级，城乡居民对休闲度假、健康养生、教育研学等需求日益显现，休闲农业与乡村旅游的潜在消费需求和现实消费需求旺盛，能满足游客"回归乡野、滋养心灵"等更高层次的精神需求及享受，同时能够开阔农民眼界、激发出游意愿、增强出游实力，也能让乡村居民的生活更丰富多彩。

广大农村以创新的思路发掘农业多种功能和乡村多重价值，推动着休闲农业与乡村旅游蓬勃发展。休闲农业与乡村旅游成为一些地区的旅游优势和品牌，如以"舌尖"经济带动创新业态的陕西袁家村，用匠心传承小吃手艺、用信任背书食品安全、用产业反哺经营，让袁家村成为休闲农业与乡村旅游的网红；又如以精品民宿撬动市场的浙江莫干山，借助优越的自然生态环境，政府多方扶持，因地制宜地打造符合自身的文化和体验环节；又如艺术激活乡村的日本越后妻有，打造世界最大规模的"大地艺术祭"，引入艺术重置业态、联合外力反哺产业；又如被公认为民宿业标杆的中国台湾地区，在建筑、创意、设计、推广之外，更强调"乡村社区营造"，追求自然、恬然的生活方式。

　　休闲农业与乡村旅游发展综合了多种旅游元素，包括自然元素和文化元素。将两者很好地结合起来的乡村地区，休闲农业与乡村旅游就会比较发达。比如江西的婺源、青海的门源和云南的罗平被称为我国三大油菜花观赏地区，将油菜花与其他旅游元素很好地结合起来，婺源宣传的是青山和秀水、传统的徽派文化地；门源宣传的是高原和雪山、西北的回族聚居区；罗平宣传的是节庆活动丰富、布依族少数民族地区，实现赏花经济下的差异化发展。

第二章　休闲农业与乡村旅游发展的理论基础

第一节　可持续发展理论

一、理论概述

在经济全球化进程中，环境污染、气候变化、人口爆炸、粮食短缺、能源危机、资源匮乏等问题日益突出，直接影响到社会经济的发展进程。20世纪60—70年代，越来越多的人开始关注环境保护。1972年的联合国人类环境会议，深入探讨了环境的重要性问题，人们意识到环境管理已迫在眉睫。人类为了生存与发展必须制止或逆转生态环境的退化，以人与自然统一的生态和谐发展为核心的可持续发展观逐渐兴起。1981年，美国学者布朗（Lester R. Brown）出版《建设一个可持续发展的社会》，其在书中首次使用"可持续发展"一词。世界环境与发展委员会（WCED）在1987年发表了《我们共同的未来》报告，将可持续发展定义为：既满足当代人的需求，又不损害后代人满足其自身需求的能力，这被认为是建立可持续发展概念的起点。[41]1992年的联合国环境与发展大会（UNCED）颁布了两个纲领性文件《地球宪章》和《21世纪议程》，可持续发展要领得到与会者的共识与承认，标志着可持续发展从理论探讨走向实际行动。[42]

"可持续发展"思想形成于20世纪，是人类对自身前途、未来命运与所赖以生存的环境之间最深刻的一次警醒，体现着对人类自身进步与自然环境关系的反思。[43]可持续发展虽然缘起于环境保护问题，却有机地将环境问题与发展问题结合起来，涉及可持续经济、可持续生态和可持续社会三方面的协调统一，讲究经济效率、关注生态和谐和追求社会公平，成为一个有关社会经济发展的全面性战略，指导人类最终实现全面发展。[44]

二、指导意义

"二战"结束后，旅游被普遍认为是恢复和发展经济的手段。20世纪60年代的旅游影响研究着眼于正面效应，即旅游的经济影响。进入20世纪70年代，旅游活动在全球范围内得到进一步发展，其对旅游接待地社会产生影响，研究重点关注其负面效应。到了80年代，旅游影响研究开始站在一个公平的角度，系统地看待旅游所带来的影响。[45]正面影响与负面影响并存，旅游业长期持续发展的问题得到重视。旅游业表现出对自然环境和文化遗产的强依附性，因此旅游业是最需要贯彻，同时也最能体现可持续发展思想的领域。[46]学者魏小安认为，旅游的发展与可持续发展有一种天然的耦合关系。[47]旅游可持续发展更多的是关注旅游景区、公众及社区的利益。

早在2007年，原国家旅游局就发布实施了首部《旅游资源保护暂行办法》，明确提出景区需限定最大接待容量，旅行社、旅游景区、导游不仅仅是旅游服务的提供方，还应担负起教育游客在旅游活动中保护旅游资源的职责。2018年，文化和旅游部、国家发展和改革委员会等17部门联合印发《关于促进乡村旅游可持续发展的指导意见》，推动乡村旅游提质增效，促进乡村旅游可持续发展。

休闲农业与乡村旅游是农业与旅游业交叉形成的旅游形式，其开发与规划要综合考虑农业和旅游业的发展，还涉及地理学、经济学、社会学、生态学等众多学科，所以理论和实践就显得更加复杂。休闲农业与乡村旅游以农村和农业资源为基础，资源的主要部分具有可再生性，做好规划、开发与调控，维护自然生态环境和保护旅游资源不受破坏，对于乡村旅游业的良性发展具有重大意义。政府对旅游业恰当的干预和介入，加强对资源的管理，协调各利益主体的行为，培养公众的环境保护意识，保持民族文化和地区文化，提升地区在文化方面的旅游吸引力，有助于实现休闲农业与乡村旅游的可持续发展。[48]

第二节 产业融合理论

一、理论概述

产业融合是伴随着信息技术与互联网技术的变革与扩散而产生的。纵观国内外有关产业融合的研究文献,对于产业融合的定义并没有统一认识与界定。根据欧洲委员会绿皮书的定义,产业融合是指"产业联盟和合并,技术网络平台和市场三个角度的融合"。[49]目前国外学者的研究主要集中在产业融合的概念、产业融合的效应、旅游产业融合研究内容等方面。[50]我国学者厉无畏的观点最具普遍性,他认为,产业融合是指不同产业或同一产业内的不同产品相互渗透并融合,逐步形成新的产业的动态发展过程。[51]国内学者对旅游产业融合的研究主要集中在概念、产品、模式、机制等方面。众多学者都认为产业融合是社会经济发展到一定阶段的必然产物,并已广泛影响并正在重塑产业的结构形态,产业之间的渗透融合必将成为未来的发展趋势。

旅游业天然具有融合其他产业的特性,在面临竞争环境巨变和自身生存发展的压力下,也日益呈现出与其他产业融合的趋势。旅游业的融合首先包括"吃住行游购娱"六要素的支撑体系融合,然后是更深层次的旅游产业延伸融合,包括与会展、文化、教育、体育、农业、工业、康养、房地产等其他行业或部门的融合,以行业实践丰富着产业融合的内容。在产业融合浪潮的带动下,旅游业融合发展的迹象日益显现:不断涌现新型业态,如研学旅行、体育旅游等;智慧旅游以互联网、大数据为基础,以游客互动体验为中心,使旅行更便捷;以携程旅游集团、华侨城集团公司为首的大型旅游集团不断涌现,旅游系统集成商逐步出现,双边性质的旅游组织不断诞生……种种迹象表明,旅游业悄悄地对其他产业进行着"渗透",在各个层面与其他产业进行对接,在产业边缘地带激发出各种新的旅游产品和服务方式。

二、指导意义

休闲农业与乡村旅游本身就是农业与旅游业融合发展的产物。休闲农业与乡村旅游贯穿于农村一、二、三产业，融合生产、生活和生态功能，纵向上延长农业产业链，横向上拓展农业经营功能，成为转变农业发展方式、增加农民收入的有效途径。充分发挥休闲农业与乡村旅游在产业融合中的连接作用，与文化、教育、康养、生态等产业深度融合，丰富旅游业态，以产业融合助推乡村振兴。

休闲农业与乡村旅游融合文化创意产业，是农村发展第三产业和繁荣乡村文化的重要举措，是文化创意产业在乡村的旅游产品、市场、组织方面的拓展和延伸，通过文化创意产业引领和提升旅游业的发展。[52]休闲农业与乡村旅游是产业扶贫的重要载体，通过产业融合发展，不断强化旅游扶贫的广度、深度和效度，推进农村产业结构调整，提升休闲农业与乡村旅游的边际效益。针对融合发展中存在的制度、企业及需求方面的障碍因素，坚持从产业融合入手，以融合思维制定政策、推进创新、培养人才，体现针对性、强化特色性、突出实效性，补齐旅游发展中的一些短板。[53]

第三节 旅游地生命周期理论

一、理论概述

旅游地生命周期理论是描述旅游地演进过程的一种理论。20世纪70年代以后，在旅游地的发展演化规律研究方面，有戈曼森（E. Gormsen）的海滨旅游地空间-时间模型、米塞克（J. M. Miossec）的旅游发展模型、奥珀曼（M. Oppermann）的发展中国家旅游空间模型等，但得到学术界广泛应用的是加拿大学者理查德·巴特勒（R. W. Butler）的旅游地生命周期理论（Tourism Area Life Cycle，TALC）。[54]

1980年，理查德·巴特勒在其论文《旅游地发展周期概述》中借用产品生命周期模式来描述旅游地的发展过程，系统提出了 TALC 理论。理查德·巴特勒根据产品周期的概念，提出了旅游地演化的 6 个阶段：探查阶段、参与阶段、发展阶段、巩固阶段、停滞阶段、衰退阶段或复苏阶段，归纳总结了旅游地不同阶段的特征，并以 S 形曲线形式对其进行了直观的表达。TALC 理论自被提出以来，国外的应用、验证和讨论的文章层出不穷，主要侧重屿、海滨旅游地的实证案例分析，讨论主要集中在阶段转折点的确认、所处阶段的确认、各阶段长度的确认和旅游地集中度的确认等方面；[55]TALC 理论在国内从 20 世纪 90 年代开始引起研究者的关注，并于 90 年代中后期成为研究热点，多是以此为根基对景区景点、传统旅游产品生命周期的实证研究，旅游地的再开发逐渐成为目前研究重点。国内外的相关研究帮助修正了理查德·巴特勒的理论原型，推动了 TALC 理论的研究和应用进展。关于"生命周期"到底是"旅游地"所具有的，还是旅游地所提供的"旅游产品"所具有的这个问题，国内学者谢彦君（1995）[56]、杨森林（1996）[57]、余书炜（1997）[58]、许春晓（1997）[59]、阎友兵（2001）[60]等广泛关注和争论，他们认为 TALC 理论实质上是对场所级别的旅游地（即旅游资源所在的旅游活动区），或者说是地区尺度的旅游地所提供的旅游产品的生命周期，这是近年来中国学者对旅游理论研究的一个贡献。[54]

中山大学的保继刚教授是最早将 TALC 理论引入我国的学者，在丹霞山阳元石景区、桂林阳朔的旅游开发中加以运用。祁洪玲等系统梳理国内外 TALC 理论相关研究文献，研究主要集中在两方面：一是结合具体案例研究不同旅游地的生命周期特征，补充和丰富旅游地生命周期内容体系；二是研究推动旅游地演化的因素和机制，以及延长旅游地生命周期阶段的对策。[61]

二、指导意义

TALC 理论是关于循环变化的理论，为研究旅游地演化过程、预测旅游地发展、指导旅游地市场营销和规划提供理论框架，有助于更好地理解旅游地变化的机理、旅游和旅游组织如何应对变化，以及各利益相关者的作用和影响。[62]TALC 理论是对旅游地生命周期的高度抽象概括，应用该理论了解旅游地的发展演化过程，分析不同旅游地生命周期的特点及规律，剖析其形成的内在因素，明确其发展的限制因素，可以有效地指导旅游地的规划、开发、建设和经营管理，延长旅游地生命周期，实现旅游地的可持续发展。

谢彦君分析了需求因素、效应因素、环境因素对旅游地生命周期的影响，对旅游地生命周期的控制和调整，实际上就是对相关影响因素的作用力和作用方向进行控制和引导，以期最大限度地发挥这些因素对扩展旅游地生命周期所能产生的积极影响。[56]要突破旅游地走向衰落的宿命，必须从其生命周期的本质入手，从深化内涵、重塑形象、改善环境等角度延续现有主导旅游产品，使其旅游产品的客源市场得以维持；从规划预防、产品组合、事件激活等角度更新换代主导旅游产品，打造出新的旅游产品赢得市场，实现产品周期性的升级换代，在旅游地衰落之前克服衰落问题。在TALC理论指导下，界定乡村旅游地所处的生命周期阶段，诊断存在问题，明确发展方向，据此提出有针对性的措施，提高游客满意度，提高旅游人次和旅游收入，实现乡村旅游地的可持续发展。

第四节 利益相关者理论

一、理论概述

利益相关者（stakeholder）是一个管理学概念。早在1927年，通用汽车公司一位经理的就职演说中就提出公司应该为利益相关者服务的思想。[63]利益相关者理论（Stakeholder Theory）是20世纪60年代左右由英国、美国等西方国家逐步发展起来的，认为企业应当综合平衡各个利益相关者的利益要求，打破了"股东至上"这一传统理念的束缚。到20世纪90年代初期以后，利益相关者理论的影响迅速扩大，其研究主体开始从企业扩展到政府、社区、城市、社会团体及相关的政治、经济和社会团体等。[64]1984年，弗里曼（Freeman）出版了《战略管理：利益相关者管理的分析方法》一书，明确提出了利益相关者管理理论，利益相关者是指"任何能影响组织目标实现或被该目标影响的群体或个人"。

在旅游领域的应用研究缘起于可持续旅游的发展，1984年，《我们共同的未来》指出在可持续旅游的过程中有必要理解利益相关者，由此，世界环境发展委员会（1987）明确指出，引入利益相关者理论是可持续发展过程中必不可少的要求之一。利益相关者理论源于西方国家兴起的企业社会责任，强调企业经营管理中的社会问题、伦理问题，与旅游业可持续发展所面临的困惑和问题相呼应。20世纪80年代，利益相关者理论被正式引入旅游研究领域。国内外学者敏锐关注到利益相关者理论对行业发展的指导价值，在旅游目的地的规划与管理等方面加以应用。利益相关者理论从动态的视角，综合运用经济学、社会学、管理学等领域的理论知识，分析不同旅游目的地和旅游目的地不同发展阶段各利益主体的利益诉求、行为能力、影响力及其相互关系等，为旅游目的地可持续发展提供全新的研究视角。

二、指导意义

旅游业作为综合性的行业，所涉及的利益主体众多而繁杂，主要包括政府、企业、游客、媒体部门、社区居民、企业员工、非政府组织等。众多利益相关者的利益要求不同，他们与旅游目的地的关系密切程度不一样，由此产生的影响力也不同，且是动态变化的。随着旅游业发展的日趋成熟，各利益相关者的影响作用也逐渐凸显。

旅游利益相关者理论作为一种理念和分析方法，在旅游开发与规划、旅游目的地管理、社区参与旅游、区域旅游协作、旅游产业发展等方面，尤以利益相关者协作问题和可持续发展为关注焦点，均具有理论支撑和现实指导意义，都从不同层面实践验证了利益相关者理论与旅游发展的密切关系。社区参与旅游作为可持续旅游的一种实现形式，利益相关者的利益协同程度和行为协作方式决定其成败，兼顾社区利益，发挥社区利益相关者参与旅游发展的积极性，能够较好地促进当地旅游业的发展。[65]

在旅游目的地或旅游景区管理方面，利益相关者理论要求，不能只考虑某一组织或群体的利益而忽视或轻视其他相关者的利益，要在旅游资源保护与开发中平衡各利益主体的利益需求，优化相互之间的关系；要用动态的眼光来协调和关注各利益主体，使之能够公平分享旅游业所带来的利益以及分担负面影响；各利益主体要承担起超越经济目标的更广泛的社会责任和义务，共同致力于旅游可持续发展。[66]

旅游业除满足游客的旅游需求外，还要充分考虑原住民的生活需求。2017年，西班牙和意大利的几处旅游胜地都爆发了"反游客游行"，民众以此抗议大量游客"入侵"带来的负面影响，在"反游客游行"发生之后，威尼斯等地陆续推出高峰期游客限流的措施。世界旅游组织呼吁各地政府在发展旅游业的同时加强监管，疏解旅游业给本地居民造成的困扰与不便。世界旅游组织秘书长塔利布·里法伊表示，各地政府应通过各层面参与者的努力，给原住民和游客都提供美好的体验。[67]

第五节　体验经济理论

一、理论概述

美国学者B.约瑟夫·派恩（B. Joseph Pine II）和詹姆斯·H.吉尔摩（James H. Gilmore）在《哈佛商业评论》上发表《欢迎进入体验经济》（Welcome to the Economy of Experience）一文，指出目前已经进入了体验经济时代。

1999年，他们又在《体验经济》一书中进一步描述了体验经济的特征。体验是以服务为舞台、以商品为道具，围绕消费者创造出值得他们回忆的活动。体验经济的典型特征是：消费是一个体验的过程，消费结束时，体验将给每位消费者留下难以忘怀的、愉悦的记忆，基于这种独特性、唯一性、不可转让性，消费者愿意为这美好记忆支付高额的费用。体验经济所追求的最大特征就是消费和生产的个性化、参与性、互动性与同步性。[68]体验经济凸显了消费者的个性化消费和生产者据此采取的量身定制生产法则。[45]体验经济在美国发展，并迅速扩展和渗透到其他国家和地区。

体验经济作为一种新经济形式，形成了相对独立的经济形态，正在逐步改造传统的经济模式，逐渐被公众所关注。产品或服务供给方通过拓展体验经济来获取新的利润增长点，消费者可以充分体验整个消费过程，从中获得愉悦的体验经历。消费者通过参与具体的消费和生产活动，根据产品和服务的使用体验作出有益反馈，提出改进建议，甚至直接提出新思想、新思路。[69]

二、指导意义

旅游本质上就是一种经历或过程，旅游者通过在旅游目的地的直接观察或参与形成感受与体验。体验经济时代的来临为旅游业带来众多发展机遇。旅游活动取得成功的前提是游客满意，体验经济理论是从游客的角度来指导旅游资源的开发与管理。体验经济理论认为体验经济时代旅游景区开发与管理是一个为游客塑造畅爽体验的过程。[70]体验旅游强调游客对文化的、自然的、社会的、历史的体验，强调参与性、互动性与融入性。

在体验经济理论指导下，旅游景区为增强体验的效果，使游客获得最佳旅游体验，应该设置主题化的体验，以正面线索强化主题印象、消除消极体验、提供特色纪念品，并重视对游客的感官刺激。[71]休闲农业与乡村旅游在开发过程中，可加大体验式项目和产品的开发力度，推行"体验生活旅游"，让游客能够深入体会目的地文化，改善主客关系；可进行体验式营销，突出文化内涵，设计主题形象，增强游客主题方面的体验，给游客带来全新的感受。

第六节　文化记忆理论

一、理论概述

德国学者扬·阿斯曼和阿莱达·阿斯曼夫妇在20世纪90年代提出了文

化记忆理论，从文化传承角度思考和解释文明的发展规律，把记忆与文化之间紧密且多层面的关系概括为文化记忆。《文化记忆》是扬·阿斯曼系统提出"文化记忆"理论的经典之作，作者在书中追溯了西方有关文化记忆研究的渊源和流派，阐释了促成文化记忆的政治和宗教机制。文化记忆理论提出后，德国的学术理论界进行了进一步深化，在心理学、社会学、人类学、民俗学、历史学、经济学、政治学等诸多学科领域得到广泛应用并蓬勃发展。[72]从文化学视角而言，文化记忆就是传统文化在历史上留下的痕迹，文化记忆理论从文脉传承方式解释文明的发展规律。[73]扬·阿斯曼表示，在有文字的文化里，文字扮演着关键性的角色，但文化记忆并不一定与文字相联系，它也可以借助仪式、神话、图像和舞蹈保存下来。[74]

文化记忆理论的中国化始于2004年，国内学者从历史、语言、文学艺术、民族、民俗、教育等多个领域加以深化。王霄冰教授是文化记忆理论在中国最早的译介者，发表如《文化记忆、传统创新与节日遗产保护》等多篇文章，与他人合作出版相关专著，从多学科角度切入文化记忆。部分学者应用文化记忆理论指导乡村旅游发展和乡村文化保护工作。张宇婷从人类学和社会学角度出发，对城市老街区和农村现代化改造中保留以文化记忆为主题的地方性文化遗产提供较为科学、整体的发展思路。[75]高德武等人合著的《基于羌族文化记忆的乡村旅游规划研究》，以文化记忆理论为基础，在乡村旅游规划中融入羌族的文化要素，利用旅游规划来更好地保存羌族的文化记忆。[76]

二、指导意义

我国广大乡村地区体现出从原始到现代的厚重历史、传统手工技艺的博大精美，然而，随着城镇化进程的加快，诸多乡村文化在现代化社会中并未得以很好地保留与继承。把文化记忆理论应用到休闲农业与乡村旅游的规划与开发中，有助于乡村文化的传承与创新，有利于增强乡村居民的文化认同和身份认同。从文化记忆理论出发，建构乡村文化记忆，发挥乡村文化记忆的主体作用，利用语言和文化事件来传承乡村文化记忆，让乡村文化成为乡村建设中的特色来源、精神来源和力量来源。[77]

在大众生活需求下，传统节日的文化记忆融汇、交织和凝聚着历史与现实的多元关系，在各类生活关系推动下，以仪式为中心建构的文化记忆得到传承发展。[78] 乡村地区历代传承至今的传统节日节庆，是传统要素与现代生活的相互碰撞，是当地风土人情和历史文化的相互融合。富有地方特色、娱乐观赏性强的传统节日节庆经过包装与策划，成为休闲农业与乡村旅游发展的重要依托资源，产生较强的旅游吸引力。同时，融入旅游要素的传统节日节庆营销也成为塑造休闲农业与乡村旅游品牌形象、保持客户黏性、提高竞争力的有力抓手。

第七节 地域分异规律理论

一、理论概述

自从 19 世纪 A. 洪堡及其后 B. B. 道库恰耶夫最初解释植被和土壤的地带性特征以来，有关地域分异规律的研究已从局部到整体、由现象到本质不断地深化。[79] 地域分异规律（Rule of Territorial Differentiation）也称空间地理规律，是自然地理环境各组成成分及其构成的自然综合体在地表沿一定方向分异或分布的规律性现象。地域分异规律是在人们认识自然的过程中逐步获得并加深认识的，地带性和非地带性是两种基本的地域分异规律，它们控制和反映自然地理环境的大尺度分异。在多种因素综合作用下，地球表层分化为多级镶嵌的物质系统，形成多姿多彩的自然景观。

二、指导意义

地域分异规律是自然地理学极其重要的基本理论，是认识地表自然地理环境特征的重要途径，是进行旅游地理区划、旅游开发与规划的基础，对科学合理利用旅游资源、促进旅游业持续发展具有指导作用。不同的地理环境孕育了不同的旅游资源，形成了各地区旅游资源的鲜明特色，为差异化发展奠定了基础。充分认识旅游资源的分布规律，根据当地休闲农业与乡村旅游资源的地域特征，因地制宜地开发适合当地自然、人文地理环境的旅游项目，才能取得持续的经济效益和生态平衡。休闲农业与乡村旅游开发不能超越地域分异规律的限制，要保持自然农业景观和多彩民俗文化的乡土本色，才能更好地为区域旅游业发展服务。

第三章 休闲农业与乡村旅游的开发原则

目前,城镇居民仍然是休闲农业与乡村旅游的主要目标消费群体,这就决定了休闲农业与乡村旅游同城市之间存在天然的联系。在休闲农业与乡村旅游项目运营过程中,建设特色小镇或美丽乡村,经营田园综合体或者休闲农庄,经营乡村民宿或者共享农庄时,如若不考虑当地资源禀赋,不兼顾农业产业发展,就会使休闲农业与乡村旅游失去发展根基、失去旅游吸引力。

休闲农业与乡村旅游在具体的开发建设与经营管理中,应高度重视生态保护,其农业生产经营、休闲体验活动等必须遵循自然生态规律,避免盲目开发、无序开发和破坏性开发,在保护、开发、培育资源与环境的过程中拓展非农空间,提高农业的附加值,走可持续发展道路。政府要统筹考虑,科学谋划,搞好顶层设计,重点扶持资源丰富、条件充足的乡村,重点地区培育形成示范典型,辐射带动周边发展。在充分吸收和借鉴相关研究理论核心思想的基础上,休闲农业与乡村旅游的发展还要遵循以下原则。

第一节 原真性原则

原真性是旅游开发的核心和基础,休闲农业与乡村旅游的真正魅力在于乡村地区自然和人文环境的原真性。国外一些国家注重旅游发展中对乡村意象原真性的保护,欧盟推出一系列政策保护农村遗产、促进村庄复兴和农村旅游发展。在体验经济理论的倡导下,越来越多的游客跳出媒体所传递的旅游产品的"真实"印象,寻找原汁原味的旅游资源。[80]本地居民的参与最大限度地保留了乡村的原真性，休闲农业与乡村旅游经营者与劳动力本地化是旅游可持续发展的根本保障；外来经营者在乡村旅游目的地造成飞地，飞地化是对原真性的最大威胁，外来经营者与本地经营户业务分工互补、提供不同等级和类别的旅游产品才能在保证原真性的同时实现良性发展。[81]大多数游客对其他国家或地区的文化表现形式，如饮食、服饰、习俗、音乐和舞蹈、手工技艺、文学与语言等表现出浓厚的兴趣，广泛的文化差异是吸引游客前往旅游目的地的原因之一。文化旅游资源的商品化有利于地方文化的挖掘、传承与繁荣，因此，旅游发展在一定程度上促进了文化原真性内涵的发展与延伸。[82]为了保护原真性需要适度的商业化，但过度商业化也会冲击传统文化，如文化的庸俗化、文化的商品化、文化的同化、过度的城市化和商业化导致乡土文化的失真以及乡村意象的破坏。[83]商品化的旅游地是无地方性和"非真实"地方意义的典型实例，全国各地出现多个"有着古躯壳的小商品城"，仿古城镇出售类似的旅游商品。

    2013年12月，习近平总书记在中央城镇化工作会议上指出，"城市建设水平是城市生命力所在。城镇建设，……要依托现有山水脉络等独特风光，让城市融入大自然，让居民望得见山、看得见水、记得住乡愁；要融入现代元素，更要保护和弘扬传统优秀文化，延续城市历史文脉；要融入让群众生活更舒适的理念，体现在每一个细节中。……在促进城乡一体化发展中，要注意保留村庄原始风貌，慎砍树、不填湖、少拆房，尽可能在原有村庄形态上改善居民生活条件"。会议为旅游业发展，尤其是休闲农业与乡村旅游的发展指明方向。城镇建设并不意味着非要拆并、动迁和归大堆，它承载着乡村的积淀、民众的精神，不要随意破坏，要保留与传承、创新乡村发展的历史印记，要切实防止违背农民意愿的大规模大拆大建。旅游者向往的是体验一种真实的乡村状态，因此，守好绿水青山，保留原始风貌，突出乡村韵味，发展有历史记忆、地域特色、民族特点的美丽城镇，这是乡村发展旅游业的根基。任何一个国家或地区，想要在保留文化表现形式的前提下吸引旅游者，就要在保护与利用、历史与传承、自然与人文中寻求最佳平衡点，尽量保留"文化的真实性"，让游客体验"真实的生活"。

第二节 特色性原则

　　农耕文化是世界上存在最为广泛的文化基础，以为农业服务和农民自身娱乐为中心，是农民在长期农业生产中所形成的。农耕文化内涵广博，农耕形式、传统农用器具、农村生活习俗、农事劳动、农业节庆、农业工艺等都属于农耕文化范围，是中国存在最为广泛的地域文化类型，突出农耕文化是开发休闲农业与乡村旅游的大前提。利用农耕文化可以开发出许多主题突出、特色鲜明的旅游产品，围绕城镇居民的消费喜好，设计具有鲜明地域特色的休闲体验活动，如农业生产体验、农村生活体验、乡村文化体验等。近年来，休闲农业与乡村游发展迅猛，对乡村资源的利用从简单到综合，实现了从深入挖掘资源内涵到创造新资源的转变，但其在转型升级的过程中出现了同质化的问题，无特色、无主题、无内涵，旅游业发展毫无竞争力可言。休闲农业与乡村旅游项目，在资金、技术、经验、人员等方面并无突出优势的情况下，挖掘地域特色，发挥地域优势，与周边同类景区差异化发展，培育一定区域范围内的竞合关系，避免缺少乡村元素、缺少人文特色、缺少产业支撑的千村一面、千镇一面现象。

　　旅游景区建设的核心是构建差异性，构建有别于客源地日常的生活方式，而这种差异性必须是根植于地方的生活方式，同时也是竞争对手难以模仿的、无法替代的，从而形成鲜明的地方特色。休闲农业与乡村旅游必须坚持差异化、特色化发展。一是与城市的差异，地格基础理论认为，游客去往旅游景区是因为旅游景区所能提供的另类生活方式令人向往，休闲农业与乡村旅游的核心卖点就在于浓郁的乡村氛围，围绕传统饮食、服饰、手工艺品、音乐舞蹈等乡风民俗做足乡土风，如景观规划，要多采用当地的植物景观、农作物景观等，尽量少用园林名贵花木，与城市生活形成强烈反差是关键所在。二是与同类旅游景区的差异，由于周边一定区域范围内资源雷同，特色化、差异化的实现有赖于对自身的客观认识、准确定位和资源深入挖掘，以及对市场消费热点的准确把握。项目开发与建设若不能充分彰显特色与差异就难以从众多的项目中脱颖而出，就难以对休闲旅游需求市场产生较大的吸引力。

任何项目都会衰老，只有持续创新才能维持独特性或新鲜感，找准定位、突出特色、持续创新，方能打造优势、蹚出新路。围绕开发价值高的现代农业新品种、新技术、新设备不断开发休闲农业与乡村旅游新项目，利用重点项目、重点产业的集中建设，示范带动区域农业产业化发展，努力做到人有我优、人优我精。发展休闲农业与乡村旅游，关键是突出本地特色、促进产业升级、提升文化内涵，让乡村因特色更加美丽、更有品位、更具活力，让乡村留得住诗意、载得动乡愁，让原住民有更多的幸福感、获得感，让城镇游客获得差异化的感受。

第三节 主题性原则

在激烈的市场中求生存、求发展，休闲农业与乡村旅游必须走差异化发展的道路，而核心则是主题的差异化。如果说资源是骨骼，那么主题便是休闲农业与乡村旅游的灵魂。在休闲农业与乡村旅游的发展过程中，园区的主题定位至关重要，主题选择需要契合农业资源条件与农业生产条件，并结合市场需求来综合考虑。由于休闲农业与乡村旅游的体量相对较小，走综合性发展道路容易淡化主题形象，项目失败的概率增大。[84] 在旅游发展过程中，要了解城镇居民的旅游需求，精选细分市场，积极与现代产业相结合，找准市场突破点，根据资源禀赋打造迎合需求的主题形象。主题的建立必须依赖于区域资源的自然特征、历史文化、民俗风情等，时下比较流行的主题定位包括特色产业主题、科普教育主题、亲子互动主题、休闲度假主题、康体养生主题等。

特色化发展要求乡村类景区要有主题，要让游客对景区有地方感。主题性旅游作为传统大众旅游的升级版，是量身定制的旅游线路，如亲子、研学、摄影、美食、滑雪等主题旅游，能够满足不同身份、不同需求以及不同消费心理的游客需求。随着休闲农业与乡村旅游的蓬勃发展，形成了以春季赏花踏青、骑行露营，夏季避暑纳凉、漂流探险，秋季采摘品尝、登山观叶，冬季戏雪闹年、温泉康养等为主题的四季游产品，涌现出了主题民宿、主题农家乐、主题农场、主题农业公园等丰富业态，各地推出主题文化游、主题产业游、主题村落游等类型丰富的旅游线路。2020年8月，作为北京消费季重要板块的"畅游京郊·北京乡村旅游季"启动，北京市文旅局公布了以重点乡村游、京郊美食游、红色主题游和精品民宿游为主题的40条京郊旅游精品线路。2020年9月，河北省启动国庆假日乡村旅游系列主题活动，山东省文化和旅游厅推出12个乡村微旅行目的地，第十六届中国·南京农业嘉年华举办涵盖"乡韵""乡趣""乡味"三大主题的"苏韵乡情"乡村休闲旅游农业（南京）专场推介，推出18条乡村游夏秋季精品线路。

第四节 协调性原则

休闲农业与乡村旅游依托农业农村的各类资源，通过拓展非农功能、延伸产业链条而发展。休闲农业与乡村旅游在发展过程中，要统筹考虑农业生产、产业发展、乡村建设、城乡融合、生态可持续等，全面优化配置资源要素，实现产业和各类要素有效聚集。休闲农业与乡村旅游能推动三产融合发展，提高农产品附加值，创造更大的经济价值，但其发展必须坚持以农为本，确保农业生产的主导地位。依据生态环境、资源禀赋、产业发展和市场前景，全国各地培育了众多具有地方特色的优势特色产业，旅游围绕产业转，以优势特色产业作引领，深挖产业文化内涵，设置休闲农业体验活动、科普教育、特色节庆等，打造地区特色鲜明的产业旅游，同时增加优势特色产业总量、优化产业空间布局。美丽乡村与特色小镇建设，美化乡村景观，改善乡村生态，打造出一批知名农产品品牌，带动发展乡村生态旅游，探索我国社会主义新农村建设的创新发展之路。休闲农业与乡村旅游发展，要把"休闲度假游"同"农业产业化"相结合，把"旅游基础设施建设"同"乡村综合治理"相结合，把"旅游资源开发"同"乡村生态环境和历史文化保护"相结合，充分挖掘乡村自然生态、习俗文化和特色农产品的旅游功能，开发具有浓郁乡土风情的休闲旅游产品。

休闲农业与乡村旅游发展在有机衔接各种资源要素的基础上，要充分考虑将来能否获得良好的经济效益和社会文化效益。休闲农业与乡村旅游开发与运营必须顺应自然、延续地方文脉，注重相关产业发展与整合，从单一的农家乐、采摘园转向多业态全产业链经营，实现餐饮住宿、特色农产品、休闲度假、康体养生、创意设计、营销推广、商贸物流等全产业链构建，使传统农业向二产、三产延伸。休闲农业与乡村旅游在规划布局时，农业产业项目之间有衔接、有互动，项目具有层次性和有机性，做到与生态环境保护、产业转型升级、经济社会发展相结合，丰富旅游业态，带活村庄，搞活产业，带富群众，实现经济、社会、生态效益的可持续发展。

第五节　因地制宜原则

休闲农业与乡村旅游开发依赖于农业，而农业的发展又取决于自然地理环境条件。农业生产具有地域性和季节性的特点，所以，休闲农业与乡村旅游的规划、开发与布局应遵循因地制宜的原则。如果不因地制宜发展，不但会大大增加投资额，而且效果也会大打折扣，最终会导致休闲农业与乡村旅游项目开发的失败。习近平总书记强调："发展乡村旅游不要搞大拆大建，要因地制宜、因势利导，把传统村落改造好、保护好。"广袤农村天地宽，因地制宜潜力大。休闲农业与乡村旅游是一个系统性的概念，是顺应城乡消费新趋势而逐渐发展起来的新型产业。在全国新冠疫情防控形势持续好转情况下，休闲农业与乡村旅游率先回暖成为全局经济发展中的突出亮点。2020年五一期间，各景区不开放室内，只开放室外区域，按照旅游景区景点核定最大承载量的30%进行流量控制，相关政策规定对休闲农业与乡村旅游影响较小，众多游客不得不将脚步伸向广袤的乡间，这都有力地促进了休闲农业与乡村旅游的快速复苏。

乡村地区发展休闲农业与乡村旅游的优势在哪里？短板是什么？如何打造？多大规模？……这些都需要结合乡村实际，理性思考。各地在规划休闲农业与乡村旅游项目时，要搞好"规划"，做好"结合"，全盘思考谋划；要理性分析，慎重投资，搞好服务，适度发展。我国文化底蕴深厚，拥有众多古城古镇古村,深入挖掘红色文化、乡土文化、民族文化等特色文化,着力打造属于地区的文化"标签"。要结合山地、丘陵、高原、平原、盆地、海滨等不同地貌类型的实际,突出古建筑、古民居的原始风貌,保留乡村原有符号,传承历史风貌。全国各地乡村要充分利用生态环境、田园景观、农林牧渔等资源,综合考虑自然状况、耕作制度、区位条件和交通条件,因地制宜发展休闲农业与乡村旅游,珍视文化遗产、呵护自然环境。休闲农业与乡村旅游要坚持生产、生态、生活相结合,明确资源优势,选准突破口,科学规划,适度发展,实现第一、二、三产业融合发展,同时努力改善旅游配套服务条件,鼓励发展交通运输、餐饮住宿、休闲娱乐等服务业,达到"来得了,留得住,耍得好,将再来"的目的,充分展示美丽乡村的魅力。

第四章　我国休闲农业与乡村旅游发展历程

　　休闲农业与乡村旅游最早起源于19世纪的欧美发达国家，我国于20世纪80年代开始起步，90年代开始在一些经济发展较快的城市郊区和著名风景区的边缘地带呈现良好发展态势。我国休闲农业与乡村旅游是在农业结构调整、城镇化进程加快、居民可支配收入增加、消费结构改变、道路交通改善等背景下发展起来的。30多年来，消费需求从简单温饱下的乡间田野发展到竞相追逐的"乡愁"乐园，旅游业从全国涌动发展到新时代下的集约提升阶段，逐渐进入可持续发展阶段。根据发达国家的成功经验，加之我国特殊旅游扶贫政策的引导，休闲农业与乡村旅游正在经历重大转变，有利于促进城乡一体化、带动乡村地区经济发展。休闲农业与乡村旅游业呈现五方面变化：从发展上看，从农民自发行为向政府规划引导转变；从休闲功能上看，从简单的"吃农家饭、住农家院、摘农家果"向科普、休闲、度假、养生等方向转变；从空间布局上看，由最初的景区周边和经济发达城市郊区向资源优势区转移；从经营规模上看，由一家一户一园的分散状态向园区和集群发展转变；从经营主体上看，从以农户经营为主向农民专业合作组织经营、社会资本共同投资经营发展转变。《世界旅游经济趋势报告（2021）》指出，受新冠疫情影响，2020年全球旅游总人次降至72.78亿，同比下降40.8%，旅游总收入下降至2.92万亿美元，同比下降50.9%。在疫情尚未完全控制的情况之下，旅游休闲需求由出境旅游转向国内旅游，国内旅游由长线旅游转向本地周边旅游，为休闲农业与乡村旅游开发本地市场提供新的发展机会。经历了"新农村建设、美丽乡村、脱贫攻坚"一系列政策主导的发展，休闲农业与乡村旅游的今天都是在努力"做大"，可能更偏重"量"，未来将要"做强"，将更讲究"质"。

众多学者和旅游行业相关机构和部门结合自身研究实践，对我国休闲农业或乡村旅游的发展历程进行了阶段划分。从生命周期理论角度进行阶段划分，比较有代表性的有：2019年1月，《旅游绿皮书：2018~2019年中国旅游发展分析与预测》发布并指出，乡村旅游的发展形态和载体先后历经了农家乐兴起导入期、观光型产品成长期、休闲体验产品深化期三个发展阶段，我国乡村旅游正进入内容创新发展阶段；[85]奇创旅游规划设计咨询机构把乡村旅游分为四个阶段，分别是初创阶段、全面发展阶段、纵深发展阶段、提升转型与可持续发展阶段；2011年农业部乡镇企业局局长张天佐在接受采访时表示，我国休闲农业大体经历了萌芽起步、初步发展、较快发展和规范提高四个阶段。[86]从休闲农业产品或乡村旅游产品的角度进行划分，比较有代表性的有：旅游专家石培华博士把乡村旅游分为"农家乐"时代，民俗村、古镇等多元并存时代，乡村度假时代，主客共享的乡村旅居时代四个阶段；北京巅峰智业旅游文化创意股份有限公司、勇先创景规划设计院、深圳地道国际设计顾问有限公司等多家旅游规划机构结合实战经验分析乡村旅游1.0时代、2.0时代、3.0时代到4.0时代的升级换代问题；山合水易规划设计院把乡村旅游分为乡村观光、乡村娱乐、乡村度假三个阶段。基于旅游地产品生命周期理论和第二曲线理论，浙江工商大学硕士陈昱卉从消费需求角度提出乡村旅游产品的升级换代路径，即从乡村观光产品到乡村休闲度假产品，再到乡村旅游目的地产品的转变。[87]

借鉴多位学者、旅游行业相关机构和部门的观点，结合我国当前的发展实际，本书从产品端的1.0时代、2.0时代、3.0时代和4.0时代入手，结合发展时间脉络分析我国休闲农业与乡村旅游的发展历程（见表4-1）。休闲农业与乡村旅游从1.0时代的雏形到2.0时代的发展，从3.0时代的成熟再到4.0时代的突破，经历了从农家乐到乡村休闲，到乡村度假，再到乡村旅居的产品发展脉络。休闲农业与乡村旅游的1.0、2.0、3.0时代都是"游客思维"下的开发导向，游客仅仅充当旅游者的角色，只是离开惯常居住地到达旅游目的地，完成乡村旅游体验的过程，乡村很难通过旅游活动吸引并留住高素质人才。而休闲农业与乡村旅游4.0时代是"居民思维"和"游客思维"相结合的"系统思维"开发导向,不但要以"游客思维"考虑到游客的体验质量,更要以"居民思维"推动乡村发展,实现乡村振兴,"系统思维"更关注乡村资源的本身价值,通过释放与延伸乡村资源的价值,满足游客的体验过程,同时借助旅游实现乡村发展。

表4-1 发展历程划分表

发展阶段	1.0时代	2.0时代	3.0时代	4.0时代
发展定位	乡村农家乐	乡村休闲	乡村度假	乡村旅居
核心吸引	农家乐	一村一品	度假酒店	场景化综合体验
配套体验	单一体验	单一体验	单一体验	综合体验
附加值	低	低	中低	高
农家乐产品	农家乐	体验型农家乐	精品民宿	乡村旅居

我国幅员辽阔,各地资源禀赋各异,发展速度不一。经历30多年的成长,我国休闲农业与乡村旅游业逐步实现从1.0时代到4.0时代的进阶与蜕变,每个时代有大致的起止时间,但并没有明显的截止时间线,即1.0时代还在发展的时候,2.0、3.0、4.0时代就依次出现并发展了,彼此之间并非完全的替代关系。从总体上看,休闲农业与乡村旅游业正处在从1.0时代向4.0时代逐渐进化的过程中,四个时代的产品在我国各地均有体现,共同构成了我国目前休闲农业与乡村旅游的产品体系。目前我国部分地区依然以1.0时代的农家乐为主要形态,没有根据消费需求及时进行创新,特色不明显,同质化严重。以发展的眼光看,4.0时代的特征会日益凸显,休闲农业与乡村旅游业部分或整体转型升级的趋势将会进一步明显。

第一节 1.0时代:乡村农家乐——雏形期(20世纪80年代末期至今)

我国休闲农业与乡村旅游起源早、发展晚,最早的表现形式是传统的探亲访友和文人墨客的乡间郊游,是一种自发而偶然的旅游行为。[88]我国现代意义上的休闲农业与乡村旅游起源问题有两种说法,一种是20世纪50年代适应外事接待的需要，另一种是20世纪80年代农家乐的出现。[89] 国内学者更多认同第二种说法。对农家乐关注较多的是农业主管部门，于是才有中国农民旅游业协会的正式成立。1989年4月，中国农民旅游业协会的第三次全国代表大会在河南郑州召开，在会上，"中国农民旅游业协会"正式更名为"中国乡村旅游协会"，成为我国休闲农业与乡村旅游兴起的重要标志事件。[90]

我国的农家乐起步于20世纪80年代，发展于20世纪90年代，规范于21世纪初，[91] 近郊的"农家乐"正好满足了周边城市居民的农业观光需求。乡村农家乐最初的形态，就是农户利用自家闲置的房屋招揽城镇居民，住农家屋、吃农家饭、干农家活、赏农家田，只需解决基础的食宿问题，无须过多考虑服务质量，一切都是开发的最原始阶段。休闲农业与乡村旅游的"农家乐"模式，是我国乡村旅游业最初的、也是发展最广泛的一种形式，开发理论基础尚不成熟，旅游行为也多为自发组织。以现在的眼光回头看初级阶段的发展，旅游业态缺点多、问题大，但从历史的角度来看，"农家乐"让城镇居民真正走入乡村，城乡资源开始市场化流动，功不可没。

一、中国第一家农家乐

改革开放初期，伴随着我国人民生活水平的提高，城镇居民回归自然的意识逐渐产生，农家乐作为休闲农业与乡村旅游的最初表现形式应运而生，其旅游动机明显区别于传统旅游者的回乡探亲访友。休假制度的调整，使国民在学习和工作之外拥有了更多可自由支配的时间，闲暇之余，国民不禁自问：闲下来之后我们应该做什么？

农家乐是农村产业结构调整的产物，作为传统农业的后续产业或替代产业而出现，[81] 乡村资源从主要满足农村需求的内向式利用转变为主要满足游客需求的外向式利用，拓展非农功能，提高农业资源价值，实现了资源的最有效利用。[92] 我国农家乐最初起源于四川省成都市，具体有都江堰市的青城山、郫县（今郫都区）、成都市龙泉驿区、温江县（今温江区）等，后来发展到整个成都平原、四川盆地，乃至全国。四川省成都市郫县友爱镇农科村有种植花卉的历史传统，20世纪70年代，成都市科技局在此建起了农科站，在

第四章
我国休闲农业与乡村旅游发展历程

改革开放的影响下，农科村开始由传统农业向规模化花木种植转移，以花卉苗木种植和销售为主，建起了实验室、花果园，走上了农业结构调整之路。到1986年，村内园艺景观连点成片，农家庭院环境优美，徐家大院率先搞起经营性质的农家旅游接待。道路一侧种植粮食，一侧种植鲜花，外地客商来此挑选苗木，一些客商选择中午与农户共进午餐，并主动留下金额不等的费用。农户的非主动经营行为即为农家乐的最初形态，我国农家乐的最初萌芽正是由花卉苗圃基地逐渐发展起来的。后来很多农户纷纷效仿，在饮食上做出很多花样，现采摘的新鲜果蔬，农家散养的鸡、鸭等家禽，消费者看上哪个就杀哪个，形成了当时非常火爆的"点杀村"，这就是农家乐的前身。成都双流县的农家乐是从"一鸡三吃"等特色餐饮开始起步的。真正以"农家乐"命名的休闲农业与乡村旅游始于1987年，在成都郊区龙泉驿区书房村举办的桃花节，把乡村的本土特色与城镇居民的休闲度假需求很好地结合起来，一种全新的旅游形式顺势而生。农家乐发源于此地的关键因素，与成都市民长期以来的休闲意识有关。

1986年，在农家乐活动开展最早的徐纪元家，"徐家老宅"溯源居，一栋红砖青瓦房，创办了中国第一家农家乐，成都"徐家大院"的诞生标志着"农家乐"旅游模式拉开了休闲农业与乡村旅游的序幕。1987年，作为"天府十年改革开放专题"，《成都晚报》调研后做了"鲜花盛开的村庄""没有围墙的农民公园"的系列报道，首次向成都市民推荐了农科村的农家乐。1992年，四川省委原副书记冯元慰在农科村视察工作时，即兴提笔书写了"农家乐"三个大字，农家乐由此得名，农科村的旅游形式正式定名为农家乐旅游。根据当时的"三农"实际，明确"先发展后规范"的指导思想。1996年，胡锦涛等国家领导人先后到访"徐家大院"，肯定了其做法和经验，认为是建设社会主义现代化新农村的探索之路。1997年国家旅游局调研后，随即确定了召开"六省七方会议"关于大力发展乡村旅游的会议主题。2003年，农科村被认定为首批全国农业旅游示范点，全国农业旅游示范点评审委员会正式命名徐家大院为"中国农家乐第一家"。2006年，首届中国乡村旅游节召开，原国家旅游局授予成都市"中国农家乐旅游发源地"的称号。各省市前往农科村参观考察交流的人络绎不绝，利用乡村资源创新性地开展旅游活动，逐渐在全国得到推广,开了我国休闲农业与乡村旅游的先河。

20世纪80年代中期在郫县农科村兴起的农家乐旅游热潮,改变了川西农民传统的农村生活方式,一到周末或节假日,市民或偕同家人,或呼朋唤友,结伴到那里去放松休闲,吃饭、喝茶、打麻将,好不自在。徐家大院作为"中国农家乐第一家",创始人徐纪元也通常被称作"农家乐第一人",在其示范带动下,农家乐在川内遍地开花。全国各地也兴起了多种形式,例如江南及沿海地区的"渔家乐"、中部地区的"农家乐"和西北地区的"牧家乐",在更大范围内带动了乡村经济的变革。从1986年作为农家乐的经营雏形开始至今,徐家大院相继进行了4次提档升级,从一栋红砖青瓦房升级为以会议接待为主的新型乡村星级酒店。现如今,徐家大院早已声名远播,在获得财富和各种头衔的同时,也增添了些许商业气息,少了川西坝子浑然天成的田园风情。郫都区(原郫县)的休闲农业与乡村旅游也经历了萌芽、发展、壮大、低迷、转型、提质等多个阶段,农科村的创新与发展为全国休闲农业与乡村旅游树立了发展样板。[93]

二、农家乐的发展

农家乐是城市需求和乡村综合资源相互作用的结果,主要存在于城郊地区和景区周边,是满足旅游者不同旅游需求和不同旅游偏好的旅游产品。我国的休闲农业与乡村旅游是在政府主导下,旅游条件富足的乡村率先起步,20世纪80年代末这些地区在我国受到较为广泛的关注,发展初期主要分布在以下三类地区:开发最早的景区边缘地区,在国家旅游扶贫政策的引导下陆续发展的老少边贫地区,市场型、资源型和混合型的都市郊区。[35]改革开放以来,首先富裕起来的深圳、珠海也是最早开展农家乐旅游的地方之一。1984年珠海白藤湖农民度假村开业,20世纪80年代末期深圳招商引资举办了荔枝节,随后又开办了采摘园,经济效益甚为可观,引得各地争相效仿,继而发展成为具有地方特色的观光休闲农业项目。

原国家旅游局推出多个相关主题年活动,如1995年的"中国民俗风情游"主题,1998年的"中国华夏城乡游"主题,1999年的"生态旅游年"

主题，推动全国兴起以农家乐为代表的休闲农业与乡村旅游活动。2002年原国家旅游局在全国开展创建"全国工农业旅游示范点"工作，极大地鼓舞了全国发展"农家乐"的热情，各地也纷纷出台"农家乐"的开业规范、等级评定标准等政策。四川、浙江、北京、天津、河南、广西、湖南等省份发展规模较大，北京十渡镇、成都三圣乡、山西壶关桥上乡等地区发展较好。在北京、上海、成都等大中城市的城郊和周边农村地区，农家乐已形成一定规模。2020年12月，艾媒咨询发布的《2020年中国乡村旅游发展现状及旅游用户分析报告》显示，2020年1—8月，中国休闲农业与乡村旅游接待人数达12.07亿人，休闲农业与乡村旅游收入达到5 925亿元，自驾、短途、亲子游成为乡村旅游市场新趋向；2010—2019年这十年间，我国农家乐相关企业注册总量由原来的2.6万家增长至21.6万家，增长迅速；从地域分布来看，四川省的农家乐相关企业数量最多，超过2.2万家，其次为湖北省和重庆市，呈不均衡式分布。

萌芽时期的农家乐，是农忙之余的副业。农民通过自家的庭院、耕田、果园、鱼塘、牧场等资源展示农村风貌、农业生产过程、农民生活场景，以此来吸引城镇居民，把自家的宅基地和现存生活设施改建或改善成餐饮、住宿接待设施，提供相关旅游服务。农家乐的发展主体主要是本村村民，涉及的利益主体也主要在村民内部，相对容易协调。此时的农家乐是传统意义上的农家乐，多为农民的自发行为，小而分散，整体上是一种自由发展状态，产品存在着简单、低档、同质等休闲农业与乡村旅游的初级阶段特征。乡村景观特色不明显，核心吸引力不强，乡村地区基础设施不配套，管理体制不健全，旅游服务水平不高等诸多问题的存在，促使"农家乐"旅游模式快速转型升级，由单一的观光型开始向观光休闲度假复合型转变。

农家乐所拥有的低价位是度假村、星级民宿无法替代的，但随着旅游者消费水平的提升，农家乐的价格优势会逐渐减弱，农家乐模式需要不断更新换代，需要不断提质和升级。[94]由于对农家乐发展认识不足，许多从业者认为休闲农业与乡村旅游就是农家乐，致使农家乐旅游模式在现阶段仍是部分乡村地区旅游产品的主体。从大众化需求来说，休闲农业与乡村旅游已从旅游发展的边缘走向核心。在发展的初期，农村旅游、乡村旅游或者休闲农业发展，总体上处于辅助地位，主要是位于大城市郊区和大型旅游景区周边的乡村，很多时候是旅游者到目的地或者旅游景区的一些补充性服务，比如食宿接待、出售土特产品等配套服务。随着大众旅游的兴起，国民出游机会增多，出行目标不仅限于传统意义上的旅游景区，这给休闲农业与乡村旅游发展带来新机遇。乡村地区优越的自然生态环境、异域的生产生活方式、富有特色的传统文化，吸引游客前往，条件富足的乡村极易发展成为综合性的旅游体验目的地。现在的农家乐也已并非最初以单一餐饮为主要形式的农家乐，农事体验型、科普教育型、花园客栈型、农家技艺型等多种形式并存，旅游体验内容日益丰富。

第二节 2.0时代：乡村休闲——发展期（2004年至今）

当城镇居民越来越多地走进乡村，简单的"吃农家饭、住农家屋"已不能满足他们到乡村旅游的需求，旅游者出行目的的改变指引着休闲农业与乡村旅游在农家乐的基础上，发展进入2.0时代。进入乡村休闲阶段，休闲农业与乡村旅游开始包含一些体验产品和体验营销手段，增加了相应的配套旅游服务和旅游项目，在项目丰富度和综合体验上都有很大提升，满足了旅游市场对于休闲功能的软性需求。从本质上来看，从1.0时代的乡村农家乐到2.0时代的乡村休闲，只是量变，主要关注传统旅游层面的六大要素，提供的依旧是功能性消费的场所，忽视了乡村发展及当地居民的诉求。

2004年，"三农"问题上升到了国家发展战略的重要高度。在此背景下，国家及相关部门颁布出台一系列政策，推动休闲农业与乡村旅游迅速发展，因此，本书把2004年作为2.0时代乡村休闲的开始时间。原国家旅游局将2006年旅游主题定为"中国乡村游"，宣传口号为"新农村、新旅游、新体验、新风尚"，发挥旅游在社会主义新农村建设中的带动作用，全面推动休闲农业与乡村旅游提档升级。2006年8月，原国家旅游局发布《关于促进农村旅游发展的指导意见》，指出"各地农村旅游发展生动活泼、形式多样、特色鲜明，有力地促进了社会主义新农村建设。但我国乡村旅游发展总体上还处于起步阶段，存在着认识不足、引导不够、配套建设滞后等问题"，并明确了发展目标，即力争到 2010 年基本形成种类丰富、档次适中的农村旅游产品体系。为推动实现既定目标，原国家旅游局于 2006 年 8 月在成都召开全国乡村旅游现场会，将 2007 年旅游主题确定为"中国和谐城乡游"，倡导城市和农村旅游协调发展，带动农村风貌大变样。2007 年，原国家旅游局联合原农业部印发《关于大力推进全国乡村旅游发展的通知》，明确要充分利用"三农"资源发展旅游业，全面拓展农业功能和领域。2006 年中央一号文件首次提到"一村一品"，2010 年开始"一村一品"特色村镇创建工作，"一村一品"理念助推休闲农业与乡村旅游发展。2009 年，《关于加快发展旅游业的意见》提出乡村旅游富民工程。行业主管部门大力推动乡村地区旅游业的发展，相继出台一系列的政策、举办一系列的活动，有力地凝聚了全国各地推进休闲农业与乡村旅游发展的合力。"一县一业""一村一品"蓬勃发展，北京创新性地提出发展沟域经济，以生态建设与休闲旅游产业为龙头，保护生态、挖掘特色、培育产业，打造产业融合、特色鲜明的产业经济带。

在这一阶段，旅游活动从大城市和知名景区开始向城乡扩展，旅游业也逐步从游山玩水的观光游览扩展到国民经济社会的诸多产业与领域。全国范围内农家乐数量急剧扩张，且发展为渔家乐、牧家乐、藏家乐、洋家乐等多种形式，农家乐先发地区逐渐从城郊区开始向远郊区扩展，整体发展水平大幅提升。1.0 时代、2.0 时代，游客出游的目的主要是观光，旅游业以农家乐为主要形态。随着民宿发展崭露头角，休闲农业与乡村旅游的业态、产品及活动内容逐渐丰富，但呈现"大规模扩张、低水平发展"的特征，导致了同质化、商业化问题的产生，甚至有些地区出现了大拆大建、挖山填湖、砍伐老树等现象。诸多问题的产生促使休闲农业与乡村旅游从量的扩展逐渐转向对品质的追求，对旅游素质提升和对产品设计提出更高标准的要求，推动我国乡村旅游业继续向前推进。休闲农庄、农业观光园、果蔬采摘园、民俗旅游村等旅游产品开始出现，进一步丰富了休闲农业与乡村旅游的产品体系。在休闲农业与乡村旅游发展较成熟的部分地区，表现出精品化、特色化的发展趋势。

一、"一村一品"创建背景下的农文旅融合发展

(一)日本发起"一村一品"运动

在日本快速工业化、城市化的进程中,面对农业农村日渐萎缩凋敝的现象,1979年,日本大分县前知事平松守彦提倡并发起"一村一品"运动,目的是立足本地资源优势,发展具有地方特色的主导产品和主导产业,增加农民收入,振兴农村经济。"一村一品"后来演变为日本国内的大规模运动,成为日本农业产业化的成功运作模式。[95]"一村一品"农业发展模式帮助日本农村及农村产业带来翻天覆地的变化。20世纪70年代,大分县"丰后牛"开展了"一头牛牧场"认养运动,从1976年开始,认养活动发展为每年一度举办"品尝肥牛大喊大叫大会","丰后牛"借助体验把畜牧业转化成旅游休闲产业;大分县旧大山町的"梅子蜜"等农产加工品多达20多个品种,迅速占领市场,销售额达数亿日元;高知县的马路村,对不具有市场优势的柚子,进行二次加工,继而将村落形象与商品结合起来贩卖"乡愁",通过嫁接文化和工业思维,形成"农产品种植+农产品加工+农旅融合"的乡村整体发展模式;群马县川场村于1975年确立了发展"农业+观光业"的基本策略,营造农业主题乐园,结合农业地景设计旅游线路,最大限度地保留农村的本来面貌。

日本"一村一品"的核心是产业,它以富有特色的产品为出发点,进行整体产业链延伸,通过办学融入技术,提高农民素质,打造知名度,进行整体化的推进。为了破解农村优秀人才缺乏的问题,大分县把培养人才作为"一村一品"运动的最终目标,开办了各个领域、各种类型的人才培养讲习班,从1983年到2005年,讲习班共培养了2000多名优秀人才,这些人才作为"一村一品"运动的带头人活跃在县内各个区域。目前,"一村一品"基本理念逐渐被很多国家和地区所接受,成为许多国家尤其是欠发达国家消除贫困、实现乡村振兴的重要途径。

(二)"一村一品"在我国的兴起

1983年8月,平松守彦在上海首次发表了"一村一品"的演讲,其后在

上海开展了"一厂一品"运动，在武汉市开展了"一村一宝"运动。2006年"一村一品"首次写入中央一号文件，《中共中央 国务院关于推进社会主义新农村建设的若干意见》在"促进农民持续增收，夯实社会主义新农村建设的经济基础"部分提出，"要充分挖掘农业内部增收潜力，按照国内外市场需求，积极发展品质优良、特色明显、附加值高的优势农产品，推进'一村一品'，实现增值增效"。"一村一品"成为国家和农业部门长期坚持的一项工作。2007年年初，原农业部下发《关于加快发展一村一品的指导意见》，加快培育特色产业，推进社会主义新农村建设。根据原农业部《关于推进一村一品强村富民工程的意见》（农经发〔2010〕10号）和原农业部办公厅《关于开展一村一品专业示范村镇认定工作的通知》（农经办〔2010〕19号）的规定，我国开始全国一村一品示范村镇的认定工作。2011年至2023年，原农业部、农业农村部共培育4 068个"一村一品"示范村镇，乡土特色产业取得长足发展。"一村一品"支撑起休闲农业与乡村旅游发展的鲜明主题，将乡村特有的农产品或风土人情转化为当地的特色游览项目。主题特色突出、体验型农家乐成为2.0时代的鲜明特色。

在"一村一品"示范村镇创建活动中，我国涌现了以地域文化、建筑文化、民族文化、养生文化、休闲文化、果蔬文化和餐饮文化等为特色的民俗旅游村，打造了多种特色的民俗体验活动、特色民俗餐饮和纪念品等。北京山合水易规划设计院乡村旅游中心提出了乡村旅游有机体构建理念，该理念区别于以往单一的农业观光和休闲农业，是集观光、考察、学习、参与、康体、休闲、度假娱乐等于一体的综合型开发模式，其中"一村一品、一园一色、一家一艺"是亮点。

（三）各地"一村一品"实践

各地打造的"一村一品"示范村镇，成为休闲农业与乡村旅游发展的重要资源和载体。全国各地立足"一村一品"打造美丽乡村，建设美丽乡村要倡导"一村一品"。各地的特色村镇、美丽乡村建设，要大力拓展乡村第一、二、三产业的观光休闲功能，适宜发展休闲农业与乡村旅游。山西晋城复古融今打造家训文化村，如晋城市高平市南城办事处的下韩村利用传统道德文化为指引，净化家风村风民风；内蒙古包头走"道德致富传帮带"新路子，如包头市东河区河东镇全国文明村王大汉村着力弘扬孝文化，成立了亲帮亲志愿服务队，并将社会主义核心价值观的内容融入村规民约和村训中；浙江诸暨95家文化礼堂开启农民新生活，如王家井镇洋湖村深度挖掘"绍兴老酒洋湖坛"的文化内涵，打造陶艺文化主题；广东佛山活化古村落文化、留住乡愁，以"旅游+古村落"作为重要推手，推出"探寻古村落，领略佛山味"等项目产品，发挥旅游资源优势，展现佛山古村落的乡村美景和历史古韵，如广东佛山南海区西樵镇松塘村围绕"翰林古村"定位，积极主动寻找各种资源延续、传承；广西恭城延续民族血脉，传承文化基因，规划一批重大文化建设项目，挖掘瑶族文化内涵，创作群众喜闻乐见的优秀文艺作品，利用瑶族非物质文化遗产打造传统节日文化品牌，如恭城瑶族自治县观音乡水滨村推广祖辈传下来的吹笙挞鼓舞。

休闲农业与乡村旅游成为乡村地区，特别是贫困地区的特色产业之一，也是乡村产业兴旺的重要途径。在全国"一村一品"示范村镇创建过程中，很多地方都以旅游休闲作为主导产品、主导产业。四川省仪陇县按照"一村一策""一村一品"要求，组建休闲农业与乡村旅游协会、合作社，大力发展乡村民宿、乡村酒店、生态庭院等旅游业态，举办乡村特色旅游节会活动，打造"旅游+扶贫""旅游+农业""旅游+文化"的休闲农业与乡村旅游示范带。苏州近郊利用茶叶、蔬果等产业优势资源，构建了集农业、旅游业于一体的"田园综合体"；淮安市楚州区复兴镇大李村大力发展生态旅游业，打造乡村的旅游观光产业，营造宜居宜业的综合产业氛围。安徽省舒城县城关镇幸福村坚持现代农业与观光农业协调发展，围绕美丽乡村建设，建立"稻田+龙虾"生态循环轮作基地，打造旱作农业精品区，着力打造"生态乡村旅游示范村"。

二、沟域经济发展

（一）北京率先提出并实践沟域经济

沟域经济作为一种山区经济发展新模式，是北京市在农业区域经济、流域经济基础上结合北京山区农业发展基础与资源环境特点而提出的新概念。[96]沟域经济是北京山区发展都市型现代农业的一种有效实现形式,通过发展沟域经济,使北京山区成为首都特色农产品的供应地和首都居民旅游休闲的度假胜地。[97]沟域经济发展有力地推动了社会主义新农村建设、城乡一体化发展,在保护生态环境的前提下,发挥了富裕农民、服务首都的作用。北京市始终坚持"一沟一品"的大旅游发展思路,重视各地区沟域间的特色开发,避免开发雷同和产业同质,促成沟域经济差异化发展。

沟域经济实际上是探索现阶段更高层次循环的问题,带动乡村旅游、休闲农业、林下经济、低碳经济、总部经济、文化创意等向山区聚集。2001年之后,北京陆续关闭1 088处矿山,开始探索替代矿山的生态友好型可持续发展循环经济之路。从2006年起,北京市政府就确定了每两年召开一次山区工作会议,共同谋划山区发展大计。2006年召开的山区工作会议提出两项政策措施,一是加快生态沟域建设速度,二是开展废弃矿山生态修复工程。2008年的山区工作会议明确了发展沟域经济的战略思想,北京市新农办发布了《关于开展山区沟域经济发展试点的意见》。2009年,"北京沟域经济发展论坛"在北京延庆县召开,以"探索新模式,建设新山区"为主题,共同探讨新的山区发展模式。2010年,北京市出台《北京市人民政府关于促进沟域经济发展的意见》(京政发〔2010〕36号),开始全面发展沟域经济。

矿山关闭之后,北京市制定了一揽子"绿山富民"的政策,山区生态涵养建设和经济发展取得显著成效。各区县农民自发开展民俗旅游接待,进而集中连片发展,形成区域性产业带,成为沟域经济发展的雏形。《北京城市总体规划(2004—2020年)》确立"两轴两带多中心"的发展格局,把7个山区县的83个山区和半山区乡镇定位为生态涵养发展区。生态涵养发展区以生态保护为前提的环境友好型产业为主导,发挥自身优势,发展具有山区特色的产业。在北京城市推动下形成的外延式或需求拉动式的生态沟域经济,[98]以满足城镇居民需求为出发点,以满足农民增收需求为落脚点。生态优先是发展的核心理念,挖掘特色是发展之关键所在,培育产业是发展的重要支撑,北京沟域经济破解了山区经济发展与生态保护的难题。

山区经过多年经济发展的探索实践,2007年,以门头沟区农委刘永强主任为代表的一批山区工作者率先在全市提出了沟域经济的概念。沟域经济在发展中表现出了强劲的生命力,引起了从事山区经济研究的专家学者们的广泛关注。雁栖镇和渤海镇是怀柔区最早发展民俗旅游的两个镇,2006年怀柔区委、区政府结合新农村建设,全力打造"雁栖不夜谷"和"夜渤海"两大旅游品牌,启动统一规划设计,发挥整体优势带动区域经济发展。中国科学院地理科学与资源研究所研究员张义丰教授参与了门头沟区沟域经济发展的规划编制工作,并以此为基础编写了《北京市沟域经济发展的理论与实践》一书,该书于2009年出版,对沟域经济进行了比较准确的描述和系统的研究。张义丰教授认为,沟域经济是以山区沟域为单元,以其范围内的自然景观、文化历史遗迹和产业资源为基础,以特色农业、旅游观光、民俗文化、科普教育、休闲度假、健康养生等为内容的多产业整合。[99]

怀柔的雁栖不夜谷、夜渤海,密云的云蒙风情大道,门头沟的妙峰山玫瑰谷等沟域经济试点的成功,为京郊山区发展探索了新出路。自2007年提出沟域经济概念,2008、2009年开展试点建设,2010年全面实施规划建设,[100]北京沟域走出了一条以山区沟域为单元的特色发展道路。北京首创的以生态保护为前提的沟域经济发展模式,形成了龙头景区带动、自然风光主导、特色产业发展、民俗文化展示、文化创意先导五种发展模式,[101]7个山区县都形成了特色鲜明的沟域。早期,沟域经济发展的典型有延庆四季花海、怀柔白河湾、密云古北水镇等,后来又涌现了密云酒乡之路、怀柔满韵汤河等,带热了北京山区旅游产业。房山仙栖谷与韩村河"天开花海"探索综合立体农业格局;[102]房山蒲洼沟域和怀柔栗花沟沟域突出了林菌培育与林禽养殖农林复合经营,探索农林生态复合模式。[103]平谷挂甲峪、怀柔北沟村、密云古北口村、密云蔡家洼4个村被评为"中国最有魅力休闲乡村",怀柔双文铺村等20多个村庄被评为"北京最美的乡村",北京涌现出了一批美丽乡村典型。2013年,延庆百里山水画廊、四季花海、冰川绿谷3条重点沟域,共接待游客230万人次,实现旅游综合收入9 800万元;怀柔白河湾的9个村共接待游客40万人,旅游综合收入5 346万元;密云酒乡之路以葡萄为特色发展葡萄园区14个,仅葡萄产业就实现税收7 600万元。[104]2016年,酒乡之路沟域接待游客66.7万人次,实现旅游综合收入3亿元,最多的一户年收入达到

80万元。《北京晚报》记者孙文文从市农委了解到，截至 2016 年底，北京共实施沟域工程项目 1 160 个，集中培育了一大批特色沟域和沟域景点，四季花海、冰川绿谷、白桦谷、不夜谷、酒乡之路、神泉峡、绿海红歌等特色各异的沟域，打造了古北水镇、国际文化村等沟域地点，促使京郊山区重新焕发生机。

（二）各地沟域经济实践

综合本地资源禀赋和产业基础等条件，各地开展了各具特色的沟域经济实践。

2017 年 5 月，北京沟域经济发展联合会成立，京津冀相关部门签订了"密云雾灵香谷—兴隆沟域""门头沟永定河峡谷—怀来沟域""平谷金海湖—蓟县沟域""房山十渡—野三坡沟域""怀柔天河川·满韵汤河—丰宁沟域" 5 条跨区域沟域协同发展框架协议，三地将以沟域景观为切合点，协同开展规划、产业、人才、信息等交流与合作，助推沟域建设。2017 年 12 月，京津冀生态文明沟域发展论坛在北京举行，围绕京津冀三地生态沟域创新与发展之路进行讨论。这标志着京津冀山区打破了区域界限，打开了通道，探索京津冀跨区域沟域协同发展模式和跨部门联动协调机制，协同发展迈进新阶段。

河南省在推进沟域经济的过程中，因地制宜探索创新发展模式。近年来，洛阳市大力发展沟域经济推进农业高质量发展，山区生态建设、经济建设和环境保护同步规划、同步落实，探索出了一条以山区沟域综合治理支撑黄河流域生态保护的绿色发展之路，洛阳沟域生态经济的创新之举为全国山区振兴贡献"洛阳模式"。作为黄河流域重要节点城市的洛阳，地处黄河生态廊道和伏牛山、太行山山地屏障叠加区域，在推进沟域经济发展上，必须优先把生态摆在首位，守护好绿水青山。洛阳市坚持"一沟一产业、一域一特色、沟沟有支撑"的发展模式，接续打造了 53 个"沟谷文旅业、半坡林果业、山顶生态林"全景式沟域经济示范带，形成了特色农业主导型、龙头景区带动型等 6 大发展业态。从豫西苹果谷的"产业革命"到手绘小镇的"文化基因"，从伊源康养谷的"生态蝶变"到黄河神仙湾的"大河风云"……一批沟域经济示范带应运而生。[105]"草莓西施"吕妙霞，带火了孟津草莓产业；55 岁的刘现宽返乡创业种植高品质大粒樱桃，亩均收益超 2 万元；艺术青年冯亚珂"无中生有"发展"写生经济"、打造"手绘小镇"，三合村实现嬗变……沟域经济为山区集聚了旺盛的"人气"。正村镇打造富有田园诗意的生态综合体，赵老屯村打造"寻香之旅"，孟津图河、新安樱桃谷、栾川荷香湾、宜阳香鹿山香谷、伊滨倒盏村等一批融合发展样板，催生乡村旅游、农产品加工、田园综合体、特色小镇和电子商务等新产业新业态新模式。[106] 许昌市把沟域经济与产业扶贫、美丽乡村建设结合起来推进，打造出禹州市无梁镇特色农业与乡村旅游结合发展的沟域经济模式，禹州市方岗镇建成不同产业融合、特色鲜明的沟域经济带。

2015 年以来，山西省吕梁市在小流域综合治理的基础上，通过实践摸索，大力发展以高效设施型、封禁舍饲养殖、淤地坝坝系、生态旅游、水土保持科技园区为主的沟域经济，推进山、水、田、林、路综合治理，带领山区群众稳定增收致富。2015 年，石楼县创建了 9 个生态沟域经济示范区，2016 年，全县集中打造了 20 多个流域综合治理典型，重点发展特色种植、养殖、农产品加工和农业休闲采摘旅游，形成了多元化的沟域产业形态，使脆弱单一的山区农业走上了一、二、三产业融合发展之路。山西省阳泉市通过发展休闲旅游、特色农业、农耕文化等业态，着力推进沟域经济发展。龙泉沟建起了绿色生态园，保安沟建成树莓生产基地，盂县藏山翠谷成为休闲观光点，山沟变成了集观光、采摘、娱乐、休闲、旅游于一体的绿色生态园。

四川省阿坝州黑水县山高谷深、沟壑纵横，资源要素向沟域集聚，近年来，黑水县提出"一沟域一体系、一沟域一主业、一沟域一特色"的沟域经济发展思路，大力发展沟域经济。2016 年以来，黑水县累计投入涉农资金 3.56 亿元，共有 7 239 名贫困群众通过产业稳定脱贫，实现人均增收 2 630 元。[107] 全县将近百条沟谷科学规划为果蔬中蜂民俗、核桃香猪花海、生态农牧温泉、冰山观光休闲、神山探险体验、药材藏鸡彩林六大沟域，合理布局生态产业，促进特色产业稳定增收，助力村民脱贫奔小康。

西藏拉萨市尼木县卡如乡，位于雅鲁藏布江边。2017 年清明节前后，在北京平谷区援藏干部赵金祥和同事们的帮助下，尼木县从北京平谷引入精品大桃 8 个品种共计 1 万株，平谷大桃在卡如乡落地生根是尼木县"沟域经济"

发展的一个缩影。卡如乡大力发展沟域经济，突出主题形象，串联特色产业，打造地域农产品品牌，将雅江狭长山谷打造成了一条特色鲜明的旅游产业带。目前，尼木县已基本建成以大桃、樱桃、葡萄等特色果品及蔬菜、藏鸡标准化养殖为主的现代农业，形成以卡如"核乡寻忆"、藏香产业园为主体，集民俗旅游、二产加工的三产融合发展示范体系，尼木县逐渐形成长达40千米的沟域经济产业带。[108]

第三节 3.0时代：乡村度假——成熟期（2012年至今）

一般而言，随着国民收入的增加，从性能与价格的比重来看，价格的边际效应在下降，而性能的边际效应在上升，对性价比的判断是朝着有利于品质化的方向发展。休闲农业与乡村旅游产品的层次越高，满足消费者的需求等级也越高，1.0时代到3.0时代实现传统农家乐到乡村民宿的蝶变，在层次、品质上都得到很大提升，引导消费者延长驻留时间。3.0时代，围绕旅游者多元化的消费需求，体验型、度假型、休闲型等多种类型的旅游项目不断涌现，乡村地区顺势出现了乡村综合体项目，一方面凸显乡村天然的休闲特性，另一方面也要给旅游者营造更好的休闲度假环境，开启乡村度假模式。乡村度假成了乡村旅游的发展方向，旅游者不再是短暂停留的匆匆过客，而转变为短期休闲度假。把一个村庄当作景区、度假区、精品度假酒店进行建设，温泉度假、山地度假、海滨度假、娱乐度假、康养度假等休闲方式相继而生。至此，休闲农业与乡村旅游开始向精品化方向迈进，中高端民宿、乡村度假酒店、乡村旅游俱乐部等成为新时期的发展亮点，短时性消费转向持续性消费，单一业态转向多元服务产业结构。2019年，文化和旅游部发布《旅游民宿基本要求与评价》旅游行业标准，规范旅游民宿发展。2022年，文化和旅游部会同相关单位出台《关于促进乡村民宿高质量发展的指导意见》（文旅市场发〔2022〕77号），推动乡村民宿高质量发展。

随着出游机会的增多，旅游者更加注重旅游过程中的体验质量，包括住宿设施更新、餐饮质量提升、游憩活动丰富、附加服务便捷等，乡村度假不再是简单的农家乐升级，而是完成了旅游产品的完美蜕变。中山大学旅游学院孙九霞教授认为，民宿从旅游期间的一种居住模式演变为旅游核心吸引物，发展成为民宿旅游，即亲近自然和体验目的地文化的载体，是一种全体验式的度假方式，我国民宿开始向精品化、高端化发展。在农家乐、乡村游的基础上蝶变为乡村民宿，以莫干山为代表的"生态景区＋旅游集镇＋乡村度假酒店"业态开始出现，旅游者实现了"在乡村居住"的愿望，可以更深层次地体验乡村。

但不可否认的是，此时的乡村度假开发依然是从消费端出发，依托乡村地区资源进行旅游式开发，关注如何最大可能地满足旅游者的度假需求，而没有更多地考虑原住民、返乡创客、生态移民的发展问题。随着我国美丽乡村、新型城镇化、特色小镇建设的推进，以及农业和旅游相关政策的相继出台，国民开始关注旅游对激活乡村、复兴文化、兴业富民的助推作用，逐渐从"游客思维"向"居民思维"转变。

一、浙江省德清县莫干山民宿发展

作为山清水秀的旅游胜地，浙江省的休闲农业与乡村旅游一直都走在全国的前列。2003年，在时任浙江省委书记习近平同志的倡导和主持下，全省启动"千村示范、万村整治"工程（以下简称"千万工程"）。安吉县作为"两山"理念诞生地，2008年率先在全国开展"中国美丽乡村"建设。2012年的政府工作报告中，德清县提出要培育以"洋家乐"为代表的旅游新业态。在2015年浙江省政府工作报告中，特色小镇吸引了各方关注，全省各地积极投身特色小镇建设，所有特色小镇最终要建设成为3A级以上旅游景区。2017年，按照把省域建成大景区的理念与目标，浙江省启动万村景区化五年行动，出台《浙江省A级景区村庄服务与管理指南》与实施细则，引导各地创建A级景区村庄，目的是要建成开放型的乡村旅游目的地。2018年9月，"千万工程"被联合国环境规划署授予"地球卫士奖"。2022年，浙江省启动景区村庄2.0版建设，高质量推进村庄景区化。"千万工程"实施20年间，浙江省以

"千万工程"为抓手,实现美丽乡村、共富乡村、未来乡村的持续迭代升级,展现时代生命力。[109]

(一)莫干山民宿起步

浙江省最好的民宿不在宁波、杭州,而是集中分布在德清这座小县城,德清民宿的精髓在莫干山。相对于酒店,独门独栋的民宿更具有私密性、舒适性,更符合高端客户的需求。莫干山地处上海、杭州、宁波三城交界处,江浙沪地区富人众多,市场条件得天独厚。莫干山号称"江南第一山",是国家4A级旅游景区、国家级风景名胜区和国家森林公园,自清代起就是我国四大避暑胜地之一。以104国道为界,以莫干山风景区为制高点,莫干山镇、筏头乡和武康镇的上柏、城西、对河口、三桥等区域,统称为德清的西部,是生态环境保护区,也被称作环莫干山旅游休闲观光区,具体包括燎原、南路等18个行政村,在此汇集着众多高知名度的民宿,莫干山与"民宿"相联系,成为民宿行业的先行者。随着莫干山景区游客量渐增,后坞村社区早在2003年开始兴起,当地村民开办的农家乐以提供便餐服务为主,迅速发展成为农家乐集聚区。莫干山的历史文化和生态环境吸引外国人来此创业,2005年南非人高天成来到中国,2007年来到莫干山西部的劳岭村,租用当地数间土坯房,打造了"洋家乐"——裸心乡,同时吸引了来自法国、英国、比利时等十多个国家的外国人士,纷纷来到莫干山投资开设"洋家乐",莫干山"洋家乐"随之一炮而红。业界公认莫干山地区民宿行业的大发展由此肇始。此后,我国的新兴中产阶级也开始到莫干山地区投资经营乡村酒店。由外国人经营或具有国外要素特征的住宿业态、起步于2007年的莫干山民宿,已然成为行业发展的标杆。

2007年开始,以"裸心乡"为代表的洋家乐,主要走旧房改造之路,房屋的原结构基本得到保留,体现美式乡村的风格,此时的莫干山民宿处于发展的"1.0版本"。裸心乡、法国山居、西坡、莫干山居图等"洋家乐",除了硬件上的高档高端,亮点更在于其倡导的生活理念:放下一切,回归自然,与自然融为一体,打造高端度假与低碳环保的完美结合。2007年,裸心度假的前身"裸心乡"诞生在莫干山三九坞,2011年"裸心谷"开业,2017年"裸心堡"隆重登场，裸心集团一直强调"尊重自然、与自然共生"的精神和更愉悦、更健康、更质朴的生活方式，致力于成为快活裸心、返璞归真的生活方式引领者。2010年起，以裸心、法国山居、西坡、原舍、大乐之野等为代表的精品民宿通过不断挖掘空间资源，拓展经营范围，创新产品服务成为莫干山地区新的旅游吸引物。以"洋家乐"为代表的莫干山高档精品民宿，凭借丰富的空间资源、强大的资本网络、先进的管理设计团队及全球化的文化基因，逐渐脱离了莫干山核心景区及大众旅游市场，以民宿为链核，通过品牌文化、生活方式、吸引物营造、营销网络等，发展成一种以民宿的生活方式体验为核心吸引物的休闲度假旅游。

（二）莫干山民宿转型

2011年民宿概念被广泛使用，涵盖"农家乐""洋家乐"及乡村酒店等各种住宿业态，此时形成"后坞—仙潭—劳岭"三足鼎立的空间分布格局。2012年的政府工作报告中，德清县提出要培育以"洋家乐"为代表的旅游新业态，莫干山民宿进入大爆发时期，逐渐闻名全国，由此开始进入"2.0版本"。2.0版本民宿产业开始走精品化、高端化的路线，除1.0版本的旧房改造之外，还出现更具时代感、更受年轻人喜爱的新建民宿，设计师拥有更多的发挥空间，与初期的改造民宿形成差异化竞争。德清县民宿行业在大规模爆发的基础上开始转型发展。因此把2012年作为3.0时代乡村度假的开始时间。

2014年，民宿概念被德清县官方使用，为创造优良环境鼓励民宿发展，德清县于同年颁布了《德清县民宿管理办法（试行）》，首次对迅速发展的民宿行业出台了地方管理规则，重点对民宿的建筑标准、消防配套、卫生环保等多个方面进行了详细规定。此时，民宿在各行政村都有分布，出现空间扩散现象，其中毗邻莫干山景区的仙潭、燎原、劳岭、紫岭、庙前和后坞村数量较多，分布更为集中。位于莫干山北麓的仙潭村，被誉为"浙北民宿第一村"，全村共有130多家民宿，其中30多家为高端民宿，村内八成以上村民经营或从事与民宿相关的工作。

2015年，德清县起草并发布全国首部县级地方标准规范《乡村民宿服务质量等级划分与评定》（DB 330521/T30—2015），有效提升了全县乡村民宿服务质量水平。2016年成立的全国首家民宿学校——莫干山民宿学院，为民宿业主提供经验交流和业务培训。2017年3月，德清"洋家乐"正式成为全国首个服务类生态原产地保护产品。2017年前后，莫干山民宿进入3.0版本，从单人管理向团队化运营拓展，非标民宿开始向酒店的标准化模式发展，还有外来资本的规模化经营路线，如原舍品牌，除南路村外，在云南、南京、苏州及昆山都有品牌连锁店。从1.0版本到3.0版本，德清县政府顺势而为，从规范市场到产业引导转变角色，围绕民宿产业，汇集资本、土地、劳动力等要素，辐射客运、餐饮、建筑和农业特产等领域发展，打造民宿旅游全产业链。

在经历快速发展之后的莫干山民宿，悄然地迎来了自身沉淀期。莫干山民宿行业协会自发成立了民宿学院，部分连锁民宿成立了管家学院，为民宿发展培养管理型人才，但与之对应的是服务型人才短缺，且难留住年轻人的问题。随着民宿数量的增长，游客也经历了从小众到大众的转变，但莫干山游玩项目较少，单纯地看景很难吸引游客驻留，尤其是带孩子的家庭。人才与服务瓶颈的背后，反映的是民宿数量高速增长带来的两个问题：一是市场空间被压缩，竞争加剧；二是同质化竞争愈演愈烈，缺少核心竞争力。

二、江苏省无锡田园东方实践

随着国民休闲度假的消费升级，传统粗放型的产品体系已经不能适应发展需求，地产开发商及专业旅游投资机构等外部社会资本开始进驻乡村，挖掘乡村独特的旅游资源，并配套精品度假地产，打造乡村综合体项目。功能升级、业态延伸、服务提升的休闲农业与乡村旅游项目逐渐对接都市旅游消费需求，涌现出了体验型、度假型、休闲型等多种类型，有效衔接城市需求和乡村资源。作为休闲农业与乡村旅游发展升级模式的田园综合体，更多的是从地域空间开发和农村发展角度探索特色农业产业升级、资源统筹开发。[110]

田园综合体的思考原点是中国乡村的发展之路。田园东方源于2011年，是田园东方投资集团有限公司旗下项目品牌。2012年，田园东方创始人张诚将北大EMBA的毕业论文题目定为《田园综合体模式研究》，论文中第一次提出了田园综合体概念，并进行了落地实践。2012年，在无锡市惠山区阳山镇"中国水蜜桃之乡"核心区域开始田园综合体模式的理论构建和项目实践。2014年3月，无锡阳山田园东方项目示范区正式开园。无锡阳山田园东方蜜桃村是国内首个田园综合体，也是中国首个田园主题旅游度假区，经过近五年的落地实践、探索，建成以"新田园主义"理论为指导，以"田园生活"为目标核心，涵盖"农业＋文旅＋社区"的乡村综合发展模式，是在乡村地区进行互融开发模式的成功探索。

无锡田园东方一期（东区／示范区）建成之后，并未停止前进的脚步，很快又启动了二期（北区）的规划与建设，一、二期水系相连，在区域上形成联动，是对整个项目的完善和升级。2018年10月，无锡阳山田园东方北区开业，阳山水蜜桃产业研究院助力阳山水蜜桃产业发展，大美阳山·乡村振兴讲习所传承并交流阳山乡村振兴经验。2018年8月，田园东方旗下第二个田园综合体项目成都天府新兴和盛田园东方开园，以产品和运营为核心的业务体系逐渐成熟。2018年年底，张诚的《新田园主义概论与田园综合体实践》出版，是对行业的深度思考和系统性总结。经过数十年的理论和实践，张诚把田园东方的业务本质提炼为：做田园综合体模式下的田园文旅小镇和田园度假乡村。乡村振兴战略下，田园东方牵头成立田园文旅合作社，共享资源、分享经验与教训，倡导行业共同发展。随着各地实践的不断深入，张诚又提出"在地城镇化"新概念，打造未来的村镇生活场景，建设可持续、留得住人的村镇。

2016年9月，中央农办领导到田园东方蜜桃村考察指导，对这种综合发展模式给予高度认可。基于田园东方的基层实践及运营成效，田园综合体作为乡村新型产业发展模式被正式写入2017年中央一号文件。2017年，根据财政部下发的《关于开展田园综合体建设试点工作的通知》，确定河北、江西等18个省份开展田园综合体建设试点，每个试点省份安排试点项目1～2个。在国家政策的大力推动下，各地依托当地优势特色产业，打造了上海金山区田园综合体、安徽肥西县"官亭林海"田园综合体、黑龙江富锦"稻"梦空间、四川成都市郫都区红光镇多利农庄、河北迁西花香果巷等成功典型。田园综合体是美丽乡村、特色小镇建设的深化和拓展，尝试通过文旅产业引导城乡一体化发展，各地在不断探索政府、市场、行业、企业在村镇发展中的合作方式。

第四节 4.0 时代：乡村旅居——突破期（2016 年至今）

随着乡村振兴战略的深入实施、城乡统筹的快速推进、农地入市改革的大胆探索，休闲农业与乡村旅游迎来了发展的新机遇。经济新常态下，我国步入大众旅游时代。面对城市污染加剧，食品安全问题频发，更多的人开始逃离城市，向往自然，渴望回归田园。与大量涌入城市的城市化阶段相反，部分游客到访乡村不再是单纯的旅游，而是被乡村的环境和生活方式所吸引，较长时间地生活和居住，北京、上海等大都市开始出现前往乡村的"候鸟式旅居"，带有旅游性质的乡村生活逐渐兴起。旅居乡村特有生活方式的倡导，让逐渐消失的耕读文化找回应有的价值、得到传承发展，休闲农业与乡村旅游的生活化特征将会更加明显。

"游客思维"下的休闲农业与乡村旅游能否达到游客的预期目标，主要取决于乡村资源附加价值的释放，也就是外向型价值挖掘，即从农业种植到田园景观、从传统民宅到精品民宿、从农田劳作到农耕体验等乡村资源向旅游产品转变的实现。"居民思维"下的休闲农业与乡村旅游更加关注于现代农业、设施农业、有机农业等产业价值的挖掘，也就是内向型价值挖掘，即乡村体验性游乐项目、农事体验活动的产品转化，乡村环境的改善、乡风文明的提升等资源的优化，重在对各种空间要素的系统整合。在"居民思维"的引导下，休闲农业与乡村旅游开发应注重居民生活空间的再造、居民休闲空间的重塑、居民生产空间的构建，实现乡村目的地社会生态圈的重构与创新发展。休闲农业与乡村旅游的 1.0、2.0、3.0 时代，有效地带动了城乡资源互动，把乡村的价值呈现在全社会面前，对乡村发展有一定的带动作用。从旅游角度谈乡村，其仍是一个为游客打造的旅游目的地，多是为资本利益服务，没有真正为当地百姓发展服务，无法从根源上解决文化消失、人口外流、产业凋敝等众多问题，无法真正实现乡村振兴。

中国社会科学院中国舆情调查实验室发布的 2016 年《中国乡村旅游发展指数报告》显示，2016 年，中国乡村旅游从过去的小旅游、中旅游进入了大旅游时代，成为中国"大乡村旅游时代"的元年。从知网搜索来看，与本书作"4.0 时代乡村旅居"所指向含义相同的是，马牧青在《中国文化报》发表文章《乡村旅游：从旅游向旅居的转变》[111]、刘根生在《南京日报》发表文章《从乡村旅游步入乡村旅居》，提出乡村旅游正悄然走向乡村旅居。[112] 因此，考虑行业发展实际情况，综合马牧青报纸文章的发表时间，本书把 2016 年作为 4.0 时代乡村旅居开始的时间。从搜索结果还可以看出，关于乡村旅居养老、旅居康养的理论研究和实证研究出现得比较早，相对也比较多。景再方[113]、演克武等[114]从供给侧角度探讨旅居与养老产业耦合及相关保障制度；庞小笑等[115]、胡川晋等[116]、潘斌等[117]以具体地区为例进行了相关支撑与发展对策研究。

一、乡村旅居时代来临

城市的问题是距离感，没有生活化的语言，无法打造生活社区；而绝大多数乡村的问题是空心化和老龄化，经济凋敝，缺少发展动力，无法继续原有的单纯亲邻关系。社区的目标是打造生活，社区融合空间势在必行。近年来民宿的崛起是乡村旅居兴起的一个信号，如果说宾馆酒店解决食宿的问题，民宿则是较为接近旅居的一种业态。乡村旅居，主打的是一种生活方式，是一种与都市快节奏不同的生活氛围，是一种悠闲、宁静、生态、传统的生活社区。打造社区生活空间，既避免了闲置资源的浪费，又使得相对偏僻的村落焕发出新的生机；既就地就近解决了原住民的就业问题，又与原有的生活相融，重新给乡村注入精气神，维系了一种深层的乡村关系。

我国旅游业发展转向休闲度假挑战了传统的旅游与生活二元观，旅居是一种新兴的具象化表征，行业实践层面将乡村旅居视为居住和旅游在乡村地区的互融，强调扎根于原住民的生活体验，表现出旅游生活化或生活旅游化。[118] 乡村旅居是我国的本土化概念，是休闲农业与乡村旅游发展的阶段性产物，以"乡村生活"为核心的深度体验时代，游客与居民成为有机统一体。城镇居民逃离城镇，短暂而多次到访乡村，或长期生活在乡村，乡村体验成为日常生活的一部分，乡村成为旅游目的地，游客融入乡村，并积极参与乡村建设。当地居民不再单纯地为游客提供旅游服务，而是在"贩卖"自己的生活方式及环境。乡村是为原住民、返乡创客、生态移民打造的生态宜居社区。从旅行到旅游，是从小众到大众的进步；而从旅游到度假，再到旅居，则是从大众到小众的回归。[111] 不同时期国民对休闲农业与乡村旅游产品和服务的需求也各不相同，在供给与需求市场的双向推动下，在各级政府的高度重视下，休闲农业与乡村旅游逐步进入主客共享的乡村旅居时代。乡村旅居是高端的、个性化的旅游产品，可选择性更强，舒适性更高，甚至可量身定制，这是时代进步的必然趋势，也是旅游者消费心理走向成熟的标志。

二、未来发展方向

随着消费升级，那些未被开发的地方越来越受到热捧，乡村"传统"的生活方式开始呈现强大的生命力。乡村承载着旅游转型升级后的高层次的市场需求，是新的耕读生活栖息地，是未来城乡人共同的家园。[1] 建筑风貌良好、特色突出的乡村，利用村落自然生长的肌理，与城市现代化建筑风格形成强烈的反差，为原住民、返乡创客、生态移民、游客提供了一种生活感，提供了一种社区的基础。但乡村传统的生活方式一定要融入现代元素、符合现代生活需求，才能满足当代旅游者的需求。乡村旅居既包括田园综合体，也包括在民宿基础上发展起来的旅居度假产品，以乡村民宿、乡村酒店、乡村团建、乡村夜经济等为主要载体，真正地体验在地的生活。从旅居的产品来看，包括康体养生、享老度假、文化养心、亲子游乐等几种主题。

目前，4.0时代主要停留在理论层面，尚未有典型成功案例。4.0时代不仅要考虑"游客思维"的体验过程，还要以"居民思维"复兴乡村，"游客思维"与"居民思维"结合形成的"系统思维"才是休闲农业与乡村旅游未来的发展方向。从乡村旅游到乡村生活、从旅游方式到生活方式，旅游产品品质化、旅游功能复合化、游客出游方式旅居化，成为发展的新趋势。将居住和旅游融为一体，各种经营主体融入乡村生活，旅居模式呼之欲出，休闲农业与乡村旅游未来必定走向旅居时代。

三、实践探索

2020年9月,衢州市沟溪乡"余东乡村未来社区"建设正式启动,于2021年4月举行开放仪式,衢州市首个"旅居型"乡村未来社区正式开放。余东乡村未来社区依照"五个三"的核心理念,根据"四化九场景"建设要求,规划布局"一芯、三片、一廊、多点",为新乡人、归乡人、原乡人打造面向未来的乡村生活场景。未来将进一步聚焦未来社区的现代化属性,包括家园属性、民生属性、普惠属性,丰富邻里生活和公共服务等场景,拓展农民画衍生产品和业态,让未来社区成为实践共同富裕的新载体。以余东乡村未来社区为原点,推动妙源、茶铺、麻蓬等一批未来村庄建设,形成以点带面的整体推进格局,打造乡村未来社区样板。

近年来,旅居式养老成为养老的热门选择,养老与旅行实现完美融合。广西壮族自治区巴马村每年吸引数十万候鸟人前来旅居养生,浙江省宁波市乡村在"居家养老"服务基础上谋划"旅居式养老"新模式,乡村旅居式养老在国内已悄然起步。

第五章　休闲农业与乡村旅游发展条件及目标

在城镇化加速推进的背景下，乡村逐渐成为一个多主体、多功能、异质化、混杂性的空间。休闲农业与乡村旅游不仅是"农村旅游""农业旅游"，还逐渐形成融合型的新产业，推动"乡村性"消费空间的出现。未来，休闲农业与乡村旅游将站在全域旅游视角，盘活乡村全域旅游资源，产品开发从零星分布转向旅游目的地建设，空间布局从城市郊区和景区周边拓展到更多适宜发展的区域，"乡村＋旅游＋"的方向将更加多元化。

近年来，我国休闲农业与乡村旅游蓬勃发展，经济总体上平稳运行，产业规模稳步扩大、主体类型逐渐多元、产业布局逐步优化、发展机制不断创新，发展方式加速转变。全国休闲农业和乡村旅游接待人次从2012年的8亿增至2018年的30亿，年均增长30%；营业收入从2012年的2 400亿元增长到2018年的8 000亿元，年均增长27%。文化和旅游部报告显示，截至2019年6月底，全国乡村旅游就业总人数886万人，同比增加7.6%。可以看出，乡村旅游业在农村经济发展中的地位与作用日益显现，对休闲经济的拉动性、对社会就业的带动力，以及对文化的创新传承、对环境的改善作用逐渐增强。

近年来，休闲农业与乡村旅游业不断创新出田园综合体、农旅小镇、农业综合体、共享农庄等新业态，不断刷新公众对"休闲农业与乡村旅游"的认识。乡村振兴战略的提出，让休闲农业与乡村旅游成为社会投资新热点。休闲农业以推动产业融合为核心，乡村旅游以乡村生活体验为核心。[119]休闲农业与乡村旅游项目在全国迅速发展，呈燎原之势，涌现出了陕西袁家村、浙江余村、安徽西递村、河南郝堂村等众多的成功案例，众多乡村建设热情高涨，积极性很高，但也带有一定的盲目性。除了精品个案之外，从规划到运营，我国休闲农业与乡村旅游仍面临着同质化、低质化的发展困境，在实践的过程中，基础设施不完备、乡村文化内涵缺失、体验活动流于形式等许多问题仍值得深思。目前国内休闲农业与乡村旅游市场仍处于发展的初级阶段，仍需在深度上挖掘，在广度上拓展。

武汉大学有一项研究表明，中国只有5%的农村适合做旅游，适合打造"找回乡愁"的休闲农业与乡村旅游，而没有特色的乡村只能是投资大、见效慢、死得快。[120] 目前休闲农业与乡村旅游并非一帆风顺，并不是所有的乡村都适合发展休闲农业与乡村旅游，有的直接村村合并，甚至有的直接自然消亡；也不是所有的乡村都要通过休闲农业与乡村旅游才能脱贫致富，要把旅游思维调一调，考量旅游发展为乡村解决了哪些问题，要习惯做配角而不能总是做主角。有的乡村适合发展但需满足一些基本且必要的条件，要综合考量乡村的资源禀赋、吸引投资商的能力、社区居民的配合程度、旅游者的需求变化以及政府的规划引导与扶持力度，冷静客观地看待现在的发展热潮。第三产业并非只有旅游业，但可以通过休闲农业与乡村旅游的发展带动乡村第三产业的发展与繁荣，找到旅游业与第三产业其他部门之间联通的有效途径。

第一节 资　　源

一、资源条件

旅游资源作为旅游活动的对象，是旅游业发展最基本的前提。作为旅游资源的旅游吸引因素必须能为旅游业所利用，并产生相应的效益。旅游资源的范畴极其广泛，目前运用最多的分类体系，是根据旅游资源的本体性质和成因差异分为自然旅游资源和人文旅游资源。不同地理环境孕育了各具特色的自然景观与人文风貌，例如"南床北炕""南船北马""南稻北麦"等南北方生活习惯分野；又如北方广阔无垠的大平原、大高原，以及规模化的大农业，与南方复杂多变的丘陵低山，以及精细化农业，南北方差异化明显。一般而言，旅游资源的地域特色越突出，其旅游吸引力越强。事实上，由于地理环境的绝对差异，使得我国各地区或多或少、或优或次都会不同程度地拥有自身各具特色的旅游资源。[121]

区域优势特色产业体现了区域的特色和优势，各地着力打造适合当地发展的优势产业，形成具有一定知名度的特色产业。比如吉林长白山人参产业；山东烟台苹果产业、寿光蔬菜产业；河北越夏食用菌产业、鸭梨产业；新疆库尔勒香梨产业、薄皮核桃产业；湖北三峡蜜橘产业、小龙虾产业；浙江浙南早茶产业；云南花卉产业；广东农垦生猪产业等，资源优势突出，地区特色鲜明，优势特色产业引领高质量发展。2021年中央一号文件，即《中共中央 国务院关于全面推进乡村振兴加快农业农村现代化的意见》指出，依托乡村特色优势资源打造农业全产业链，把产业链主体留在县城，让农民更多分享产业增值收益。依托优势特色种植、养殖业进行主题农业资源的旅游开发，先要解决产业关系问题，再考虑旅游发展的问题。在农业与旅游融合发展的道路上，只有理清产业之间的关系，围绕产业关系合理匹配产业资源才能够实现真正的融合。在地性的产业才是地方发展的根本，让原住民安居乐业是地方发展的前提，现代乡村旅游产业中成功的案例都是为在地产业服务的。健康的农业产业体系无须盲目扩张发展旅游业，重新设置经济闭环并非易事，农业产业根基不硬，休闲农业与乡村旅游很难良性发展，而且也不会长久，容易顾此失彼。目前，中国的城市和绝大多数乡村都不能很好地解决产业的问题。

旅游资源作为旅游吸引要素是伴随着近现代旅游业的兴起而形成的，旅游资源是时代发展的产物。乡村田园风光、浓厚的文化、淳朴的民风、具有地域特色的农特产品等都是发展休闲农业与乡村旅游的宝贵资源，这些旅游吸引物并非因为旅游的目的而存在，旅游功能是原有功能的拓展与延伸。随着现代社会的发展进步，新的旅游资源不断变异萌生，同时凭借经济与科技的力量，不断创造新的旅游吸引因素。随着旅游的泛化，旅游资源的范畴越来越广，一个村庄、一条小溪、一块梯田、一处农场等，小溪潺潺、袅袅炊烟、沃野千里、五谷丰登等都可以成为参观游览的对象。

中国是一个历史悠久的农业大国，农业地域辽阔，自然景观优美，农业经营类型多样，农业文化丰富，乡村民俗风情浓厚多彩，具有发展休闲农业与乡村旅游的优越条件，市场前景广阔，潜力巨大。例如福建省龙岩地区，拥有闽西土楼、围龙屋和"九厅十八井"等特色传统建筑；连城罗坊"走古事"、姑田"游大龙"等闽西淳朴的民俗民风、民间文化活动，以及千年传承的"耕读传家""崇文重教""孝祖敬宗"等客家文化，还有当地历史人物的传记传说等，这些都是休闲农业与乡村旅游发展可依托的旅游文化资源。旅游资源表现出多元化的趋势，乡村资源的多样性为发展多样性的旅游产业奠定基础。休闲农业与乡村旅游的资源质量和价值越高，其旅游吸引功能就越强，获益的可能性就越大。全国各地乡村发挥资源优势，依托农业优势产业资源，立足多样化的自然生态环境和乡村丰富的历史文化，发展休闲农业与乡村旅游产业。原生态的自然环境和丰厚的历史人文资源是休闲农业与乡村旅游的地域个性，也是城镇居民向往的旅游目标。作为乡村原真性的景物、景观，要最大限度地保留其原本面貌，但绝非不向前发展，绝非保护乡村环境的落后面貌。

很多乡村可供旅游开发的自然资源匮乏，几乎无历史人文遗迹，也没有可依托的大型特色农业基地，那么资源匮乏的乡村是不是就不能发展休闲农业与乡村旅游？答案是否定的，这些乡村可以通过技术或模式创新激活资源内涵，创新性发展旅游业。以农为本、以旅游为推手发展"乡村"旅游，众多主题村如剪纸村、壁画村、雕刻村、淘宝村等将小产业做成了大文章，促进产业与旅游融合发展。河南省镇平县郝堂村，自然资源和人文资源相比于周边乡村无太多特色可言，却成了全国知名的"明星村"，入选全国第一批"美丽宜居村庄示范"。郝堂村以孝道为切入点，通过内置金融盘活村庄的各种生产要素，尝试农村可持续发展模式实践。到郝堂村交流学习的人络绎不绝，高峰时游客过万，这促使郝堂村成了旅游村，但在发展旅游的过程中郝堂村也暴露出了基础设施差、娱乐项目少、村内发展不平衡等种种问题，需要在发展中不断地自我完善。河北省青龙满族自治县陈台子村拥有丰富的山林资源，河北科技师范学院驻村工作组利用学科优势为陈台子村引进了林蛙、金鳟鱼、木耳、生态年猪等种植、养殖项目，定期举办各种技术培训；深挖陈台子暴动旧址、藏粮洞、藏枪洞、会议洞、放哨洞等遗址遗迹资源及人物故事，先是成功申报县级爱国主义教育基地，又于 2020 年 5 月份正式申报市级爱国主义教育基地，利用原生态的自然环境和丰富的红色资源开展休闲农业与乡村旅游，为村民谋求可持续的发展之路。

二、资源发展目标：资源完整多样

旅游景区管理的核心使命有两个：旅游景区资源的保护与开发、旅游产品的供给与需求。协调发展是旅游景区管理永恒的主题之一。旅游业属于资源型产业，其可持续发展有赖于旅游资源的长久利用。在经济利益的驱动下，旅游资源被过度开发甚至掠夺性、破坏性开发；旅游景区景点的粗放式经营管理，导致旅游景观遭到破坏甚至消失，旅游业赖以生存的资源环境受到威胁。

广大乡村，尤其是传统村落，是中华文化的根脉所在。乡村过度追求城镇化，农民盲目地上楼进城，致使我国乡村从2000年到2010年全国减少90万个。对于一些传统村落，开发休闲农业与乡村旅游是保护村落、振兴乡村的一种途径，但旅游是一把双刃剑，若过度或不当开发则会破坏乡村风貌和自然生态。特色文化资源可以加以利用，但不能以破坏为代价。在乡村整治建设过程中存在大拆大建，建大公园、大广场、大村庄标志等形象工程，偏离乡村整治重点；或者照搬城市模式，本土文化、本地特色迅速消失，加剧对文化遗产的破坏，脱离乡村发展实际；古城镇内大拆大建，古街古巷古建筑被拆除，造就了一个个有着古躯壳的小商品城，浓厚的商业气息，雷同的旅游纪念品，毫无文化内涵可言，造成"千村一面""千城一面"的现象。传统村落发展不能过分依赖旅游开发，还应与特色农牧业、土特产品加工、第三产业融合发展，共同致力于乡村振兴。

由于部分接待户更多关注经济利益，部分游客综合素质偏低，频繁的旅游到访对乡村生态环境造成一定程度的破坏，乡村和谐的生活氛围遭遇经济利益至上价值观的冲击，特色传统农业生产生活方式遭遇活态传承危机。如何把乡村资源优势转化为旅游产品优势，如何把乡村资源劣势转化为旅游产品亮点，就要结合地域特色，采用创新模式进行资源整合，设计差异化的产品，如南方的茶园、梯田，北方的果园、花海，东部的滨海渔场，西部的牛羊牧场等，最大限度地发挥资源的综合效益。旅游业可持续发展的本质是保护环境资源和文化的完整性与原真性，利用乡村资源发展休闲农业与乡村旅游，在满足旅游者消费需求的同时，还要保证资源的完整多样，保证资源的永续利用。

第二节 游　　客

一、游客条件

游客需求是开展旅游活动的起点和最终归宿，旅游从小众到大众，旅游者的旅行经验越来越丰富。传统的"农家乐""渔家乐"多以观赏类、采摘类为主，游客并未身临其境地融入乡村生活。单一的"吃农家饭，住农家院，摘农家果"的农家乐休闲和乡村田园观光已经不能满足游客的多元化需求，旅游需求呈现出个性化、体验化、健康化的特征。针对旅游消费的新特点，增强游客参与互动性，延长游客逗留时间，引导游客二次消费，开发出更加个性化、特色化的体验型乡村旅游产品，才能满足体验经济时代的旅游消费需求。旅游逐渐成为重要的休闲方式之一，游客通过到乡村地区进行自然体验、对美的感受、创造性活动、运动以及其他类似的活动获得畅爽的感觉与最佳的旅游体验。成功的旅游开发建设能够找到特色资源与旅游市场的联结点。

关注休闲农业与乡村旅游的人群，早已不再单单是中老年人，已逐渐渗透至更大范围的年轻旅行者群体。精力充沛和拥有较高经济实力的"80后""90后"加入乡村游的队伍，有待开发的市场潜力巨大。2017年，途牛旅游网结合乡村旅游大数据，对外发布《2017乡村旅游分析报告》，报告指出，从乡村旅游用户的年龄看，"80后""90后"出游用户居多，占比分别高达39%、32%，近几年"00后"的出游人数呈上升趋势，采风、写生、春游、体验生活等成为"00后"去往乡村的主要原因。从出游人群特征看，家庭、情侣、团队等是主流人群，跨省市出行比重达54%，过夜人次占比58%，46%的游客每月都要进行一次乡村旅游，采摘、农家乐、居游、诗意栖居等是较受欢迎的游玩形式。

2012年年底，教育部开始实施中小学生研学旅行试点工作。2013年2月，国务院办公厅印发《国民旅游休闲纲要（2013—2020年）》，提出"逐步推进中小学生研学旅行"的设想。2016年《关于推进中小学生研学旅行的意见》发布后，研学旅行的热度愈渐升温。体验劳作传承优良传统，回归自然寻求本色生活，乡村主题研学引导城镇家庭体验乡村氛围和田园生活，成为青少年研学的重要组成部分。

二、游客核心诉求：畅爽体验

随着旅游消费需求的多样化和乡村的投资热潮，休闲农业与乡村旅游要考虑：是否创造了新奇的产品与体验项目？是否打造了符合消费者审美的田园生活方式？是否为消费者创造了价值，让其愿意走进乡村、留在乡村？从研究旅游体验的本质出发，马斯洛（Maslow）1968年提出了高峰体验的观念，它是指"最快乐、最满足的时刻"。[45]体验过程论认为体验经济时代旅游景区开发与管理是一个为游客塑造畅爽体验的过程，[70]游客的终极目标就是追求快乐的体验。从本质上讲，旅游景区就是一个快乐剧场，游客与居民、员工共同演出一场欢乐剧。休闲农业与乡村旅游景区或旅游目的地应该将乡村体验主题化，以正面线索强化主题印象、淘汰消极印象、提供纪念品并重视对游客的感官刺激等方法为游客塑造畅爽的旅游体验。[122]

中国台湾地区的农场大多面积不大，但却在有限的面积内最大限度地开发产品，注重主题创意和体验项目的创意设计，都能够做到主题形象鲜明、配套设施强化主题、购物品丰富主题内涵。第一，确立明确的主题及鲜明的形象，如飞牛牧场，即会飞的牛，意指会飞的蝴蝶+会跑的牛，logo是一只胖胖的牛儿长着小小的翅膀，其乳牛生态区、众多奶牛造型、牛乳丰富的衍生品，到处都体现出牛的主题形象。第二，减除削弱、违反、转移主题的负面线索，比如飞牛牧场不卖牛肉，以免损害其"飞跃的牛"的形象；恒春生态农场不做蝴蝶标本，以免违背其生生不息的精神。第三，设计主题衍生纪念品，台东县"池上饭包文化故事馆"从空间布局、场景设计，到小玩意、伴手礼和池上米相关米制品,处处体现米食文化,展示农民的文化生活器具和碾米的过程;草莓之乡大湖乡,形成了以草莓为主题的休闲产品,特别设置了草莓文化馆,还将草莓与美食、咖啡、观光等融为一体,开发了上千种草莓衍生产品。第四,多感官刺激来支持主题形象,比如久大教育羊场提供乳羊的赏玩、听声、闻体味、喝奶、触摸等活动,让游客以最亲近的方式接近小羊。

北京市延庆区的某处民宿中,院内的山楂树,现场熬制的山楂汁,地道的火盆锅,当地的有机食材,原汁原味的乡村生活体验,跟随节气享受最美最纯粹的乡村生活,到处充满了乡村野趣,其因山楂树、山楂果而得名山楂小院。

现代市场营销学认为,最大限度地满足消费者的需求与追求企业的最大利润是一致的,[123]如何满足游客的消费需求,让游客在乡村旅行中达到畅爽的旅游体验是休闲农业与乡村旅游开发建设与经营管理的终极目标。

第三节 社 区

一、社区条件

休闲农业与乡村旅游依托农业农村资源而发展,当地村民是资源的拥有者、保护者,是旅游的开发主体、建设主体,更是旅游的受益主体,绕开当地村民而进行的旅游开发是没有生命力的。政府主导下的休闲农业与乡村旅游,其旅游开发绝不应仅是为了商业而旅游,绝不仅是满足城镇居民的乡下休闲旅游。旅游开发的初衷更多的是为村民谋福利,为村落谋发展,为村落可持续发展谋求产业支撑。在当前的休闲农业与乡村旅游发展中,不少村民关注但不关心旅游活动,无心且无力。拥有强大资本的外部旅游企业的进驻加速了当地旅游业的发展,取得良好效益,却致使当地村民多数停留于农家乐、保洁员、保安等低层次、低收入、低技术的工作,无形中对当地村民的旅游参与形成了一种挤压,也对当地村民的旅游获益形成一种剥夺。当来自外部的旅游投资越多,旅游漏损越高,当地村民可获得的旅游收益就越少,乡村存在演变为"旅游飞地"的风险。[124]

目前，我国休闲农业与乡村旅游中的社区参与仅限于经济活动领域，获取租金、薪金、保障金、分红等收入，多属于低层次参与甚至未参与。村落和村民的参与能力弱、范围窄，不同开发模式下的参与机制和利益分配机制尚未完善，参与过程普遍存在矛盾，无法体现主体地位。[125] 同时，村民参与旅游活动往往带有盲目性和随意性，容易扎堆形成同质竞争，出现"公地悲剧"问题。乡村性被削弱，旅游景观被破坏，旅游总体形象受损。休闲农业与乡村旅游实现可持续发展，必须解决制度框架下村民自身能力成长等方面问题。当地村民除了参与具体的旅游经济活动，还应是文化传承者与创新者，旅游资源与环境的保护者，还可以参加旅游教育和培训，甚至有机会影响旅游的发展决策，最终达到村民、村落、旅游业三者共同发展的目标。

2000年被联合国教科文组织列入世界文化遗产的皖南古村落西递、宏村，很大程度上仍然保持着那些在20世纪已经消失或改变了的乡村的面貌，其街道的风格，古建筑和装饰物，以及供水系统完备的民居都是非常独特的文化遗存。西递、宏村同属安徽省黟县，县级及以上各级政府部门对遗产保护的相关要求、制度、政策都是相同的，保护运行也大体相同，但旅游发展模式有所不同。[126] 西递以村镇为主体、全民办旅游，由村集体成立旅游公司进行旅游开发，虽名气远不如宏村，没有赚到盆满钵满，但村民真正从旅游发展中受益，人文气息更为浓厚，古迹也保存得更为完好，实现了古村落的可持续发展。目前，宏村由中昆旅游公司负责运营旅游事业，成功探索出政府主导、市场运作、群众参与的遗产保护管理与开发利用的模式，其旅游业虽得到长足发展，但由于经营权出让，村民并未真正受益，并没有从根本上改变当地的贫困状况，企业与村民之间的摩擦不断。[127]

二、社区发展目标：社区受益

乡村的生命力体现在村民生活的延续性上，村落及环境的真实性与完整性是旅游发展的基础，只有社区的积极参与才能有效保护旅游业发展的根基。何谓社区参与？它是一种公众的参与，是指某一旅游区域或旅游社区居民自觉自愿地参加到旅游活动中,每个人都有机会为谋取旅游社区共同利益而施展和贡献自己的才能和力量,意味着居民对旅游社区责任的分担和成果的共享。[124] 社区参与是休闲农业与乡村旅游发展的动力机制,社区参与的核心体现于居民获得参与社区旅游发展决策的权利和公平获得旅游收益的机会。发展休闲农业与乡村旅游要发挥政府的政策支持引导和公共服务作用,更要强调当地村民的利益,尊重当地村民的生产经营自主权,不搞强制命令,不强制推行统一模式。

发展休闲农业与乡村旅游,除了考虑村民参与的积极性,更依赖于村两委班子及关键人物的战略眼光和无私付出,需要以带头人的人格魅力强化对村民的集体领导。山西省的朱家林村在"绝不迁走一户农民"的指导思想下搞旅游,邀请村里的老工匠、老石匠一起参与进来,游客不但能感受到原汁原味的乡村旅游,村民还能够处处参与,多方受益;陕西省的袁家村以村民为主体,以村庄为载体,恢复关中民俗,重建乡村生活,村两委不入股不分红,通过严格管理助力村庄脱贫致富,把旅游做成产业,打造关中印象体验地休闲旅游品牌,成功解决了农民持续增收的问题。发展休闲农业与乡村旅游,以社区参与为指导,提高村民的参与积极性,是旅游业提质升级的现实需要。北京世纪唐人文旅发展股份有限公司投资开发了乡村再造项目"唐乡"模式,与地方政府合作,租赁一些空心村的闲置或废弃的传统院落,改造成具有乡村特色的精品院落,很多旅游服务岗位使用本地村民,目前成功打造了河北省承德市金山岭唐乡、山东省荣成市海草房唐乡、北京市平谷区石林峡唐乡、山东省肥城市桃花海唐乡。近年来,金山岭唐乡已经引领所在地苇塘村脱贫,海草房唐乡已经为所在地东楮岛带来巨变。

全国各地众多乡村条件复杂多样,村民是否参与、如何参与,应因地制宜开展,无论采用何种模式,在满足游客需求的同时,要始终把服务村民致富、服务乡村发展作为首要目标。农民自身要主动学习,积极参加经营知识和技能培训,不断提升旅游经营意识和服务技能,根据投资者需求融入到旅游发展中来。探索农民自激励、自就业的创业模式,培育旅游致富带头人,使休闲农业与乡村旅游成为农民就地就近就业的重要渠道。慎重选择休闲农业与乡村旅游发展模式,在引进外资时,多考虑当地村民的利益,多激发村民参与旅游的积极性，提高村民参与旅游的程度，让广大村民全面参与旅游开发。强调社区居民的全面参与，提升村民的价值认同感、获得感和社区归属感，强化保护意识，实现稳定就业、持续增收、生活改善，使老百姓成为休闲农业与乡村旅游发展的共建者和共享者。

第四节 投 资 商

一、投资商条件

我国休闲农业与乡村旅游蓬勃发展，产业规模不断扩大，业态类型不断丰富，发展方式逐步转变，呈现出良好的发展态势。行业的发展离不开资本的投入，由于农民自身发展能力弱，农村资金、技术、人才等相对短缺，工商资本的参与能破解发展难题，补齐发展短板。2015年，原国家旅游局公布的《2014年全国旅游业投资报告》显示，乡村旅游投资增速最快，实际完成投资1 634亿元，同比增长69%。[128] 2016年中国社会科学院发布的《中国乡村旅游发展指数报告》显示，2015年我国旅游投资达到1万亿元以上，其中三分之一的投资与乡村旅游业相关，政策引导、城镇化拉动、汽车普及、投资驱动、新消费革命已成为休闲农业与乡村旅游的五大推动力。休闲农业与乡村旅游的经营以农户为主体，鼓励和吸引家庭农场、合作社、涉农企业、旅游企业、其他农村集体经济组织等经营主体介入休闲农业与乡村的投资开发，主体呈现多元化趋势。广阔的农村大有可为，在全域旅游理念引领下和乡村振兴战略的推动下，投资前景大好，社会资本也纷纷进入乡村的旅游行业，目前已经出现投资过热局面，开始显现二八定律现象，80%的投资项目最终难以持续或实现盈利，相当一部分园区经营状况并不理想。

近几年农业项目规模越来越大，千亩万亩规模不在话下，财力雄厚的投资商以资本为傲，但因认识不深入或理解误区，或因规划不当或规划不到位，很容易陷入投资冲动和资本思维里，导致成本难以回收。休闲农业与乡村旅游是一项需长期投资和经营的事业，应是软开发、小开发、巧开发，切忌硬开发、大开发、盲目开发。北京第二外国语学院教授冯凌分析认为，由于乡村旅游资源分布相对零散，需要较大的投资进行整合和提升开发，在"最严格的土地管理制度"下，需要一定的土地利用弹性指标配套服务设施，需要吸引有能力的投资商进行示范性开发，引领当地村民积极参与，并不断提高经营建设和服务管理水平。[129]

投资商要充分挖掘利用好项目所在地丰富的资源和优势，在选址时要更多关注自然条件、区位条件和农业条件等基础客观条件，根据资金确定园区规模、准确定位园区特色、保证产品品质、用创意刺激市场、培养和吸引优秀专业人才，有效避免投资经营失误。在休闲农业与乡村旅游项目开发与运营过程中，一定要考虑到村民如何受益，如若不能给村民带来收益，最后可能会产生发展阻力。

二、投资商核心诉求：合理回报

发展休闲农业与乡村旅游要鼓励资本下乡，但更要保证农民利益，保障农民的发展权，要能带动老乡，不能代替老乡，更不能剥夺老乡。改变以往"景区一派繁荣，周边依旧贫穷"的"掠夺式"旅游开发方式。让农民不离土不离乡也能解决就业问题，也能稳定增加收入，企业与村民共享发展成果。国际上很多旅游目的地都出台了保护原住民利益的政策。经营休闲农业与乡村旅游项目，投资商要熟知农业生产与经营、真心为农民谋福利，一切以项目名义圈地发展房地产项目的行为都不可取。河北省秦皇岛市北戴河区的集发梦想王国（原集发生态农业观光园）采取村企联合共建模式，将旅游与本土文化、民俗活动、村落发展相结合，成就了西古城村的民宿村、北戴河村的艺术村，村企共建共荣；北戴河新区的中保绿都心乐园，其美丽乡村功能片区位于基地的西部，采取"公司+基地+农户"的经营模式，让农民成为挣租金、薪金、股金的三金农民，能够让农民真正受益，在追求效益最大化的同时为实现乡村振兴作出应有的贡献。寒舍（国际）度假酒店集团董事长殷文欢介绍："在确保当地农民发展权方面，集团提出'老百姓能做的生意，我们就不做'，即充分保证当地农民参与旅游经营的空间和机会。"北京密云山里寒舍品牌酒店,为村民提供了租金、分红以及工资等多种收益形式,村民可出售土特产品,可提供旅游配套及相关服务,通过"企业+合作社+村民"的经营模式,与村民签订收购协议,拓宽农产品销售渠道。

投资商投资休闲农业与乡村旅游项目的目的就是利益最大化,而利益最大化的前提条件就是最大限度地满足游客的需求。休闲农业与乡村旅游投资金额较大、回收周期较长、收益速度较慢,尤其是一些基础设施建设的资金投入较大,因此,要想盈利首先要保证项目能够存活和持续。投资商到乡村投资旅游产业,就要考虑投资收益问题和资金平衡问题,应多设计一些如QQ农场、手工坊体验、农产品科普研学等具有浓郁乡村特色的"软性产品",由此产生相应的经济效益;培植森林寻宝、植物迷宫等网红产品,快速引爆与打开市场、回笼资金;设置家庭营养配送计划、果蔬认养计划等一些"短平快"的产品和服务来平衡资金结构,以确保项目能够存活和持续。

农业是一个"慢"产业,很难实现一夜暴富、一本万利。项目运营的首要任务就是找到当前的盈利点,确保项目能够良性运转。投资商要想提高成功率,降低失败风险,项目成功运营往往需要具备创新、品牌、文化、品质、机制和区位6项要素。创意、文化、品牌、品质构成了休闲农业与乡村旅游的新IP。产业成熟的标志是分工与合作,休闲农业与乡村旅游投资者在投资时要充分考虑园区与周边园区、合作社和农民的合作,深入分析认识产业发展规律,开展细致的资源、政策和市场调查研究,制定切实可行的发展规划;考虑与周边资源的优化整合,协调好园区与周边农村、农民的关系,在产品布局、生产加工、仓储运输、销售推广等环节进行合作,形成高效的产业链条。

第五节 政　　府

一、政府政策的支持与引领

历年来,中共中央、国务院多次发布以"三农"(农业、农村、农民)为主题的中央一号文件,强调"三农"问题在中国的社会主义现代化时期"重中之重"的地位，一号文件现在已成为中共中央重视农村问题的专有名词。文化和旅游部、农业农村部、自然资源部、生态环境部、国家发展和改革委员会、国家税务总局、财政部、教育部、水利部等有关部委，结合我国的实际情况，从用地政策、财政政策、金融政策、公共服务、品牌创建、宣传推广等多个方面发布了多个相关政策，发文主体逐渐多元化，并形成协同化网络，内容不断丰富，领域深化拓展，形成了从中央部委到地方垂直传导的联动格局，体系架构正在成形并渐趋成熟化，充分显示了国家大力并长期支持休闲农业与乡村旅游高质量发展的决心，成为当下推动乡村振兴的重要推手。旅游休闲为乡村振兴提供了全新的发展动能。为引导我国休闲农业持续健康发展，促进农民就业增收，繁荣农业农村经济，结合我国休闲农业发展实际，原农业部组织编制了《全国休闲农业发展"十二五"规划》《全国休闲农业发展"十三五"规划》，促进休闲农业又好又快发展。为加快推进乡村旅游提质扩容，国家发展和改革委员会会同有关部门出台《促进乡村旅游发展提质升级行动方案（2018—2020年）》，打破发展瓶颈，补齐建设短板，推动乡村旅游高质量发展。

（一）中央一号文件的支持

中共中央、国务院在1982年至1986年连续五年发布以"三农"为主题的中央一号文件，在中国农村改革史上成为专有名词——"五个一号文件"，重点是解决农村体制上的阻碍、推动农村生产力大发展，对农村改革和农业发展作出具体部署。2004年中央一号文件再次回归农业，至2023年连续20年发布以"三农"为主题的中央一号文件，城市支持农村、工业反哺农业，聚焦农业发展与农村改革，为大力发展休闲农业与乡村旅游提供了行动指南。2015年中央一号文件重点强调提升生产效率，提倡农村三产融合发展，积极拓展农业多种功能，挖掘乡村生态休闲、旅游观光、科普教育、文化研学、康体养生等价值，并实施乡村旅游扶贫工程推进农村扶贫开发，成为缓解资源约束和保护生态环境的绿色产业。2016年中央一号文件继续推进农村全面小康建设，厚植农业农村发展优势，深度挖掘农业的多种功能，明确提出大力发展休闲农业和乡村旅游，推进农村产业融合发展。2017年中央一号文件深入推进农业供给侧结构性改革，明确提出大力发展乡村休闲旅游产业，充分发挥乡村各类物质与非物质资源富集的独特优势，推进产业间的深度融合，拓展农业产业链价值链。2018年中央一号文件提出实施乡村振兴战略，大力开发农业多种功能，构建农村一二三产业融合发展体系。文件提出实施休闲农业和乡村旅游精品工程，创建一批特色生态旅游示范村镇和精品线路，打造绿色生态环保的乡村生态旅游产业链。2019年中央一号文件坚持农业农村优先发展总方针，深化农业供给侧结构性改革，坚决打赢脱贫攻坚战。文件提出大力发展休闲农业和乡村旅游，将农村人居环境整治与发展乡村休闲旅游有机结合，推进现代农业产业园建设，发展休闲旅游、餐饮民宿、文化体验、健康养生、养老服务等乡村新型服务业，适应城乡居民的需要。2020年是全面建成小康社会和脱贫攻坚收官之年，中央一号文件支持各地立足资源优势打造各具特色的农业全产业链，加快建设现代农业产业园，支持农村产业融合发展示范园建设，推动农村一二三产业融合发展。在保护好乡村文化资源、改善乡村公共文化服务能力的基础上，围绕打赢脱贫攻坚战、实施乡村振兴战略布局乡村地区的文化旅游产业，乡村文化旅游产业发展受益颇多。2021年是"十四五"开局之年，针对全面推进乡村振兴，加快农业农村现代化的目标，开发休闲农业和乡村旅游精品线路，完善配套设施，依托乡村特色优势资源，打造农业全产业链，推进农村一二三产业融合发展示范园和科技示范园区建设。2022年，在全面推进乡村振兴的新时期，中央一号文件鼓励各地拓展农业多种功能、挖掘乡村多元价值，重点发展农产品加工、乡村休闲旅游等产业。提出实施乡村休闲旅游提升计划，支持农民直接经营或参与经营的乡村民宿、农家乐特色村（点）发展，将符合要求的乡村休闲旅游项目纳入科普基地和中小学学农劳动实践基地范围。2023年中央一号文件重点涉及乡村文旅用地、乡村文旅重点业态、乡村文旅建设方向及乡村文化传承发展等方面。文件明确提出，鼓励发展乡村餐饮购物、文化体育、旅游休闲等生活服务；实施文化产业赋能乡村振兴计划；实施乡村休闲旅游精品工程，推动乡村民宿提质升级。

（二）各类评选活动的带动

文化和旅游部、农业农村部等多个部门从不同角度发起了一系列的评选和推介活动，各基层单位积极组织申报，带动地方休闲农业与乡村旅游建设的热情与高潮。活动旨在为各地在旅游发展、乡村建设等相关工作方面提供借鉴，树立典型，示范和引领行业发展。

1. 休闲农业与乡村旅游示范县、示范点

为深入贯彻落实党中央、国务院部署要求和中央一号文件精神，培育品牌、树立典型，总结各地休闲农业和乡村旅游发展经验，原农业部、原国家旅游局从2010年起，利用3年时间，培育了100个全国休闲农业与乡村旅游示范县和300个全国休闲农业示范点，2012—2015年继续开展了示范县、示范点的创建活动，引导地方农旅系统合力发展休闲农业与乡村旅游。以上活动意在通过示范县、示范点的创建探索休闲农业与乡村旅游的发展规律，改善基础设施，强化创意开发，提升接待能力，推动产业提档升级和连锁经营，培育一批产业特色明显、生态环境良好、农民参与度高的休闲农业与乡村旅游聚集村，引领全国休闲农业与乡村旅游持续健康发展，推动美丽乡村建设。

示范创建工作以规范提升休闲农业与乡村旅游发展为重点，坚持"农旅结合、以农促旅、以旅强农"方针，打造"政府引导、农民主体、社会参与、市场运作"的休闲农业与乡村旅游发展新格局，引领全国休闲农业与乡村旅游规范有序、持续健康发展。《农业部 国家旅游局关于开展全国休闲农业与乡村旅游示范县和全国休闲农业示范点创建活动的意见》（农企发〔2010〕2号）制定具体的创建条件，拟创建的示范县应该有发展休闲农业与乡村旅游的资源禀赋、区位优势、产业特色和人文历史，拟创建的示范点要示范带动作用强、经营管理规范、服务功能完善、基础设施健全、从业人员素质较高、发展成长性好。通过地方自我创建，达到创建条件的县（市、区）和经营点均可自愿申报，由县级部门负责综合评估和初步考核，省级择优向国家相关部门推荐。2010—2015年，农业部、国家旅游局共创建6批全国休闲农业与乡村旅游示范县254个、全国休闲农业示范点636个（见表5-1）。2016年、2017年，由农业部继续开展全国休闲农业和乡村旅游示范县（市、区）创建工作，分别创建74个和60个全国休闲农业和乡村旅游示范县（市、区）。示范创建活动有效带动全国休闲农业与乡村旅游快速发展。

表5-1 全国休闲农业与乡村旅游示范县和全国休闲农业示范点统计表

批准年度	2010	2011	2012	2013	2014	2015	总计
示范县数量（个）	32	38	41	38	37	68	254
示范点数量（个）	100	100	100	83	100	153	636

注：根据中华人民共和国农业农村部官方网站资料整理。

休闲农业与乡村旅游示范县精选案例：山东省曲阜市

2015年，曲阜市被农村部、国家旅游局命名为"全国休闲农业与乡村旅游示范县"。近年来，曲阜市以发展观光农业主导型镇街为引领，以发展"新六产"为抓手，以发展"美丽乡村＋现代农业＋国际慢城"为模式，突出农业与文化、旅游、民俗等相结合，大力推进休闲农业与乡村旅游的综合发展。

曲阜市依托不同地区资源禀赋、区位优势、产业基础等，突出抓好项目创建。近年来，围绕美丽乡村、休闲农业示范区等重点项目建设，曲阜市大力发展休闲观光农业，全市形成优质粮食、高端林果蔬菜、现代畜禽养殖、花卉四大主导产业和草莓、大蒜、葡萄、樱桃、大枣等十大优势农产品，呈现出以生态农业为主导、高效农业为主体、休闲农业为补充的现代农业发展新格局。依托重点项目带动和主体功能区建设，曲阜市在发展生态观光旅游农业过程中，探索出"以点带面"的新路径。2011年，曲阜市提出主体功能区建设的概念，将12个镇街划分为服务业引领型、工业主导型和观光农业主导型，倡导绿色生态，突出休闲体验，打造田园风光，开发农业与乡村旅游业的潜力，休闲农业、乡村旅游等"第六产"不断涌现。曲阜儒乡慢境农文旅综合体试点示范区被评为济宁市2018年农业新六产典型项目，曲阜文化国际慢城被省农业农村厅认定为"齐鲁美丽田园"，该项目主要安排在曲阜文化国际慢城境内的10个农业休闲体验示范园区（基地）承担，主要分布在从石门山到九仙山整条旅游线上，以有机蔬菜、林果种植、休闲农业观光为基础，规划建设农业采摘园、体验园、创意园，建设集种植、吃、住、游于一体的大型农业观光园区，促进农业与旅游、教育、文化、康养产业深度融合。

休闲农业示范点精选案例：定襄县凤凰山生态植物园旅游区

山西省凤凰山生态植物园位于忻、定、原三县（市、区）交界的定襄县汤头温泉开发区，位置优越，交通便捷。植物园是中国首个复式旅游景区，园区内山、坡、沟、滩、湿地、水泊地貌多样，集温泉养生、生态休闲度假、研学实践、拓展训练、特色餐饮、休闲购物、会议配套于一体，是忻定盆地自然天成的生态养生地，是全国农业旅游示范点，全国休闲农业与乡村旅游示范点，全国休闲农业与乡村旅游五星级企业。植物园分为4个功能区——温泉文化体验区、百果采摘和农业科技示范区、植物科技展示区以及旅游度假别墅区，包括游客接待中心、干红葡萄酒庄、拓展训练营、河滩温泉及湿地公园等旅游设施。植物园坚持科学发展，建设生态文明，初步达到了"山水坡统一治理，乔灌草立体种植，美香化全面体现"的目标，凸显了大生态、大循环、大旅游特色，是一处别具特色的绿色生态旅游景区。

2.全国乡村旅游重点村

为贯彻落实乡村振兴战略，切实提升乡村旅游发展质量和效益，优化旅游产品供给，按照《"十三五"旅游业发展规划》《国务院关于促进乡村产业振兴的指导意见》的要求，2019年，文化和旅游部办公厅、国家发展和改革委员会办公厅发布《关于开展全国乡村旅游重点村名录建设工作的通知》，不断完善乡村旅游重点村遴选标准，引导重点村提升文化内涵和发展质量、走可持续发展道路。《关于开展全国乡村旅游重点村名录建设工作的通知》明确要求，全国乡村旅游重点村（含行政村和自然村）要符合文化和旅游发展方向、资源开发和产品建设水平高、具有典型示范和带动引领作用。全国乡村旅游重点村由县（市、区、旗、农场）政府作为申报单位，市级文化和旅游部门会同同级发展改革部门向省级部门提出申请，省级部门确定推荐名单并上报。入选的乡村将获得政策、资金方面强有力支持，鼓励各地利用各类资金渠道对全国乡村旅游重点村进行支持；以全国乡村旅游重点村名录为基础，依托全国乡村旅游监测中心，开展乡村旅游发展情况监测分析，积极反映发展过程中遇到的问题和建议；通过委托第三方机构等方式，适时对全国乡村旅游重点村开展考核评估，建立"有进有退"的动态管理机制。

《关于开展全国乡村旅游重点村名录建设工作的通知》提出全国乡村旅游

重点村遴选标准：文化和旅游资源富集、开发合理；乡村文化传承保护、转化发展较好；旅游产品体系成熟、品质较高；民宿建设主题突出、规范有序；生态环境优美宜居；基础设施和公共服务较完善；体制机制完善合理、运营高效；带动创业就业、经济社会发展等效益明显。2019—2022年共发布四批重点村名单1 399个，2021—2022年共发布两批重点镇（乡）名单198个（见表5-2）。2020年新冠疫情背景下，全国乡村旅游重点村名录建设工作的推进有利于提振市场信心、促进行业复苏，加快构建乡村旅游品牌体系。实际上，开展全国乡村旅游重点村建设，是党中央、国务院推进乡村振兴、发展乡村特色产业、激发文化和旅游消费潜力的重要政策抓手。

表5-2 全国乡村旅游重点村镇（乡）统计表

批准年度	2019	2020	2021	2022	合计
乡村旅游重点村数量（个）	320	680	199	200	1399
乡村旅游重点镇（乡）数量（个）	—	—	100	98	198

注：根据中华人民共和国文化和旅游部官方网站资料整理。

全国乡村旅游重点村精选案例：北京怀柔区渤海镇北沟村

北京市怀柔区渤海镇北沟村，地处慕田峪长城脚下，村域总面积约3.22平方千米，以山场居多，共有130余户，350多口人。在过去10多年里北沟村发生了"蝶变"，从一个十几年前"不想让孩子知道"的"后进村"，成为现在远近闻名的"国际村"，先后荣获全国先进基层党组织、全国文明村镇、全国生态文化村、第一批全国乡村旅游重点村、2005和2006年度首都文明村、2010年度"北京最美的乡村"等多项荣誉，吸引国内外游客纷至沓来。

优势条件：北沟村拥有长约3千米的慕田峪古长城，山间旅游步道达上万延米，成为得天独厚的旅游资源；近9 000亩的山地适宜板栗生长，开办栗子采摘、栗子宴等旅游项目，借助优美的生态环境发展乡村休闲旅游。承传统文化古韵、树乡村文明新风，北沟村重视文化教育，修建了传统文化一条街（见图5-1），制定村规民约，村内环境整洁、民风淳朴、社会稳定。以党支部书记王全为核心的村党支部核心作用突出，成立"北旮旯乡情驿站餐饮有限公司"，大力发展特色民俗旅游，成立物业管理公司，主要负责长城管护、护林防火、环境卫生、停车问题等。干净整洁的乡村环境、特色浓厚的传统文化、文明先进的乡村风气成功吸引北京市民乃至国际友人,近二十户外籍友人在此置业发展,涌现出了靳晓静的"长城小院(安逸园)"民宿、美国萨洋和唐亮夫妇的瓦厂酒店(见图 5-2)等,创意升级改造北沟村果窖,成为京郊乃至全国首屈一指的"洋范儿"最美乡村。

图 5-1　北沟村 2000 余平方米传统文化墙　　图 5-2　萨洋和唐亮夫妇的瓦厂酒店

旅游发展:"北京民宿看怀柔,怀柔民宿看渤海。"怀柔是京郊精品民宿大区,地处慕田峪长城脚下的渤海镇是北京精品民宿的先行者。未来,怀柔区谋划打造民宿特色村、特色镇,发挥聚焦效应,以配套共享的文化体验、公共服务等项目,为游客提供更好的服务。利用慕田峪长城的资源优势,加上乡村环境的有效治理,北沟村大力发展民宿旅游业。北沟村最早的亮点是吸引外国人入住,早在 2006 年,美国夫妇萨洋和唐亮把村里一处废弃的琉璃瓦厂改建成了乡村精品度假酒店,即著名的瓦厂酒店。继而吸引更多来自美国、荷兰、德国等国的外国友人租用村民的闲置房屋,改造成极具特色的山野别墅,精彩演绎出中西文化的完美融合。"开窗见长城,抬头看星星",高端民宿成为北沟村的独特风景。截至 2020 年年底,全村有民俗户 30 户,其中由国际友人和社会投资改造经营的高档民宿院 30 余处,包括远近闻名的瓦厂高档乡村酒店、三卅民宿、三舍民居和北旮旯餐厅等。2019 年,北沟村被评为了"五星级民俗村",党支部书记王全计划进一步整合优化民俗户资源,成立北沟村旅游经济合作社,实现规范化、系统化经营管理,推动全村民俗旅游提档升级。

3. 中国美丽休闲乡村

美丽乡村是美丽中国的重要组成部分。中国美丽休闲乡村推介活动以建设美丽宜居乡村为目标,发掘新功能新价值、培育新产业新业态,挖掘农耕文化，传承农耕文明，保护传统民居，保育生态环境，提升乡村生产生活生态价值，带动乡村繁荣和农民就业增收，打造休闲农业和乡村旅游精品工程，促进乡村产业振兴，实现产村融合发展，让城乡居民享受更多好山好水好风光。通过中国美丽休闲乡村推介活动，我国树立一批典型、探索一批模式、打造一批品牌、带富一方百姓，营造休闲农业和乡村旅游发展的良好氛围。

农业农村部官方网站资料显示，原农业部于2012年启动中国美丽休闲乡村推介活动，2012—2015年称为"中国最美休闲乡村"，2016年及之后改称为"中国美丽休闲乡村"。2014—2017年的中国美丽（最美）休闲乡村推介名单分为特色民居村、特色民俗村、现代新村、历史古村四个类别，2018年及以后不再分类别公布推介名单。中国美丽休闲乡村以行政村为主体单位，由村级申请、县级审核、省级推荐、部级推介，申请的行政村要求特色优势明显、服务设施完善、乡风民俗良好、品牌效应突出，截至2023年共推介中国美丽休闲乡村1 216个（见表5-3）。2020年7月，农业农村部印发《全国乡村产业发展规划（2020—2025年）》，乡村休闲旅游精品工程提出，到2025年，建设300个休闲农业重点县，推介1 500个中国美丽休闲乡村，推介1 000个全国休闲农业精品景点线路。

表5-3 中国美丽休闲乡村统计表

推介年度	2012—2015	2016	2017	2018	2019	2020	2021	2022	2023	合计
数量（个）	260	150	150	150	260	246	256	255	254	1981

注：根据中华人民共和国农业农村部官方网站资料整理。

中国美丽休闲乡村精选案例：保定市阜平县龙泉关镇骆驼湾村

阜平县位于河北省保定市西部，是"燕山—太行山"集中连片特困地区县，也是"燕山—太行山片区区域发展与扶贫攻坚试点"。阜平县龙泉关镇骆驼湾村地处太行深山区，过去曾经因为交通不便，产业不兴，贫穷落后，是一个整体贫困村。2012年12月30日，习近平总书记到骆驼湾村考察扶贫开发工作，鼓励乡亲和干部们"只要有信心，黄土变成金"，在脱贫攻坚的浪潮推动下，在党和政府的扶持下，骆驼湾村277户农户信心百倍地走上了脱贫致富奔小康的征程。2014年，骆驼湾村建档立卡时贫困人口189户447人，2017年，骆驼湾村实现脱贫。2019年12月，骆驼湾村入选"2019年中国美丽休闲乡村"名单；2019年6月，列入第五批中国传统村落名录；2020年8月，入选第二批全国乡村旅游重点村名单。

优势条件：第一，自然环境优越。骆驼湾村南的几座山峰称"辽道背"，海拔接近1 900米，因没有任何商业性质的开发行为，"辽道背"的生态环境良好，动植物保护完好，山上有2 000多种植被和几百种药材等，动植物资源丰富。第二，村级党组织强带动。以骆驼湾村党支部书记顾瑞利、顾荣金为核心的领导班子，确定了成立村集体公司壮大村集体经济的发展思路，带领乡亲们脱贫致富。2018年，成立了集体企业——阜平县骆驼湾实业发展有限公司，同年6月7日，由公司主导运营的骆驼湾大酒店开张，村集体经济收入实现零的突破。第三，产业支撑得保障。骆驼湾村谋划了"长短结合、多点支撑"的产业发展路径——以民宿旅游开发为龙头，谋求长远发展持续增收；以食用菌大棚、苹果、樱桃等特色产业和光伏项目统筹推进，周期短见效快。目前村里已经形成了食用菌培育、高山果品种植、农家乐旅游三项产业，随着产业扶贫不断深入，集体经济强村富民效果日益明显。第四，基础设施大变样。骆驼湾村开路架桥，改善交通环境，以太行民居特色对全村民房进行美化提升，家家户户住新房，整体改造提升村容村貌，让骆驼湾村真正获得了优美的居住环境。

旅游发展：2012年，习近平总书记到骆驼湾村调研时，提出要在发展旅游业上找出路。现如今，山货特产店、望山茶室、骆驼湾年画馆、民俗技艺坊、酒坊、豆腐坊、古朴的新民宿、飘香的小食街随处可见。当年习近平总书记与唐荣斌坐在炕头上唠家常的旧房子改造成了"骆驼湾一號院"供游客参观（见图5-3）。旅游发展显成效，吸引外出打工的任二红、李爱民等村民回村创业，还有70多岁的老人孙振铎等村民，开办民宿（见图5-4）、农家乐、超市、工作室等，承包食用菌大棚、开办养殖场等，昔日的贫困山村变身成远近闻名的"旅游打卡地"。"道路畅、住新房，能就业、饭菜香。这就是让我们村民笑在脸上、美在心头的幸福生活。有了这样的生活，大家心里感谢党，感谢习总书记。"骆驼湾的村民高兴地说。

图 5-3 游客走进"骆驼湾一號院"参观　　图 5-4 骆驼湾村别具风格的民宿

4. 全国特色景观旅游名镇（村）

全国特色景观旅游名镇名村是 2006 年在全国旅游小城镇发展工作会议上发起的。为贯彻党的十七届三中全会关于推进农村改革发展决定的精神，积极发展旅游村镇，保护和利用村镇特色景观资源，推进新农村建设。2009 年，住房和城乡建设部和原国家旅游局下发了《关于开展全国特色景观旅游名镇（村）示范工作的通知》（建村〔2009〕3 号），开展全国特色景观旅游名镇（村）示范创建工作。发展全国特色景观旅游示范镇（村），保护村镇的自然环境、田园景观、传统文化、民族特色、特色产业等资源，促进城乡统筹协调发展，促进农村经济社会全面发展。2010 年公布第一批示范名单 105 个、2011 年公布第二批示范名单 111 个、2015 年公布第三批示范名单 337 个，三批共 553 个全国特色景观旅游名镇名村，重点支持和引导这些地方发展旅游经济，旨在加强示范核心景观资源保护工作，进一步推动示范镇、村的乡村人居环境改善和旅游业发展，提升其综合服务能力。

发展全国特色景观旅游示范名镇（村），应坚持保护优先，规划优先；充分挖掘利用原有资源，不搞大拆大建；突出农村特色，实现城乡差别化发展；促进农民就地就近就业，保护农民合法开发权和收益权；节地节水节能，实现可持续发展；重管理，重服务，建设安心、安逸、安全的村镇旅游环境。特色景观旅游名镇（村）的评定工作分为省级推荐和全国综合考核两个阶段。为推进特色景观旅游名镇（村）的健康发展，指导和规范其规划建设管理，住房和城乡建设部和原国家旅游局决定采用试点先行的办法，同时制定了

《全国特色景观旅游名镇（村）示范导则》和《全国特色景观旅游名镇（村）示范考核办法》。示范工作进行一段时间后，将总结经验，完善并颁布《全国特色景观旅游名镇（村）标准》及考核办法。

全国特色景观旅游名镇（村）精选案例：祁县东观镇乔家堡村

乔家堡村地处美丽富饶的山西晋中盆地中部，古有乔致庸的辉煌，今有乔家堡人创造出的新奇迹，是独具区域特色、民俗风情的旅游名村，依托深厚文化底蕴的乔家大院，大力发展旅游相关产业，做大做强旅游业。乔家堡村物产丰富，乡土气息浓厚，民俗文化丰富，桃木工艺历史悠久，2010年入选第一批全国特色景观旅游名村示范名单，2013年入选第二批中国传统村落名录。乔家堡村加快推进新农村建设，基础建设、村镇建设、文明建设，已取得可喜的成绩。2013年乔家堡村开始整体拆迁，乔家大院周边的民居、古树与寺庙成为被整治的对象，以适应旅游的发展。2014年乔家堡村改为乔家堡社区，2017年拆迁宣告完成，乔家大院失去了它长久以来的拱卫。

优势条件：乔家大院是乔家堡村的主体古建筑群，又名"在中堂"，始建于清代乾隆年间，是清代著名商业金融资本家乔致庸的宅第，为我国北方目前保留下来的清代民居中最完整的居民建筑之一。乔家堡村是一个以乔氏为主的血缘聚落，除了乔氏兄弟精美的宅院，还有庙宇、宗祠、书院、商铺、戏台、水井、古槐等。"三晋文化园"的建设，使得乔家堡村实现旅游由景点向景区的跨越，并努力与周围著名的景点，如中华周易宫、延寿寺等形成一日游格局，共同打造晋商旅游线路，形成集旅游、休闲于一体的特色旅游产业龙头。

旅游发展：1965年，乔家大院被列为省级文物保护单位。1984年政府下文将其改为祁县民俗博物馆和文物管理所，开始全面整修和维护保养，1986年民俗博物馆正式开馆，旅游兴起。电影《大红灯笼高高挂》的拍摄与上映，乔家大院的开发得以推进，2006年电视剧《乔家大院》的热播，成功带火了乔家大院，祁县也借由乔家大院与晋商文化而出名。祁县远大投资有限责任公司、山西乔家大院旅游开发有限公司、乔家大院开发公司等多个公司以及多个投资方参与乔家大院的开发与经营，涉及各级政府、市场和个人等诸多管理主体和利益相关方，短短几十年的旅游发展历程，让乔家大院的归属变得异常复杂。2011年乔家大院开始申请5A级景区，2014年成功验收，2019年因商业气息过于浓厚被摘牌，乔家大院的旅游已经走了一个轮回。

发展反思：究其过度商业化的根源，主要是收入来源比较单一，单一的经营模式就会产生各种畸形的商业现象，高度依赖门票收入是中国景区的通病。必须从门票经济向产业经济转型，景区及旅游业才能实现持续健康发展。乔家大院固然标示着身份与地位，但它本质上孕育于乡土社会，名为整治实为拆迁的遗产保护手段，使乔家大院失去了原住民或周边历史建筑的衬托，使古建筑失去了灵魂（见图5-5、图5-6）。遗产保护实践首先是一种文化传承，其次才是经济、政治、社会活动，旅游景区的发展除了用A级来衡量发展得失，还要有对遗产保护和文化传承进行评价和管理的综合体系。

图 5-5　孤零零的乔家大院　　　　图 5-6　乔家大院

5. 工农业旅游示范点

2001年年初，原国家旅游局开始倡导工农业旅游工作，原国家旅游局制定了《农业旅游发展指导规范》，2002年，颁布了《全国工农业旅游示范点检查标准（试行）》，标志着我国乡村旅游开始走向规范化、高质化。休闲农业与乡村旅游政策主要处于摸索期，政策主要由原国家旅游局和原农业部制定，以引导和规范为主。[130] 2004年，原国家旅游局公布第一批工农业旅游示范点名单，2004—2007年共公布4批示范点名单1 098家，其中，农业旅游示范点753家，工业旅游示范点345家（见表5-4）。

表 5-4　全国工农业旅游示范点数量统计

年度	批次	全国农业旅游示范点（家）	全国工业旅游示范点（家）
2004 年	第一批	203	103
2005 年	第二批	156	77
2006 年	第三批	215	91
2007 年	第四批	179	74
合计		753	345

注：根据网络资料整理。

工农业旅游示范点成功的关键是生产、教育和休闲三种功能的叠加，工业与旅游、农业与旅游双业共生。工农业旅游示范点的推广是目前旅游景区景点层次比较成规模的示范管理。工农业单位自愿申报，原省旅游局初评和推荐，再由全国工农业旅游示范点评定委员会评定，鼓励工农业单位利用自身资源发展旅游产业。工农业旅游示范点的创建有利于整合旅游资源、丰富旅游产品、增加旅游供给，进一步满足人民群众日益增长的旅游需求，扩大旅游经济覆盖面，同时有利于促进经济结构调整、解决"三农"问题、培育工农业经济新的增长点。

全国农业旅游示范点精选案例：北京留民营生态农场

北京留民营生态农场位于北京市东南郊大兴区长子营镇留民营村境内，是 3A 级旅游景区，北京首批农业观光游示范点，全国首批农业旅游示范点，早在 1987 年 6 月 5 日，它被联合国环境规划署授予全球环保"五百佳"称号。留民营村占地 146 公顷，人口不足千，却是我国最早实施生态农业建设和研究的试点单位，于 1986 年 10 月被联合国环境规划署正式承认为"中国生态农业第一村"，还荣获了"全国绿化美化千佳村""北京最美丽的乡村""全国绿色村庄""北京市民俗旅游村""北京市爱国主义教育基地"等荣誉称号。留民营村通过大力开发利用新能源、保护生态环境、调整生产结构，形成了利用生物能、太阳能，串联种植、养殖、加工、产供销一条龙的生态体系。留民营村的文化活动丰富，传统悠久，小车会、大鼓代代相传，始于 1980 年的"千人饺子宴"（见图 5-7）延续至今，一年一度的农民运动会也是异彩纷呈。

留民营生态农场在留民营村原有农业体验园基础上改造而成，是社会主义新农村建设成果的充分体现，包括五区、两园、一中心。五区即高科技农业示范区、无公害畜牧养殖区、环保工业开发区、民俗旅游观光区和沼气太阳能综合利用区；两园即生态庄园和农业公园；一中心即美食会议娱乐中心。

图 5-7　留民营"千人饺子宴"

留民营生态农场是集生态农业参观、有机食品采摘、讲座和科普教育示范于一体的综合旅游基地，目前已形成了以沼气为中心的农、林、牧、副、渔的良性循环生态系统，推动发展以沼气为中心的"绿甜旅游"。留民营生态农场每年组织采摘品尝吃住在农家二日游、民俗田园采风周末游、春华秋实浪漫之旅一日游、灿烂季节金秋风情游、三十包饺子过大年、正月十五闹花灯游园会、娃娃农庄一日游等活动，是具有乡村田园气息的农业旅游示范村。

6. 其他方面

加快推动"515 战略"，培育乡村旅游发展品牌。2015 年，原国家旅游局组织开展"千千万万"乡村旅游品牌推介行动，共评选出"中国乡村旅游模范村"1 056 个、"中国乡村旅游模范户"1 063 个、"中国乡村旅游金牌农家乐"9 231 个、"中国乡村旅游致富带头人"8 887 人，旨在激发乡村旅游发展的积极性，推动全国乡村旅游转型升级、提质增效。对入选单位或个人实行动态化管理。

2003 年，由原建设部和国家文物局共同组织发起中国历史文化名镇名村的评选，以不定期的方式进行，保护、保存文物特别丰富且具有重大历史价值或纪念意义的、能较完整地反映一些历史时期传统风貌和地方民族特色的镇和村。2003 年、2005 年、2007 年、2008 年、2010 年、2014 年和 2019 年国家分 7 批公布 312 个中国历史文化名镇、487 个中国历史文化名村，覆盖了全国 31 个省、自治区和直辖市。住房和城乡建设部要求，各地要把中国历史文化名镇名村保护与改善镇村人居环境和弘扬中华优秀传统文化有机结合。中国历史文化名镇名村是我国休闲农业与乡村旅游发展的重要支撑资源，在发展旅游的过程中要处理好乡村资源的保护与开发、利用与发展问题。中国历史文化名镇名村实行动态管理，对违反保护规划进行建设的行为要及时查处。

为贯彻落实《乡村振兴战略规划（2018—2022年）》，实施休闲农业和乡村旅游精品工程，农业农村部决定向社会推介一批中国美丽休闲乡村和全国休闲农业精品园区（农庄）。中国旅游协会休闲农业与乡村旅游分会开展全国休闲农业与乡村旅游精品企业（园区）推介工作，共评选出2018年全国休闲农业与乡村旅游星级企业（园区）307家。

2019年全国新农村建设中心发文命名了23个县市（区）为"中国最美乡村旅游目的地"。此外，"中国生态文化村""中国乡愁公园""全国一村一品示范村""中国最美休闲旅游度假目的地""全国乡村度假示范区"等众多评选活动，倡导发挥典范带头作用。

（三）休假制度调整的助力

20世纪五六十年代，周末都是"义务劳动日"，没有休息日；1967年"文化大革命"开始，直到党的十一届三中全会召开，春节都不放假；到1980年，我国才全面恢复了春节休假制度。之后，每年有2个长假，即春节、国庆各放3天，实行每周6天工作制，每天工作8小时，每周日放假，我国开始进入单休时代。原国家科学技术委员会中国科技促进发展研究中心主任胡平因为工作关系经常出差到国外，他发现联合国每周工作四天半，欧洲、亚洲和北美的很多国家也都实行每周五天甚至四天半的工作制，工时大都不超过40小时。与短工时相应的却是高效率与低能耗，以及文化、教育、旅游等第三产业的繁荣。随即胡平主任带领研究中心在1986年着手研究五天工作制的可行性。1987年年底，课题组完成了总体报告和21个分项报告，得出了"我国具有缩短工时推行五天工作制的条件"的结论，建议国家立即制订有关方案逐步推行。

单休制一直延续到1994年才结束，1994年3月，我国试行了"隔周五天工作制"，把休息两天的那周称为"大礼拜"，而工作六天的那周称为"小礼拜",这时国民才开始有了"度周末"的意识,大多数老百姓第一次真正意义上的旅游就是趁着大礼拜的空隙完成的。1995年3月25日,时任国务院总理李鹏签署国务院第174号令,发布《国务院关于修改〈国务院关于职工工作时间的规定〉的决定》,决定自1995年5月1日起,实行五天工作制,即职工每天工作8小时,每周工作40小时,我国由此开始全面实行双休制。双休制给各路商家带来了可观的经济效益,随着国人慢慢适应双休制,文化产业、短线旅游呈现大幅增长。1995年开始实行的双休制,深入推进了休闲度假旅游发展,客观上推动了我国乡村休闲旅游业的发展。

"黄金周"是从日本舶来的休假方式。1999年,国务院公布了新的《全国年节及纪念日放假办法》,决定将春节、劳动节、国庆节的休息时间与前后的双休日拼接,从而形成7天的长假,国人的假期总天数增加到114天。1999年国庆节第一个"黄金周",全国出游人数达2 800万人次,旅游综合收入141亿元,假日旅游热潮席卷全国,长假制度被视为是拉动内需、促进消费的重要举措。2008年至今,保留国庆节和春节2个7天的黄金周,劳动节长假由5天变为3天,同时增加了元旦、清明节、端午节和中秋节四个传统节日的3天小长假,以往的3个7天长假模式变成"2+5"模式,全年节日总放假天数由原来的10天增至11天,加上双休日,全年的假日时间长达115天。随着休假时间的增多,国民休闲的方式越来越多元化,更多的国民开始把追求工作与生活的平衡当作人生理念。

"黄金周"的出现,把国民带入了旅游大军的行列,把休闲等同于旅游。在拉动旅游消费的同时,各大景区无不人满为患,留下成吨的垃圾,运营管理超负荷运转,不文明行为频现,破坏现象时有发生,给旅游及相关企业的经营活动安排带来较大困难。"黄金周"的集中出游反映了我国旅游产品结构与度假时间安排还不尽合理,目前的产品结构和产品体系还远远不能满足大众度假休闲的需求,不少旅游者也因堵、脏、累而身心疲惫,花钱买罪受。这违背了旅游活动的初衷,与国民期望的休闲生活还有很大差距。目前,仍有许多专家学者在讨论是否应该恢复五一黄金周,作者认为假期的延长并不能实质地解决人满为患的局面。全国政协委员、经济学家蔡继明教授强调,假日制度改革不应倒退,五一黄金周没有必要恢复,十一黄金周也应在适当的时候取消，目前需要继续推动的是完善带薪休假制度，只要全面推行和落实带薪休假，国民自由选择放假时间，实现个人的黄金周，才能有效避免扎堆消费。

随着社会经济的发展，国民的休闲度假需求日益高涨，随着国民休闲基础设施和公共服务的持续投入，国民休闲发展迎来更好的外部环境。为顺应大众旅游休闲时代的到来，迎合国民的旅游休闲消费需求，2013年国务院批准发布《国民旅游休闲纲要（2013—2020年）》，2022年发布《国民旅游休闲发展纲要（2022—2030）》，引导休闲旅游的发展方向，提振国内旅游消费，引导全社会树立健康的休闲理念。环城游憩带和度假区，乡村旅游度假区等休闲基础设施建设拉动乡村地区基建投资，带动乡村地区休闲公共设施建设，带动相关板块及项目发展，营造多样化的居民休闲空间。

（四）休闲农业与乡村旅游用地政策的利好

近年来，随着旅游产业规模的不断扩大，用地缺、用地难、用地不规范、用地政策多变成为抑制休闲农业与乡村旅游发展的主要瓶颈。部分旅游重点项目、旅游厕所用地得不到保障；旅游新业态用地政策不规范，自驾车、房车营地、研学旅游等用地指标不足；各地旅游供地方式多样，监管机制需进一步完善。休闲农业与乡村旅游用地难的问题是众多农旅投资者非常关心的问题，成为行业发展的瓶颈。2017年中央一号文件进一步明确提出"探索建立农业农村发展用地保障机制"，2020年中央一号文件提出"破解乡村发展用地难题"。党的十八大以来，2015—2023年中央一号文件连续9年提出发展休闲农业与乡村旅游，表现出用地限制方面的放松和扶持。但并不是所有的土地都可以用来搞休闲农业与乡村旅游，用地不得占用基本农田、不得超越土地利用总体规划，设施农用地严禁扩大用地范围。

2015年，农业部等11部门联合印发的《农业部等11部门关于积极开发农业多种功能大力促进休闲农业发展的通知》（农加发〔2015〕5号），2015年，原国土资源部、住房和城乡建设部、原国家旅游局联合出台的《关于支持旅游业发展用地政策的意见》（国土资规〔2015〕10号），2015年，国务院办公厅印发的《国务院办公厅关于推进农村一二三产业融合发展的指导意见》（国办发〔2015〕93号），2016年原农业部联合国家发展和改革委员会等14部门印发的《关于大力发展休闲农业的指导意见》（农加发〔2016〕3号），2017年，原农业部发布的《关于推动落实休闲农业和乡村旅游发展政策的通知》，2017年，原国土资源部、国家发展和改革委员会联合印发的《关于深入推进农业供给侧结构性改革做好农村产业融合发展用地保障工作的通知》等多个文件指导全国休闲农业和乡村旅游发展，在旅游发展的用地方面作出了明确的指示。第一，支持有条件的地方通过盘活农村闲置房屋、集体建设用地、城乡建设用地增减挂钩、"四荒地"、可用林场和水面等资产资源发展休闲农业和乡村旅游。第二，将休闲农业和乡村旅游项目建设用地纳入土地利用总体规划和年度计划合理安排，预留部分规划建设用地指标用于单独选址的农业设施和休闲旅游设施等建设。第三，在符合相关规划的前提下，可以采取农村集体经济组织自用及以入股、联营等合法方式使用集体建设用地来发展乡村旅游；农村集体经济组织以外的单位和个人应依法通过承包经营流转的方式进行。第四，对社会资本投资建设连片面积达到一定规模的高标准农田、生态公益林等，允许在符合土地管理法律法规和土地利用总体规划、依法办理建设用地审批手续、坚持节约集约用地的前提下，利用一定比例的土地开展观光和休闲度假旅游、加工流通等经营活动。第五，进一步扩大了设施农用地范围，将农业生产的配套设施由"规模化粮食生产"延伸为"规模经营必须兴建"范畴，让种植各种经济作物所需的配套设施变成合法建筑，提高了农民开展经济作物生产及初加工的积极性。第六，新编县乡级国土空间规划应安排不少于10%的建设用地指标，重点保障乡村产业发展用地。省级制定土地利用年度计划时，应安排至少5%新增建设用地指标保障乡村重点产业和项目用地。

（五）旅游主题的推动

1. 世界旅游日主题

每年的9月27日为世界旅游日，是南北半球旅游高峰交接的日子，是全世界旅游工作者和旅游者的节日。世界旅游日是在1979年9月27日的世界旅游组织第三次代表大会上正式确定的，是为了纪念1970年9月27日国际官方旅游联盟通过了世界旅游组织章程。确定世界旅游日的意义在于为旅游宣传提供一次机会，促进各国在旅游方面的交流合作，倡导各国运用不同的传统、文化、地理环境等对旅游业发展作出贡献，推动社会发展。

1980年9月27日是世界旅游组织章程通过十周年的日子，是世界旅游业的一个重要里程碑。为了阐明旅游的作用和意义，加深世界各国人民对旅游的认识和理解，促进旅游业的发展，世界旅游组织从1980年起每年为世界旅游日确定一个主题，各国旅游组织根据主题和要求开展系列活动，如发行邮票，举办明信片展览，推出新旅游线路，开辟新旅游点等。中国于1983年正式成为世界旅游组织成员。自1985年起，我国每年都确定一个省、自治区或直辖市为世界旅游日庆祝活动的主会场，并在全国各地设分会场，围绕旅游活动主题开展旅游宣传活动。

2020年，新冠疫情全球肆虐，世界各国经济都受到了不同程度的影响，各国政府希望通过旅游业发展助力经济复苏。新冠疫情常态化下，公众的旅游需求被抑制，旅游活动大幅减少，旅游行业仍面临着特殊的挑战。2020年9月，联合国世界旅游组织发布公告称，众多以旅游业为支柱产业的乡村，正急切期待重振旅游业来推动经济复苏，因此，2020年世界旅游日以"旅游与乡村发展"为主题。"旅游与乡村发展"旅游主题的确定，表明休闲农业与乡村旅游的发展已然上升至全球性战略高度。[131] 联合国秘书长古特雷斯表示："对于许多乡村人口、土著居民和少数民族，旅游业已经成为他们赖以生存的重要途径，他们通过旅游业获取收入。"联合国世界旅游组织秘书长祖拉布·波洛利卡什维利说："在世界各地，旅游业一直都在为乡村赋能，给乡村人民，尤其是乡村妇女和青年，提供工作和机会。此外，旅游业还使乡村得以保留其独特的文化遗产和传统，同时，对于保护动物栖息地和濒危物种也至关重要。"2020年世界旅游日我国主会场设在烟台，发布了十条精品线路和六大"双节"系列主题活动。

2. 中国旅游主题年

从1992年开始，原国家旅游局借鉴国际上举办大型主题活动的成功经验，通过不断推出以不同风情为主旋律的旅游主题，向海外游客宣传和介绍中国的旅游资源，招徕更多的海外游客来华旅游，并公布主题年的宣传口号，推出系列的旅游活动、旅游精品线路、特色旅游及相应的海外促销策略。系列旅游主题年活动，在推动旅游资源的深层次开发、增强我国旅游产品在国际上的竞争能力等方面取得了显著成效。经国务院批准，自2011年起，《徐霞客游记》首篇《游天台山日记》开篇之日5月19日定为"中国旅游日"，"中国旅游日"形象宣传口号是"爱旅游、爱生活"。中国旅游主题年是基于政府宏观层面进行的对外主题促销，最初的目的是对外塑造中国的旅游整体形象，在入境游方面，也起到了显而易见的作用。旅游主题年并不是我国独有的政策，例如德国每年有多个旅游主题，新加坡和马来西亚针对旅游主题年推出的主题歌曲，这些都值得我们借鉴和学习。中国旅游业实行的是"政府主导型"发展战略，具有很强的指向作用。政府在宏观层面上进行宣传和促销，激发出人们对某项旅游产品的兴趣，形成大的消费环境；在微观层面上，以营利为主要目的的旅游企业自然会给予足够的重视，开发与设计出适时的旅游产品，满足旅游者的消费需要；全国政协、中央党校以及国家相关部委、科研机构和省市等有关单位也先后以多种方式参与调查研究和研讨活动。由原国家旅游局主导，到地方和各级部门的配合，再到旅游企业的响应，很容易形成国内的热点旅游产品。近年来，在国家旅游主题年活动指导下，各地也因地制宜地开启了当地的旅游主题年活动，旅游主题成为全国各地旅游发展中提及频率最多的一个话题，在旅游市场发展中的引领作用得到充分发挥。

　　研究发现，除了"中国民间艺术游""中国烹饪王国游""中国奥运旅游年"对我国入境旅游的宣传有一定的效果，其他旅游主题主要宣传国内旅游。[132] 多个年份的主题年宣传活动都与休闲农业与乡村旅游的发展密切相关。1995年以"中国民俗风情游"为主题，宣传口号为"中国：56个民族的家""众多的民族，各异的风情"，带领游客深入少数民族风情区，了解各民族悠久的历史文化和独特的风俗习惯。1998年以"华夏城乡游"为主题，宣传口号为"现代城乡，多彩生活"，开始倡导"吃农家饭、住农家院、看农家景、享农家乐"，吸引大批旅游者涌入乡村，我国乡村旅游业得到实质发展。1999年以"生态环境游"为主题，全国各地充分利用和保护乡村的生态环境，抢抓新机遇，开展乡村农业生态旅游，进一步促进了乡村旅游业的发展。

2006年以"中国乡村游"为主题,宣传口号为"新农村、新旅游、新体验、新风尚",全面推动乡村旅游提升发展,更好地发挥旅游在建设社会主义新农村中的作用。2007年以"中国和谐城乡游"为主题,宣传口号为"魅力乡村、活力城市、和谐中国",倡导城市和农村旅游协调发展,带动了农村风貌大变样。另外,1995年的"民族风情游"、2002年的"民间艺术游"、2003年的"烹饪王国游"、2004年的"百姓生活游"和2011年的"中华文化游"等,基于乡村资源开展的旅游活动成为旅游主题活动的重要组成部分。旅游活动扩展到城乡,旅游业也逐步从游山玩水的观光游览扩展到国民经济社会的诸多产业与领域。

二、政府核心诉求:强区、富民、环保

休闲农业与乡村旅游发展符合国家的政策趋势。在引导和扶持休闲农业与乡村旅游发展的过程中,政府要考量三个问题:能否带动农业、农村经济发展,能否增加农民收入,能否维护生态环境。政府还应关注农民增收和农村集体经济发展的关系,理顺村富与民富的关系;关注新农村建设与历史古村落保护,考虑如何避免过度开发;关注产业发展与农村环境保护,考量旅游开发是否会对生态环境造成破坏;关注可持续发展,尝试构建主客共享的乡村空间,新一轮的思考和行动已经开始。

(一)美丽乡村与美丽中国

习近平总书记在工作实践中提出的乡村论点和美丽乡村中国梦,从整体上提升了休闲农业与乡村旅游的发展水平,指导休闲农业与乡村旅游发展由数量向质量转型。

2005年8月,时任浙江省委书记的习近平在安吉县天荒坪镇余村考察时首次提出"绿水青山就是金山银山"的理念。"绿水青山就是金山银山"科学论断阐述了经济发展与环境保护的"舟水关系",划定生态红线,推动绿色发展,如今已经成了各地践行旅游精准扶贫、乡村旅游可持续发展的重要方向。2012年,党的十八大明确提出"美丽中国"概念,树立和践行绿水青山就是

金山银山的理念，是指引建设美丽中国的理论明灯。美丽乡村，是中国共产党第十六届五中全会提出的建设社会主义新农村的具体要求。

浙江休闲农业与乡村旅游是全国乡村旅游产业发展的先行区、富集区和示范区。2003年，浙江省委作出实施"千村示范、万村整治"工程的重大决策，揭开了美丽乡村建设的序幕。浙江省安吉县从1996年开始发展乡村旅游，2008年，正式提出"中国美丽乡村"计划，出台《建设"中国美丽乡村"行动纲要》，2009年，被原农业部和原国家旅游局命名为全国首个休闲农业与乡村旅游示范县。"十二五"期间，受安吉县"中国美丽乡村"建设成功的影响，2010年浙江省委、省政府出台了《浙江省美丽乡村建设行动计划（2011—2015年）》，随后，广东（2011年）、海南（2012年）等其他省市相继启动美丽乡村建设或工程。2013年年初，"美丽乡村"正式上升到国家层面，创建工作领导小组成立，设立创建办公室。2016年，浙江省出台了《浙江省深化美丽乡村建设行动计划（2016—2020年）》，致力打造美丽乡村升级版。美丽乡村为旅游业提供了静态的旅游发展平台，旅游业为美丽乡村带来了动态的经济发展载体。

2013年7月，习近平总书记到鄂州市长港镇峒山村考察时提出，实现城乡一体化，建设美丽乡村，是要给乡亲们造福，不要把钱花在不必要的事情上，比如说"涂脂抹粉"，房子外面刷层白灰，一白遮百丑。不能大拆大建，特别是古村落要保护好。2015年5月，习近平总书记到浙江舟山考察调研时提到"美丽中国要靠美丽乡村打基础"，并为农家乐点赞，这更坚定了休闲农业与乡村旅游从业者发展的信心。2013年12月，在中央城镇化工作会议上，习近平总书记指出："让城市融入大自然，让居民望得见山、看得见水、记得住乡愁。"乡村发展首先应该尊重当地村民、尊重当地历史文化，用对历史和传统生活的尊重来留住"乡愁"，坚守精神家园。"记得住乡愁"是构建区域特色的文化符号，也是休闲农业与乡村旅游发展的标尺，成为休闲农业与乡村旅游发展的历史责任。留住"乡愁"成为休闲农业与乡村旅游吸引力的灵魂，休闲农业与乡村旅游成为让游客"记得住乡愁"的重要载体。

在村庄整治、历史文化村落保护和美丽乡村建设的基础上出现了农家乐特色村、经营点，广袤农村美丽蝶变，带旺了乡村休闲旅游，农家乐、度假村等养生经济,运动探险、拓展训练等运动经济,山货直销、电子商务等商贸经济,来料加工等劳务经济,涌现出一大批"三宜""四美"的生活空间。未来,农业要向现代服务业和旅游业转型,努力把美丽乡村转化为旅游空间。乡村文化赋予了休闲农业与乡村旅游鲜活的主题内容,休闲农业与乡村旅游发展了具有历史记忆、地域特色、民族特点的美丽乡村,传承发展了乡村文化。

(二)旅游扶贫与脱贫攻坚

在我国旅游业蓬勃发展的大背景下,旅游在推动精准扶贫、巩固脱贫成果等方面作用显著。旅游扶贫是依托市场需求实施产业化扶贫的重要方式,本质上是产业扶贫。"第六声全球青年学者计划"(Sixth Tone Fellowship)是由澎湃新闻旗下的英文新媒体第六声与复旦发展研究院联合主办的当代中国研究项目。2018年,项目第一季调研主题为"科技如何改变乡村",于当年6—7月圆满完成。由青年学者的本季田野调查成果可见,旅游扶贫具有产业链条长、覆盖范围广、就业容量大、参与程度高、门槛低、见效快、方式活等鲜明优势,是产业扶贫中返贫率低、受益面广、拉动性强、扶贫效果较好的扶贫方式,但全国如火如荼的旅游扶贫存在模式单一、原住民被边缘化、巨额投入带来债务问题等诸多隐忧,在强调旅游扶贫效果的同时要充分重视上述问题。[133]北京联合大学旅游学院李柏文教授认为,针对我国乡村地区的资金、土地、人才、知识等发展瓶颈问题,旅游产业将成为乡村生产要素集聚流动的平台,形成一种重要的城乡要素交换与流动的机制,为推动乡村振兴提供产业动力。[134]

在国外,很多国家早就注意到发展旅游业对贫困地区经济的助推作用。南非实施《减少贫困计划》;印度深入实施"负责任旅游行动"的旅游扶贫战略;墨西哥《国家旅游战略发展规划》对坎昆的开发;日本则走农旅结合的道路,振兴农村经济;美国拉斯维加斯从偏僻落后的城镇成长为繁华的不夜城;英国提出了Pro-Poor Tourism(PPT)概念,旅游扶贫成为开展扶贫工作的重要途径。国外对于贫困地区旅游开发的研究较早,从贫困作为旅游开发的影响因子开始,发展为旅游作为地区扶贫的重要途径之一,理论和实践较为丰富和完善。

而我国多针对旅游扶贫进行一般性研究，如开发模式、政策法规、产品设计等宏观层面，具有实际操作意义层面的理论研究相对匮乏。2000年，原国家旅游局进行国家级旅游扶贫试验区建设，先后确定宁夏六盘山、江西赣州市和吉安市、河北阜平县、内蒙古阿尔山市为国家级旅游扶贫试验区，扶贫工作取得一定成效。2011年《中国农村扶贫开发纲要（2011—2020年）》确定的集中连片特困区中半数以上地处山区。2012年国务院关于《燕山—太行山片区区域发展与扶贫攻坚规划（2011—2020年）》的批复，燕山—太行山片区成为国家新一轮扶贫的重点区域之一。2014年，国家发展和改革委员会、原国家旅游局等7部委下发了《关于实施乡村旅游富民工程推进旅游扶贫工作的通知》，启动实施乡村旅游富民工程，支持贫困村开展乡村旅游。2016年、2017年和2018年，原国家旅游局相继制定出台了《乡村旅游扶贫工程行动方案》《关于支持深度贫困地区旅游扶贫行动方案》《关于进一步做好当前旅游扶贫工作的通知》，扎实推进旅游扶贫工作。国家和地方从多角度、多层面支持贫困地区旅游业发展，强调旅游业在扶贫开发中的综合拉动效应。

贫困地区贫在没有产业支撑，困在没有产业推动。贫困地区经济发展水平低，产业基础薄弱，迫切需要寻求产业发展的推力。许多贫困地区和旅游资源在地域分布上具有一致性，特别是偏远山区，原始生态系统保存相对完整，文化沉淀厚重，自然景观破坏较少，适合发展旅游业，且旅游扶贫对于山地区域生态系统的破坏程度要远低于其他产业开发，符合"绿水青山就是金山银山"的发展理念。近年来，各省在实践探索中不断创新完善旅游扶贫模式。2018年，河北省出台了《2018年至2020年河北省旅游产业扶贫工作行动方案》，实施旅游产业扶贫开发工程，构建"旅游+扶贫"的全新格局。四川省凉山州、广西壮族自治区罗城仫佬族自治县、内蒙古自治区锡林郭勒盟多伦县铁公泡子村、河南省洛阳市栾川县拨云岭村等各级县市、乡村因地制宜地开展旅游扶贫，切身体会到旅游发展带来的益处。旅游扶贫行动同样带有诸多隐患，如产品低质化、同质化，服务质量有待提升，原住民与投资商之间的矛盾复杂多样，巨额资金投入带来的债务问题等。旅游扶贫仍需充分重视，只有产业蓄力才能脱贫有力，才能长久地造福于贫困人口。

第六节　旅游可持续发展

一、乡村振兴与可持续发展

20世纪80年代以后，全球人口增长、食品安全、能源消耗和环境破坏的形势日益严峻，全世界共同关注如何实现人类经济社会的可持续发展。1995年9月，中国共产党十四届五中全会正式将可持续发展战略写入《中共中央关于制定国民经济和社会发展"九五"计划和2010年远景目标的建议》，并开始付诸实施。可持续发展是乡村发展建设的方向，也是乡村发展建设的重要内容。党的十九大报告提出，坚定实施乡村振兴战略、区域协调发展战略、可持续发展战略等重大国家战略，对乡村振兴战略提出了"产业兴旺、生态宜居、乡风文明、治理有效、生活富裕"的20字总要求。乡村振兴既是经济的振兴，也是生态的振兴、社会的振兴，文化、教育、科技的振兴，以及农民素质的提升。乡村振兴，产业兴旺是基础。休闲农业与乡村旅游是乡村产业的重要组成部分，三产融合发展、生产生活生态兼容、工农城乡融通，使其成为促进产业转型升级和农民增收致富的支柱产业，成为实现乡村振兴战略和乡村可持续发展的重要途径之一。

原农业部部长韩长赋表示，当前我国发展最大的不平衡是城乡发展不平衡，最大的不充分是农村发展不充分。新时代全面建成小康社会，要坚持农业农村优先发展，显著缩小城乡差距，让农业成为有奔头的产业，让农民成为有吸引力的职业，让农村成为安居乐业的家园。国家发展和改革委员会城市和小城镇改革发展中心研究员乔润令认为，乡村振兴成果的可持续，关键在于要做好"产业发展"和"农民参与"两件事，尤其强调"乡村振兴还是要把发展权交给农民"。休闲农业与乡村旅游是一个系统工程，要立足本地优势，突出特色化、差异化和多样化，着力提升设施水平、服务水平和管理水平，精准发力，为乡村振兴提供有力支撑。

老百姓心目中的乡村不是空心村，不是留守儿童、留守老人的乡村，不是孩童的盼望、老人的守望、年轻人的回望，要吸引更多有志乡贤回归乡村，还要为村民谋得发展的机会与平台。乡村绝不能成为荒芜的乡村、留守的乡村、记忆中的故园。旅游让游客参与其中，与村民共同找寻历史，让村民有了守望的热情，让游客感受到休闲农业与乡村旅游的意义和价值，共同营造心中诗意栖居的精神故乡。无论是美丽乡村、特色小镇，还是田园综合体，不仅是为了满足游客体验乡村的需求，更主要的是寻求乡村得以持续发展的产业支撑，满足乡村可持续发展的需要。当地村民和外地游客和睦相处、睦邻友好，共建共享发展成果，这是休闲农业与乡村旅游发展的终极目标。

二、乡村旅游业可持续发展

1990年，在加拿大温哥华召开的全球可持续发展大会，提出了旅游可持续发展的目标，可概括为经济目标、社会目标和环境目标。1995年4月，联合国教科文组织、环境规划署和世界旅游组织在西班牙专门召开"可持续旅游发展世界会议"，通过了《可持续旅游发展宪章》和《可持续旅游发展行动计划》两个重要文件，文件明确指出：可持续发展的实质就是要求旅游与自然、文化和人类生存环境成为一个整体。1983年，谢贝洛斯·拉斯喀瑞（H. Ceballos Lascurain）提出生态旅游的概念，并在1986年墨西哥召开的一个国际环境会议上被正式确认，生态旅游成为实现旅游可持续发展的重要途径。2018年12月，文化和旅游部等17部门联合印发《关于促进乡村旅游可持续发展的指导意见》，明确了促进乡村旅游可持续发展的五项措施，全面提升乡村旅游的发展质量和综合效益。

内生力量与外来力量的不均衡、投资商追求经济利益最大化、村民参与乡村发展的内生活力不足，是我国多数乡村发展旅游所普遍面临的问题。各乡村的发展状况、产业基础、资源条件、投资环境、旅游发展阶段等都有所不同，在旅游发展中普遍存在缺乏统筹规划、产品同质化严重、乡村文化流失、基础设施建设滞后、人员素质亟待提升等问题，需要引起各参与主体的重视。政府、投资商、村民成为休闲农业与乡村旅游产品的供应者，与游客共同产生供需关系，而政府、投资商、村民、游客多方共赢的纽带是项目，多方关系能否和谐的关键是项目能否持续盈利、健康发展。构建"政府—投资商—村民"三方协商机制与利益分配机制,有效发挥各参与主体的优势和特长,政府要因地制宜制定相关政策,加强各职能部门间的协作,营造开放有序的市场环境;重视投资商作为市场主体的作用,投资商为产业发展提供技术、资金和人才支持,积极投身乡村建设,为村民增加就业机会;村民则应积极进行自我提升,参加技术培训和参观交流,主动参与旅游经营,多方共同实现资源的最优化配置、最大化发挥旅游综合效益,保障项目健康发展,从而确保产品的有效供给。

北京世嘉集团董事长朱仝认为,休闲农业与乡村旅游度假项目一般都是见效比较慢、周期比较长,要通过"养"来逐步实现文化内容高品质聚集和经济社会效益的双丰收。[135]上海财经大学旅游管理系主任何建民分析,旅游基础设施与公共服务设施是居民和游客共享,当前进一步完善设施尤其重要,是全面提升乡村旅游服务质量和水平的前提。南开大学旅游与服务学院党委书记徐虹表示,休闲农业与乡村旅游要实现可持续发展,必须在品质提升和内涵发展上下功夫,要在创意化发展、品牌化运营和产业融合化、环境优美化等方面综合发力,实施乡村风貌提升行动,改善村民精神面貌,让乡村优秀传统文化有活态传承的人文基础,激活中华优秀传统文化的生命力。中国科学院地理科学与资源研究所研究员钟林生认为,良好的生态环境是休闲农业与乡村旅游可持续发展的资源与环境基础,必须尊重自然、顺应自然、保护自然;旅游业与相关产业融合发展,最大限度地发挥其综合带动作用,才能持续获得发展动力,促进休闲农业与乡村旅游的高质量发展。

旅游可持续发展的目标可归纳为:资源完整多样、游客畅爽体验、社区居民受益、投资商获得合理回报、地区持续发展。休闲农业与乡村旅游项目开发需要综合考虑资源禀赋、社区参与、游客需求、投资商需求、政府政策条件,通过对乡村系统的系统性修复和激活,盘活乡村的各种生产要素,才能实现乡村的可持续发展。在发展休闲农业与乡村旅游的过程中,不能破坏自然人文资源,要保证资源的完整多样;要能留住原住居民,为他们创造发展的平台和机会;设计的产品和项目能让游客达到畅爽的感觉,体验原汁原味的乡土气息;投资商能够得到合理的资金回报,并乐于且忠于为乡村发展贡献力量;在政府政策支持和带动下,乡村环境持续美化,全面实现乡村振兴。

第六章　休闲农业与乡村旅游发展模式研究概述

"模式"一词在《现代汉语词典》中的定义为事物的标准样式。"模式"在《简明牛津辞典》中的定义是为方便分析、计算和预测而对一个系统做出的简练描述。著名社会学家、人类学家费孝通先生认为，模式是指在一定地区、一定历史条件下具有特色的经济发展过程。[136]王忠武认为，发展是一个反映和表征事物进步属性的概念，发展模式是人类社会发展目标、方式、道路的统一体，实质是为达到一定目标而选择实行的具体方式。[137]马勇等认为，模式就是解决典型问题的方案，乡村旅游的各种发展模式描述了在不同环境中解决一系列乡村旅游发展问题的核心方案，为解决同类问题提供借鉴。[138]任何模式都是特定条件下的最佳选择，不同发展模式反映了不同地区、不同时期的经济发展背景和现实道路选择。[139]发展模式是特定约束条件下微观行为的宏观表现，是对特定时空经济发展特点的概括，[140]并非一成不变的，也不能直接粘贴复制。

借助中国知网进行文献检索，时间截至2023年12月，分别以乡村旅游和模式、休闲农业和模式、休闲农业与（和）乡村旅游和模式为关键词对文献篇名进行交叉检索，并分析归纳总结。通过整理文献可以得出以下结论：（1）乡村旅游发展模式的文献数量最多，多达1718条，发表期刊的档次较高，比如《旅游学刊》《经济地理》等核心期刊，研究作者涉及旅游行业的多位领军人物如戴斌、邹统钎、罗明义等，研究地以国内居多。（2）休闲农业发展模式的文献数量居中，为389条，相对于乡村旅游发展模式的研究而言，发表期刊和研究作者更加多元化，对具体区域的实证研究有所增加。(3) 由于休闲农业与乡村旅游的规范叫法出现相对比较晚，其发展模式的研究文献数量相对较少，仅为 35 条，且主要是针对具体区域的实证研究。(4) 从文献的发表时间来看，乡村旅游发展模式、休闲农业发展模式最早的文献均发表于 2003 年，休闲农业与乡村旅游发展模式最早的文献发表于 2009 年，说明进入 21 世纪之后进一步得到重视和规范发展。(5) 休闲农业与乡村旅游发展较早、较成熟的成都市和北京市，相关的实证研究数量最多。

第一节 乡村旅游发展模式研究

归纳总结多位专家学者的研究，乡村旅游的发展模式主要从发展动力及机制、区域资源特色、旅游产品项目、开发经营管理、综合视角等五种视角出发进行发展模式的研究。具体发展模式见表 6-1。

表 6-1 国内学者对乡村旅游发展模式研究列表

研究视角	发展模式	案例地	作者
地理位置	城郊型、边远型、景区边缘型	国内	肖佑兴等[141]
发展动力及机制	政府推动型、市场驱动型、混合成长型	国内外	戴斌等[142]
	政府推动型、企业开发型、居民参与型、混合发展型	国内	苏飞、王中华[143]
	需求拉动型、供给推动型、中介影响型、支持作用型、混合驱动型	国内	张树民等[144]
	政府主导模式、乡村集体组织主导模式、外来投资者主导型制度模式	杭州	池静、崔凤军[145]
区域资源特色	农村依托型、农田依托型、农园依托型	北京、成都郊区	邹统钎[81]
	农家园林型、观光果园型、景区旅社型、花园客栈型、养殖科普型、民居型、农事体验型	成都	江林茜、张霞[146]
	特色村寨型、民俗古镇型、特色农业景观型、地震遗迹遗址依托型	四川地震灾区	包文娟[147]
旅游产品项目	主题农园开发模式、乡村主题博物馆发展模式、主题文化村落发展模式、企业庄园发展模式、产业庄园发展模式	国内	王云才等[148]

(续表)

研究视角	发展模式	案例地	作者
旅游产品项目	园林休闲型、花果观赏型、景区旅舍型、花园客栈型	成都	刘盛和、杜红亮[149]
	休闲观光型、游乐型、品尝型、商务会议型、混合型	西安	陈晨[150]
	休闲观光型、务农参与型	国外	王瑞花等[151]
开发经营管理	政府主导发展驱动模式、以乡村旅游业为龙头的旅-农-工-贸联动发展模式、农旅结合模式、以股份合作制为基础的收益分配模式、公司+农户的经营模式	国内	李德明、程久苗[152]
	公司+农户模式、政府+公司+农村旅游协会+旅行社模式、股份制模式、农户+农户模式、个体农庄模式	国内	郑群明、钟林生[153]
	景区带动型、乡村组织型、公司+农户型、综合开发型	云南	罗明义[154]
	企业为开发经营主体开发模式、村集体为开发经营主体开发模式、村民自主开发模式、政府主导村民参与开发模式、混合型开发模式	国内	潘顺安[155]
综合	村落式乡村旅游集群发展模式、园林式特色农业产业依托模式、庭院式休闲度假景区依托模式、古街式民俗观光旅游小城镇型	成都	马勇等[138]
	依托大中城市的城乡互动模式、依托大型景区的联合开发模式、依托特色村寨的社区参与模式	河南南阳市	叶林红[156]

注：根据文献资料整理。

邹再进从地理分布、发展阶段、开发主体、投资主体、提供产品、空间结构及规模、与农村经济互动持续发展的关系角度对我国乡村旅游的发展模式进行了归纳总结，并对欠发达地区乡村旅游发展模式的选择给予建议。[157]李源等认为发展模式是一个不断提升的过程，任何发展模式都有时间或区域上的局限性，并从发展推动力视角、资源性质和游客感知视角、开发依托视角、经营方式视角对以往学者关于乡村旅游发展模式的研究作了归纳性概述。[158]

第二节 休闲农业发展模式研究

归纳总结多位专家学者的研究，休闲农业发展模式的研究视角主要有依托地域、资源特性、功能、经营主题、内容特征、经营主体、综合等七种，具体发展模式见表 6-2。

表 6-2 国内学者对休闲农业发展模式研究列表

研究视角	发展模式	案例地	作者
依托地域	依托城市型、依托自然型	国内	舒伯阳[159]
资源特性	田园农业观光模式、农家乐模式、民俗风情旅游模式、村镇旅游模式、度假休闲模式、回归自然旅游模式、科普教育模式	杭州	胡爱娟[160]
	乡村民俗文化旅游、现代农业综合示范园、特色产业展示观光、资源依赖型观光休闲	昆明	来璐等[161]
功能	以娱乐性为主的田园式、以体验旅游为主、以科教和生态为主	国内	王忠林[162]
	观光型、品尝型、购物型、参与型、娱乐型、疗养型、度假型、会展型、节庆型	国内	伽红凯等[163]
经营主题	农业展示模式、农事参与模式、生态旅游模式、民俗文化模式、农家生活体验模式	国内	牛君仪[164]
	农事体验型、农家乐型、生态休闲型、民俗风情型、农耕文化型、养生度假型、科普教育型	福建省	葛威[165]
内容特征	观光农业园、民俗文化、农业主题公园、产业融合、创意农业	北京	康杰、杨欣[166]
经营主体	个体农民为主体、村集体为主体、私人企业为主体、科研院所、大学或事业单位为主体、政府投资主办型	北京	冯建国等[167]
综合	农家乐模式、农业科技观光园模式、渔业休闲模式	青岛	丁金胜[168]
	高新技术引领型、旅游带动型、工业产业反哺型、农业产业壮大型、文化产业主导型、新农村建设示范型、土地流转承包型、连片开发合作型	国内	张润清等[169]

注：根据文献资料整理。

帅娅娟综合国内外研究，以资源类型、经营主题、经营方式、地域分布为依据对我国休闲农业的发展进行了发展模式研究。[170]赵国如认为各种模式之间会有些许交叉和重复，以休闲农业的农业内容、具体功能、整体功能、资源特性、投资开发的基础和诱因、经营内容、经营主体为标准对休闲农业的发展模式进行了归纳，并对湖南省进行了实证分析，分别从区位和功能两个角度研究了湖南省休闲农业的发展模式。[171] 靳晓青认为受地域、经营方式和服务功能的影响发展模式不同，从内容特征、投资主体和地域分布三个层面归纳了我国观光休闲农业发展模式的不同类型。[172] 冯建国等认为，由于旅游资源的多样性和无穷尽性，任何分类方法都无法全部涵盖，按照发展阶段、地域模式、经营主体、产业结构、功能类型、产业数量、综合规模、功能和特点综述休闲农业园的类型和模式。[167]

第三节 休闲农业与乡村旅游发展模式

归纳总结多位专家学者的文献资料，休闲农业与乡村旅游的发展模式主要从产品项目、资源特色、经营管理等视角出发进行发展模式的研究，比较具有代表性的是学者对各地的实证分析与研究。胡晓燕以成都为例，从发展依托模式和经营模式进行具体模式分析[173]，另外，杨义菊以武汉市为例[174]、王婷婷以山西省为例[175]、耿品富等以贵阳市乌当区为例[176]，从不同视角进行了发展模式的实证研究。

第四节 发展模式综述

通过文献梳理发现，众多专家学者对休闲农业、乡村旅游、休闲农业与乡村旅游的发展模式进行研究，基于不同视角提出不同的发展模式划分。学术术语较混乱，并没有形成统一的认知，如开发模式、发展模式、经营模式等。研究内容主要集中在对发展模式的总结、对发展模式的问题分析；实证研究主要基于地域特色设计发展模式，缺乏深入的效益分析。研究方法上多以定性研究为主，运用定量分析的较少。随着休闲农业与乡村旅游的蓬勃发展，国内外专家学者关于其发展模式的研究不断向深度和广度两个维度拓展。本书认为，休闲农业与乡村旅游的发展模式是指特定地区、特定时期，为达到一定的目标而选择的旅游发展方式和实现道路，这种发展模式可在类似条件地区得到创新性应用和推广。

休闲农业与乡村旅游发展模式的研究就是对不同乡村旅游目的地进行研究，探讨不同地域、不同经济发展水平和不同资源条件下的乡村对休闲农业与乡村旅游发展模式的选择，以期构建乡村旅游目的地和谐的旅游利益共同体。[177] 休闲农业与乡村旅游的发展是一个不断深化提升的过程，发展基础不同、所处阶段不同，选择的发展模式也不尽相同，应当用发展的眼光和创新的思维来研究休闲农业与乡村旅游的发展模式。

基于不同视角的发展模式分类并不是截然分离的，有时是相互涵盖的，比如景区依托型休闲农业与乡村旅游，从资源特征来看，成都以农家乐形式、北京以民俗村形式、贵州以村寨游形式为主；从开发经营主体来看，又分为政府、企业、村集体主导等模式；从功能角度来看，又分为观光型、娱乐型、教育型、疗养型等。因此，不能孤立地单独评价某一种发展模式，应系统客观地看待休闲农业与乡村旅游发展模式的分类。

综合众多专家学者对发展模式的研究，本书第七章、第八章分别从开发依托视角、经营管理视角进行发展模式的理论和实证研究，以期为读者提供借鉴。

第七章　休闲农业与乡村旅游的开发模式

20世纪50年代，河北省因外事接待需要开展休闲农业与乡村旅游活动，这主要是由政府推动的结果。20世纪80年代，国内休闲农业与乡村旅游开始普遍发展，推动力由政府转向市场，首先在城市周边和旅游景区周边形成依托型休闲农业与乡村旅游，以农户独立经营为主要模式。[158]进入90年代，在政府和市场双重推动作用下，国内休闲农业与乡村旅游进入发展的快车道，依托于景区、城市、产业、高科技、教育等主体，形成多种开发模式并存的发展局面。在发展初期，休闲农业与乡村旅游表现出对所依托主体的依赖性，随着旅游活动的持续推进，两者由单向依托转变为双向互动、联动发展，走出了富有地方特色的融合发展之路。

第一节　景区依托型发展模式

旅游景区是一个非常笼统的概念，又叫景区、景点、旅游景点。根据《旅游区（点）质量等级的划分与评定》的定义，旅游区是以旅游及其相关活动为主要功能或主要功能之一的空间或地域。国外更多采用"旅游吸引物"来代表旅游景区概念，强调"磁性"含义。[45]为推动旅游景区服务质量的提升，规范旅游景区的经营管理，我国于1999年开始A级旅游景区的评定工作。2020年12月，文化和旅游部资源开发司公布的《中国旅游景区发展报告（2019—2020）》显示，我国共有A级以上旅游景区12 402家，其中5A级旅游景区达到280家。截至2023年年底，国家文化和旅游部共确定了318家

5A级旅游景区,5A级旅游景区代表了旅游资源的高集中、景区建设的高标准,其数量的变化可以反映旅游产业的发展水平。随着旅游的泛化,旅游景区的范畴越来越广,早已不仅限于传统封闭景区的概念,国家A级旅游景区、旅游度假区、国家公园、风景名胜区等各种类型的旅游目的地都可以称为旅游景区。

当代旅游者追求高质量的度假和深度旅游体验,而旅游景区只能满足游客在相对封闭空间的观赏游玩。在服务需求的催生下,借力旅游景区的泛旅游延伸,旅游景区周边乡村以旅游服务配套为核心开展休闲农业与乡村旅游活动,如食宿接待、销售土特产品、丰富游客经历等,极易发展成为乡村旅游体验地。近年来,"黄金周"旅游景区出现"人从众"现象,以及受2020年开始的新冠疫情影响,封闭型旅游景区暴露出诸多问题,旅游景区与周边区域联合发展、协调发展成为必然。传统型的旅游景区也有开放化、休闲化的客观需要,需要寻求创新,突破发展瓶颈。旅游景区联动周边乡村融合发展,如河北省秦皇岛市北戴河集发梦想王国与周边共建村的联合发展,共同打造综合性的乡村旅游接待目的地。

一、概念界定

邹统钎等[178]、杨世河等[179]最早提出景区依托型乡村的概念,理论起源可以追溯到"核心-边缘理论"的发展与演化。肖佑兴等按地理位置,把休闲农业与乡村旅游划分为城郊型、边远型、景区边缘型。[141]众多专家学者对此种发展模式的叫法不一,如"景区边缘型""依托景区型""景区依托型""景区带动型""景区配套型"等,本书统一采用"景区依托型"。

旅游景区既可位于城市内部和郊区,也可位于城市边缘地区,位于城郊地带的休闲农业与乡村旅游多是依托大中城市的客源市场发展而来,因此景区依托型发展模式的旅游景区主要是指大中城市以外、城市边缘地区的旅游景区。景区依托型发展模式是指以大型成熟旅游景区为核心,依托旅游景区的客源和乡村特有的旅游资源发展起来的乡村旅游活动,[180]是在乡村自身发展需求和核心景区休闲化发展需求的共同推动下,探索出来的一种旅游发展模式。景区依托型发展模式的目标客群是旅游景区分流客群和在地客群，旅游景区能够带来充足稳定的旅游客流。休闲农业与乡村旅游和相依托的旅游景区客源市场共享、资源与产品互补、利益主体复杂，两者相互依存、相互促进，良性互动才能形成旅游发展的大格局，才能提升区域旅游形象。我国大部分自然风景类旅游景区多分布在乡村地区，其边缘区域是我国乡村旅游业开展最早的地区[35]。

休闲农业与乡村旅游景区景点主要位于旅游景区的四周及主要进出通道两侧，是旅游景区重要的旅游环境和缓冲区。我们把所依托的旅游景区称为核心景区，把依托旅游景区发展休闲农业与乡村旅游的区域称为旅游边缘区。发挥核心景区的核心带动和集聚效应，释放和分离旅游景区的部分服务功能，吸引和指导周边乡村参与旅游服务和接待。核心景区为休闲农业与乡村旅游输送客源、提供示范带动作用、拓展旅游业生存空间，表现出休闲农业与乡村旅游对核心景区的依附性。旅游边缘区成为核心景区转型升级、提质扩容的重要地域依托，发展休闲农业与乡村旅游可以营造良好的旅游环境和氛围；通过提供区别于核心景区的另类产品，丰富游客的旅游经历，提升游客的体验质量；可以拓展核心景区的发展空间，增强核心竞争力；可以分散核心景区客流、缓解承载压力，尤其是节假日期间，有助于旅游资源的保护和永续利用。随着核心景区旅游生命周期的演进和旅游要素的时空变化，核心景区为边缘区休闲农业与乡村旅游发展提供良机，但也引发了一系列人地关系危机，如引发的资源利用、生态保护、利益分配、乡村发展等方面的诸多矛盾，持续关注景区依托型乡村旅游地的人居环境演变具有非常重要的实践价值和理论意义。[181]

二、理论基础：核心－边缘理论

美国区域规划专家弗里德曼（John Friedmann）对发展中国家的空间发展规划进行了长期的研究，于 1966 年在其学术著作《区域发展政策》（*Regional Development Policy*）中正式提出核心－边缘理论。该理论指出任何空间经济系统均可分解为不同属性的核心区和边缘区，两者又共同组成一个完整的空间系统。弗里德曼认为，任何一个国家都是由核心区和边缘区组成，核心区在空间系统中居于支配地位，能产生和吸引大量革新，边缘区在发展上依赖于核心区，其发展方向主要取决于核心区，两者之间存在着不平衡的发展关系。核心-边缘理论试图解释一个区域如何由互不关联、孤立发展，变成彼此联系、发展不平衡，又由极不平衡发展变为相互关联的平衡发展的区域系统。[182]核心-边缘理论对于经济发展与空间结构的变化都具有较高的解释价值，众多规划师都力图把该理论运用到相关实践中。该理论在处理城乡关系、国内发达地区与欠发达地区关系、发达国家与发展中国家关系等方面表现出一定的实际应用价值。

在区域发展过程中，核心区对边缘区有两种效果，一种是通过极化作用产生的负面效果，核心区吸引边缘区的资金、人才、原材料等，剥夺边缘区的某些发展机会；另一种是通过扩散作用产生的正面效果，核心区的革新传播到边缘区，增强交易、信息、技术、知识等方面的交流，核心发展，带动边缘，谋划全域。随着核心区扩散作用增强，边缘区可能形成较高层次的核心，甚至取代核心区。许多学者认为，核心区与边缘区的关系是一种控制和依赖的关系，这种关系是动态发展的，随着外在环境的变化发生变化。核心区与边缘区的边界会发生变化，区域的空间关系会不断调整，区域空间结构不断优化，最终形成区域空间一体化的格局。[183]

核心景区往往具有旅游资源优势或区位优势，如国家级风景名胜区、5A级旅游景区、历史文化名城、旅游度假区、国家公园等；旅游边缘区则是旅游资源特色不突出，或不具区位优势而未被开发，或处于热点地区"阴影"下而被忽视的地区。核心景区及其周边的休闲农业与乡村旅游，无论是从地理空间角度，或是资金、技术、信息、人力，甚至利润等角度，都体现出核心-边缘理论的基本特征，强调旅游边缘区对核心景区的依赖。在区域性旅游规划与开发中，核心-边缘理论为旅游空间结构变动和转型发展提供认知解释模型和理论，促进旅游资源的优化整合，提高区域旅游资源配置效率，提升区域旅游经济综合效应。根据所处发展阶段、外在环境等不同，核心景区与旅游边缘区的空间关系会产生变化。在发展初期强调核心景区对旅游边缘区的控制、旅游边缘区对核心景区的依赖，控制和依赖得到强化，核心景区通过扩散作用将加强影响和带动旅游边缘区的旅游发展；随着旅游边缘区旅游业的革新、发展和成熟，休闲农业与乡村旅游可能会成为次级核心景区，反过来会影响甚至取代原有核心景区。因此，核心景区与旅游边缘区应该是一种相互依存、平等竞争、优势互补、合作共赢的空间关系。[184] 任何一个区域既要重视核心景区旅游的革新，又要加强旅游边缘区的开发，依靠核心景区把各种景观资源凝聚成一个整体，逐步向旅游边缘区扩散联动，调整现有旅游产品、开发新产品，核心景区和旅游边缘区协同发展，提升区域旅游竞争力。

三、发展条件

受核心景区经济外溢的影响，周边乡村逐渐被带动发展，核心景区的持续稳定发展、乡村互补性的旅游景观和旅游者的旅游意愿与时间是促使景区依托型休闲农业与乡村旅游发生发展的必要条件。[185]

能够成功带动周边乡村发展旅游业的核心景区需具备如下条件：大型成熟旅游景区，或高品质旅游景区，客源市场广阔；旅游景区吸引力强，知名度高；旅游景区持续创新，档次不断提升，能够稳定发展。如国家级风景名胜区，国家公园，历史文化名城，国家级旅游度假区，国家级自然保护区，4A、5A级旅游景区等，这些拥有"国字号"头衔的单位都可以成为可依托的核心景区。核心景区在资源和市场方面通过地核吸引力为周边乡村带来发展机会，旅游景区坚持"纵向到底，横向到边"的发展路径，带动周边乡村开发旅游目的地乡村体验活动，建立乡村对外更加开放的联系。

核心景区周边适宜发展休闲农业与乡村旅游的乡村需具备如下条件：位于核心景区边缘，与景区有较为便捷的交通联络；在旅游景区重要门户或游客主通道上，如通往旅游景区的交通节点和分支旁边；较好地保留乡村原始风貌，资源类型丰富多样，与核心景区具有互补性；乡村居民具备旅游意识和服务意识，有积极参与的意向。具备条件的乡村需要加强基础设施和旅游设施配套建设，规划开发能够反映地域特色的旅游产品，加强对从业群体的组织、引导和培训，提升服务层次。市场基础好、交通便利、靠近大型成熟旅游景区或者政府规划的重要旅游区域内的乡村发展休闲农业与乡村旅游相对容易成功。

旅游者游览核心景区之后可能会出现三种情况：旅游需求已满足，旅游需求未满足、游览时间尚有剩余，旅游需求未满足、游览时间无剩余。第一种情况依托核心景区到乡村地区游览不会发生，不具有吸引力，但当乡村地区的休闲农业与乡村旅游足具知名度和体验特色，可吸引旅游者单独前往；第二种情况可以产生较强的吸引力，游览行为可及时发生，补偿其旅游需求；第三种情况的吸引力需要假以时日，寻找合适的时间才能转化为真正的游览行为。

四、发展要点

与核心景区品牌理念相一致，在深度契合的基础上，乡村旅游业结合乡村文化元素和资源特色开发乡村深度体验产品，充分调动吃、住、行、游、购、娱传统旅游六要素的创新发展，为核心景区提供多样化的配套服务和差异化的旅游产品。景区依托型乡村与核心景区在空间分布上呈现嵌入式、散点式、点轴式等多种形式，开放式的乡村体验与封闭的景区观光形成鲜明对比。休闲农业与乡村旅游与核心景区在地域文化上虽然具有一致性，但在业态上更凸显乡土气息，形成"开发一个景区带活一方经济、带动一个产业、造福一方百姓"的效果，走出独具特色的乡村产业发展之路。

（一）实现核心景区的核心带动

强化旅游景区建设对休闲农业与乡村旅游的核心带动，实现两者之间的"联动、互动、律动"。以核心景区发展规划为上位规划，制定周边乡村的休闲农业与乡村旅游发展规划，力争纳入核心景区的旅游规划体系，准确寻找旅游发展契机。在发展的初期，休闲农业与乡村旅游以核心景区客源为主要目标市场，以其客源市场需求为导向，设计休闲农业与乡村旅游的产品、服务与线路等内容，完善旅游服务设施。内容和功能上与核心景区互补发展，立足乡村实际情况，开发互补型旅游产品，增加游客多样性的旅游体验，如安徽黄山、四川九寨沟等自然风景类旅游景区与周边乡村具有乡土特色的餐饮、住宿、娱乐等配套服务相映成趣、互为补充。提高核心景区在市场、可进入性等方面的带动性，周边乡村要完善公共配套设施建设，优化旅游交通条件，提高与核心景区的互通性，做好与核心景区的线路连接，联动发展。周边乡村与核心景区进行联合营销，积极参与核心景区的推广营销，形成有效联动，借助景区的知名度塑造并宣传品牌形象。景区发展依托型乡村应具有一定的服务规范和标准，能够与成熟景区相配套，但不能抹杀个性化，实现景村打包宣传、优势互补、客源共享、共同发展的格局。[186]

（二）实现乡村与核心景区的互动

休闲农业与乡村旅游借助大型成熟景区优势进行发展，除了作为核心景区服务的延伸或文化诠释的补充来吸引游客，还要准确定位，形成鲜明的主题特色，与核心景区差异化发展。在功能或内容上，把休闲农业与乡村旅游培育成为整个区域旅游中独具魅力的重要组成部分，形成不可替代的独立存在；在旅游产品开发上，整合乡村建筑、民俗节庆、特色产业等乡村资源，与核心景区形成互补；在功能定位上，以餐饮、住宿、娱乐等服务于核心景区，景区观光游览、乡村休闲体验；在布局模式上，核心景区和乡村旅游联动发展；在建设与管理上，相互参与、团结合作，实现双向互动模式。[187]适当策划重点项目，将乡村性格转化为可视的文化符号，联合景区特色融入，构建特色突出的旅游产品谱系。发展的中远期，依托资源优势和市场规模，周边乡村的休闲农业与乡村旅游开发深度体验型产品，形成相对独立的旅游目的地和旅游市场，发展成次核心或取代原核心景区成为新的旅游吸引点；原核心景区扮演休闲农业与乡村旅游中"游"的角色，两者角色互换，互动发展，共同打造区域旅游一体化大格局。杭州白沙村在发展初期依托太湖源景区发展农家乐，近几年农家乐通过文化加持、活动聚气，成功向高档民宿转型，多途径促进产业转型升级，从边缘走向核心，生态与产业协调发展。

（三）实现区域内乡村的差异化发展

核心景区周边乡村的历史文化和自然风光在很大程度上具有一致性，如果项目投资者缺乏创新能力和创新意识，容易出现同类型旅游产品的恶性竞争现象，造成市场低端发展。梳理乡村各种旅游资源，包括民居建筑、特色饮食、特色产业、民间技艺、民俗节庆、宗教文化等，明确开发等级和利用方式，将其转化为具有吸引力的旅游产品。结合市场需求和资源状况，抽离出具有代表性的核心形象，活化展示能够代表乡村文化个性的元素和资源，凸显乡村文化意象。通过政府或行业协会统筹规划、合理布局，乡村依托自身的优势资源，做到"一村一品""一村一特"，增强辨识度，差异开发和错位开发，实现区域内差异化发展。成都市三圣花乡按照每个乡村的不同产业基础，将城乡接合部的"垃圾村"连片开发，塑造成乡村休闲统一主题下的"五朵金花"品牌："花香农居""幸福梅林""江家菜地""东篱菊园""荷塘月色"，打造不同特色的休闲业态和功能配套，最终取得旅游市场的巨大成功。

（四）实现利益主体均衡化发展

休闲农业与乡村旅游相对于其他类型旅游来说，往往涉及更多的当地农民参与，政府、企业、村集体和农民等开发主体之间的利益均衡成为实现乡村地区旅游产业可持续发展的一个关键因素。休闲农业与乡村旅游的基础是农业，发展主体是农民。脱离和影响甚至破坏正常的农业生产活动和生态环境，就动摇了休闲农业与乡村旅游的根基。发展休闲农业与乡村旅游不能单纯地追求经济效益，更应关注乡村地区的全面发展，关注农民素质的提升，关注农业文化和民俗文化的传承，保障农民利益的实现，促进城乡共同发展。在休闲农业与乡村旅游开发和建设中，健全分配机制，明确权责和规范利益分配制度，充分考虑农民的利益；考虑农民的意愿和需求，引导农民参与其中，激发其主观能动性；正确处理旅游对乡村发展的正负面影响，尊重当地的生活习惯，传承乡村文化；正确处理农民生活空间与文化展示场景的叠加关系，兼顾农民生活空间的保护与文化展示空间的真实性，形成乡村文化生态的内部平衡。

五、典型案例分析

旅游景区周边的乡村，依托核心景区探索出了景区依托型的发展模式，全国各地因地制宜发展了很多成功典型。自然风景类旅游景区与周边的少数民族村寨实现互动发展，如安徽黄山的壮美山水与西递、宏村的古村落文化，四川九寨沟秀丽的自然风光与周边藏族村寨的生活习俗文化，湖南凤凰古城的历史文化与老洞村苗族村寨文化。还有北京市十渡镇依托十渡国家地质公园，山西省壶关县桥上乡依托太行山大峡谷自然风光旅游区，浙江省余姚市大岚镇依托丹山赤水景区，浙江省杭州市白沙村依托太湖源景区，四川省成都市青城镇依托青城山景区，西藏自治区定日县扎西宗乡依托珠穆朗玛峰自然保护区，河北省迁安市白羊峪村依托白羊峪景区，广东省信宜市旺将村依托天马山生态旅游区发展乡村旅游业，都是各地涌现出的成功实践。

经典案例：北京市十渡镇与十渡国家地质公园

十渡国家地质公园是房山国家地质公园的核心区之一，"世界地质公园——十渡园区"是4A级旅游景区，以观光、娱乐、休闲、科教、康体为主，覆盖十渡镇全部地区和张坊镇大部分地区。十渡镇地势西高东低，是太行山脉北段最高、最陡峭、最典型的喀斯特地貌岩溶峰林大峡谷。十渡镇因地制宜，依托十渡国家地质公园的资源优势，大力发展休闲农业与乡村旅游业，积极建设景区依托型文旅小镇，被北京市政府批准为市级旅游专业镇、市级风景名胜区。

核心景区与周边乡村互补发展。十渡镇休闲农业与乡村旅游在内容上选择以民俗村旅游为主，建设多业态组合开发的景区配套服务功能区，与景区之间形成了景区山水观光、户外运动体验、地质科普研学，民俗村品味田园、体验民俗、参与农事的发展格局。休闲农业与乡村旅游发展以"山上舍羊植树栽果，山下养鱼垂钓餐饮，田中精种观光采摘，户中民俗住宿旅游"为特色的多业态乡村参与体验，完成了对核心景区吃、住、行、游、购、娱旅游六要素配套功能的补充，努力把十渡镇建设成为以旅游业为主导的生态风景旅游镇。

民俗旅游初见成效。景区鼓励村民兴办家庭民俗旅游接待，房山统计信息网数据显示，截至2013年第三季度，十渡镇民俗旅游农户885家，经营户781户，民俗旅游经济渐成规模。十渡镇政府统计数据显示，景区内现在有117家农家院3套民宿，全镇还有100多户村民准备利用自家闲房建设民宿，

2021年旅游旺季前，景区周边的马安、西太平、东太平、卧龙等村将新增29套民宿，民宿行业发展态势良好。[188]近年来餐饮业发展迅速，目前300余家农家餐馆按照自然村的分布坐落于景区内。依托核心景区，七渡村、九渡村、十渡村、西庄村、西河村等成为京郊著名的民俗旅游村，大多数村民经营乡村民宿。西河村素有"京郊流水养鱼第一村"之美誉，近年来连续举办水稻插秧节和水稻丰收节，弘扬中华农耕文明。2020年平峪村成功入选第二批全国乡村旅游重点村。

核心带动，谋划全域。2020年，房山区霞云岭乡、蒲洼乡、十渡镇联合开展"三乡联动"规划，十渡镇重点抓好西太平村、东太平村、卧龙村生态旅游以及马安抗日模范村建设，推出特色文创产品和情景体验产品，打造特色民宿重点项目。20世纪80年代以养羊放牧为生的西太平村，2016年谋划转型发展旅游业；2020年推出太平天池景区，解决景区住宿能力不足的精品民宿运营项目顺利落地，引进非物质文化遗产"老北京火绘葫芦"项目打造"太平福禄"文创IP；2021年成功举办首届水上汉服节活动，弘扬传统文化，促进文旅融合发展。卧龙村以产业为依托打造了中医药养生旅游驿站项目和黄花塌生态园，2019年成功举办卧龙黄花塌采茶节，弘扬中医药文化，普及中医药知识。"抗日模范村"马安村形成以"红"带"绿"，以"绿"托"红"的发展理念，全力打造"平西古寨·红色马安"休闲旅游精品村。

十渡镇的休闲农业与乡村旅游，凭借十渡国家地质公园的核心吸引力，实现与景区的互补性定位，引导早期的农民自发行为走向规范化、规模化发展，是我国休闲农业与乡村旅游的典型发展轨迹。

经典案例：杭州市白沙村与太湖源景区

浙江省杭州市临安区太湖源镇白沙村有10个村民小组，1 169人，是一个典型的山区村，森林覆盖率达97%以上，因太湖源景区坐落于白沙村而被称为"太湖源头第一村"，先后获得"全国生态文化村""全国绿色小康村""浙江省特色旅游村"等殊荣。

"卖柴火"转向"卖山货"。20世纪80年代初，村集体把1.2万亩山林承包到户，建立了以家庭经营为主的林业经营体制。[189]出于担心政策变化和急于求富心理，砍树、烧木炭、卖柴火成为当时村民的主要经济来源，山林很快变成光秃秃的荒山,生态遭到破坏,1988年和1990年的两次山洪让村民彻底觉醒,"不能再砍树了!"。20世纪90年代初,洪水过后,白沙村聘请临安市林业局的专家求发展之策,开始发展林业经济。依靠专家的科学种植管理技术,党员干部带头,白沙村村民转向"卖山货",即茶叶、竹笋和山核桃"三宝",白沙村全体村民齐心协力封山育林,逐渐形成"山下茶、山腰竹、山上山核桃"的复合经济林,提高山林的利用率。但山林经济靠天吃饭、不能拓展发展的局限性只能解决温饱问题,不能长期发展。

"卖山货"转向"卖风景"。1996年,联合国教科文组织官员考察白沙村时,提出开发生态旅游的建议。1998年,太湖源景区成功开发,白沙村率先在全国打出森林生态旅游的招牌,以当年的白沙村党总支书记夏玉云为代表开办出村里第一批农家乐,村委会引导村民走"发展休闲旅游、体验休闲农事"的致富路,转向"卖风景"。依托太湖源景区,白沙村大部分村民都经营农家乐,2010年已有农家乐经营户142家,床位4 000多张,主打经济实惠牌。农家乐主要解决游客们的吃饭、住宿问题,但村庄自然生态环境差,生活污水直接排入溪河,到访游客数量少,使其面临入不敷出的窘境。早期白沙村的旅游业发展属于典型的景区依托型,虽然具有一定的经济效益,但影响力不够。

转型发展与提档升级。发展高峰期,白沙村有211户开办农家乐、民宿,床位达7 000多张。村两委认为,要发展壮大旅游产业,必须改变业态。村两委带头,鼓励农家乐示范户率先转型,减床位、提品质,引导农家乐向中高端民宿转型,涌现出像主打茶文化的"鱼乐山房"等20多家风格各异的高品质民宿。白沙村先后又投资500多万元建起社区服务中心、中心广场、公园、停车场等公共服务设施。2021年元旦前夕,白沙村举办以"山居是福、别样年俗"为主题的太湖源山居年俗文化节迎接新年。白沙村推动山货市场改造,打造集民俗文化、民间艺术于一体的"白沙十二坊"文化体验长廊。[190] 2020年,白沙村接待农家乐住客28万人次,经济收入约8 500万元,带动全村80%的劳动力就业,白沙村成了声名远扬的"浙江农家乐第一村"。

近年来,作为山水休闲观光的太湖源景区风光不再,而白沙村的农家乐逐渐步入正轨,太湖源景区反而形成对白沙村的依赖。到白沙村民宿的游客会被推荐到太湖源景区游玩，太湖源景区与太湖源镇的农家乐与民宿经营者共享客源，共享收益，共同打造"太湖源山居"旅游品牌。白沙村旅游业的发展充分证明，休闲农业与乡村旅游是如何从边缘走向核心，走出了一条生态与产业协调发展的致富之路。

六、未来发展

景区依托型发展模式借助核心景区的辐射和扩散作用而起步，因地制宜地完善核心景区中缺少或缺失的功能，旅游市场的规模与质量依赖于核心景区的等级和知名度，景区＋村集体（农户）＋旅游企业等联合开发模式是必然趋势。休闲农业与乡村旅游并非一味地依赖于核心景区，而是在不断地完善自我，谋求转型、创新发展、提档升级，最终与核心景区融为一体，或逐渐削弱对核心景区的依赖作用。随着乡村旅游业的逐渐成熟，乡村可能升级为次核心，甚至替代核心景区成为新的旅游目的地，旅游业成为乡村振兴的特色产业之一。

第二节　城市依托型发展模式

城市也叫城市聚落，一般包括了住宅区、工业区和商业区，并且具备行政管辖功能。《辞源》中，城市是指人口密集、工商业发达的地方。在马克思看来："城市已经表明了人口、生产工具、资本和需求这个集中的事实。"列宁将城市比作现代历史前进的火车头。[191] 学者们普遍认为，真正意义上的城市是工商业发展的产物，是社会分工和生产力发展到一定阶段的产物。城市的出现，是人类走向成熟和文明的标志，也是人类群居生活的高级形式。中心城市和城市群成为承载发展要素的主要空间形式，中心城区人口规模越大，意味着这座城市集聚资源要素和辐射周边的能力越强。国家统计局官网信息显示，2021年年末，我国城市数量达691个，常住人口城镇化率为64.7%。

第七章
休闲农业与乡村旅游的开发模式

20世纪，农业、农村和农民为现代工业和城市发展作出巨大贡献。进入21世纪，统筹城乡发展成为国家发展战略，从"农村包围城市"到"城市带动乡村"，我国发展战略的基点由农村转入城市。乡村产业振兴要以城乡高质量融合为依托、以城乡协同绿色创新为抓手，拉动乡村产业发展多类型融合业态，推动乡村产业转型升级。休闲农业与乡村旅游成为调整乡村经济结构、实施旅游产业扶贫、引领乡村产业高质量发展的重要途径之一。为满足城市化和工业化进程中人类对自然环境的强烈需求，在区位因素结合最好的地区，通常是城市近郊或其邻近地区，融于乡野自然山水之间的旅游活动应运而生。逃出雾霾、逃出城市，人们开始追求一种回归自然、自我参与式的旅游活动，休闲农业与乡村旅游在城市近郊首先发展起来，且发展速度引人瞩目。

一、概念界定

环城市周边休闲农业与乡村旅游发展起源于北京大学吴必虎教授提出的"环城游憩带"理论，在环城区域形成环城市乡村旅游圈，旅游成为环城市乡村的主要功能之一。众多专家学者对此种发展模式的叫法不一，如"依托城市型""城市依托型""环城市型"等，本书统一采用"城市依托型"。

为逃避工业化带来的污染问题、城市化带来的快节奏生活方式，为满足城市居民的旅游需求，环城市区域乡村在现有农业和现代农村聚落景观的基础上，融入科学技术、文化创意、体验活动等而发展各种乡村旅游活动。城市依托型发展模式，通常是毗邻城市地带或其邻近地区，以大中城市为潜在市场，凭借一定的农业基础，主要通过人工构造农业景观来发展乡村旅游业的模式，是地域发展模式之一。[159] 大中城市经济发达、人口密集、旅游市场规模大，凭借城市强大的经济实力，向旅游者提供从农业观光、娱乐到休闲、度假的全套服务。城市依托型休闲农业与乡村旅游大多以周边大中城市客群为主，平日则以本地居民为主，一般距离依托城市不超过10千米，区位条件好、交通便利，是我国城市工薪阶层休闲旅游的现实选择。近距离旅游成为城市居民周末度假的重要方式，具有重游率高、忠诚度高等特点。

二、理论基础：环城游憩带

20世纪90年代，城市居民以城市周边为目的地的近距离旅游日益增长，国内学者逐渐开始关注大城市的周边旅游，如吴国清、邵黎明分别对上海郊区旅游，吴必虎等对长春城市游憩者，李九全对西安环城旅游等进行研究。[192-195] 国外文献反映出西方学者对环城游憩带的研究早于我国20多年，且区别于我国环城游憩带现象。英国城市规划学家霍华德（Ebenezer Hward）于1898年在其著作《明日的田园城市》中提出田园城市的概念，环城游憩带理论思想则起源于"田园城市"模型。

1998年，北京大学吴必虎教授在其著作《区域旅游规划的理论与方法》中初次给出环城游憩带（ReBAM）的概念。2001年，吴必虎教授对上海市郊区旅游开发进行了实证研究，进行了环城游憩带概念界定及系统的理论总结，初步建立起规范研究的框架。吴必虎教授等认为，环城游憩带即环大都市游憩活动频发地带，位于大城市郊区，主要为城市居民及部分外地旅游者光顾的游憩设施、场所和公共空间。环城游憩带区位是土地租金和旅行成本获得平衡的地段，主要受城市居民的近距离游憩需求、旅游开发商投资偏好和政府的政策激励等三个方面因素影响，是发展中国家尤为明显的一种旅游开发空间结构。[196-197] 部分学者对环城游憩带展开了相关研究，张金霞对武汉，宋雪茜、黄萍对成都，周继霞、苏维词对重庆环城游憩带的乡村旅游发展进行了实证研究与评价[198-200]；李露基于环城游憩带视角对成都都市休闲农业的景观营建进行了实证研究[201]，卢小丽、成宇行对影响环城游憩带乡村旅游发展的因素进行了综合性评价。[202]

环城游憩带把休闲农业与乡村旅游纳入统一发展规划中，在郊区乡村开展的游憩活动成为居民生活重要的组成部分。休闲农业与乡村旅游的主要客源来自所依托的城市。环大城市周边的乡村凭借地缘优势和便捷的交通，逐渐形成乡村旅游休闲度假带。环城游憩带为大城市周边乡村的旅游发展提供了政策、资源和市场的保障与支持，成功的乡村旅游地发展为区域的增长极，成为环城游憩带上的亮点。休闲农业与乡村旅游作为环城游憩活动的重要分支，应该从城乡规划和可持续发展的整体角度开展研究，符合市民环城游憩活动的规律和特征，在景观营造与模式选择方面充分考虑自然资源和农业资源的分布规律。

三、发展条件

大城市具备需求稳定而庞大的都市客源市场，在其周边形成了数十到上百千米的环城游憩带。环城市区域可做的项目很多，有些项目由于体量大、投资大，需要巨大市场的腹地支撑，也只有在大城市周边、经济发达的地区才有发展空间。拥有适当交通距离和良好交通条件的乡村借势周边城市而发展，良好的区位优势表现出对城市人群的巨大吸引力，吸引城市居民前往。随着交通条件的改善，环城游憩带呈逐渐扩大的趋势。中国的城市也面临由传统城市向现代城市转型，否则，城市无法辐射和带动乡村的发展。

能够成功带动周边乡村发展旅游业的中心城市需具备如下条件：经济发展水平高，以一线、新一线为代表的头部城市；具有自我发展的创造力，人口聚集能力强，能够积聚高端人才；人口规模大，具有稳定的客源市场；拥有较高人均可支配收入和人均GDP，当地居民具备一定的消费能力；城镇化和工业化水平高，当地居民具有到周边乡村去休闲的迫切旅游需求；具有休闲传统和一定的休闲基础，出游活动丰富而频繁；具有区域联动的辐射力，具有变革乡村的影响力，城市和乡村协调发展。以中心城市的客源市场为出发点，挖掘乡村特色文化和特色资源，打造特色鲜明的乡村旅游体验地。

中心城市周边适宜发展休闲农业与乡村旅游的乡村需具备如下条件：毗邻大中城市，与城市间有适当的交通距离，以距离市中心约1～2小时车程为宜；目的地交通便捷，可进入性强；经济发展水平较高，具有吸引投资商的能力；具有一定的农业基础和特色农业景观，或带有地域特色的民俗活动；价格低廉，旅游服务设施完善；参与经营的村民具有两栖性，从事土地经营和旅游业相关工作。具备条件的乡村要积极承接中心城市的旅游休闲功能，开发休闲观光型、农事参与型、采摘品尝型、民俗体验型等旅游产品，满足城市居民的休闲需求。距离市中心较近、旅游资源丰富、富有地域特色的地带休闲农业与乡村旅游的成功概率最高。

四、发展要点

现代城市作为旅游目的地，具有巨大的吸纳能力，同时也向外输出客源，环大中城市乡村地区有针对性地开发休闲农业与乡村旅游项目是一种自然的选择。像上海、大连等商业城市，在城市周边乡村发展休闲农业与乡村旅游，可以有效地改善其文化形象，冲淡城市固有的商业味道，提高城市的旅游文化品位，增加城市的旅游综合魅力。[203] 此类休闲农业与乡村旅游项目应不断完善软硬件设施，保持时时创新，提高服务质量和品牌效应。

（一）"1+3"综合发展模式

城市依托型休闲农业与乡村旅游的目标群体以周边大中城市居民为主。有别于城市景观，全国各地具有地方特色的乡村景观是能够吸引城市居民前往的核心吸引物。环城市乡村独特的区位为其发展旅游业创造了良好条件，环城市乡村旅游"1+3"产业模式诞生。"1+3"产业模式即乡村观光与乡村度假、现代农业、乡村商业，四个产业部门相互融合与依赖。保护乡村景观是"1+3"产业模式存在的必要前提。[204] 基于乡村特色风貌的农业、旅游业、商业"三业合一"发展模式，三大产业集群多数都是围绕旅游活动开展。环城市乡村以农业为基础，向二、三产业延伸，以旅游业、商业等二、三产业为基础，促进第一产业发展，三个产业间相互联动、相互渗透，探寻乡村地区的产业链构建。

（二）打造生活化场景

贴合城市居民休闲度假需求，将在地传统文化以生活化的场景呈现，打造都市休闲及亲子娱乐产品。挖掘周边乡村的在地文化传统，导入符合城市居民偏好的时尚休闲、品质度假、家庭游乐等业态，打造城郊休闲旅游目的地。添加现代元素要注意适度，要防止城市化、工业化和景区化，保留农村文化景观，尤其是保留活的文化形态。

（三）政企合作谋发展

政府要强化环城游憩带旅游业的统筹发展，加大在项目、政策、资金等方面的扶持力度。政府牵头编制环城游憩带的旅游发展规划，并做好与依托城市发展规划的衔接。政府要推动环城市旅游圈向旅游与文化、科技、创意等相融合转型，推动低层次的观光游向观光与休闲、度假、康养等相结合的方向转型。企业在政府规划引领下，充分发挥市场优势，大力发展亲子游、家庭游、自驾游等乡村旅游产品，引入文创、科创等衍生产品，完善旅游服务设施，提升服务水平，延长游客逗留、游玩时间。政府和企业联手培育大旅游格局，充分发挥双方的资源优势，降低和分散风险。

（四）与环城游憩带旅游规划相衔接

依托于大中城市的区位优势和市场优势，在环城市周边地区发展具有观光、休闲、度假、娱乐、康体、运动、教育等功能的产业，形成规模较大、发展较好的环城游憩带。休闲农业与乡村旅游作为环城游憩带的重要组成部分，要贴合城市居民的休闲度假需求，编制专项旅游发展规划。专项旅游规划要围绕依托城市的功能定位，考虑与环城游憩带旅游规划相衔接，因地制宜开发富有在地特色的乡村旅游体验活动。区域内乡村依托独具特色的在地文化，打造自身的旅游吸引核，实现区域内的差异化定位。

五、典型案例分析

毗邻大中城市的乡村，依托城市的区位优势、市场优势探索出了城市依托型发展模式，全国各地涌现出了很多成功案例，如苏州"未来农林大世界"，珠海"现代农业公园"，南京"江心洲葡萄园"，上海"孙桥现代农业开发区"，北京"灿烂阳光少儿农庄"等。成都的农家乐、北京的民俗村是我国城市依托型休闲农业与乡村旅游发展的典型代表。

典型案例：成都城郊休闲农业与乡村旅游

中国休闲之都，全国最会享受生活的城市，一座来了就不想离开的城市，这就是成都。休闲是成都的一种生活方式，喝茶、搓麻、聊天、掏耳、吃火锅、品美食等休闲活动使其成为全国茶馆数量最多的城市，也成就了成都发达的餐饮业。周末，居民驾驶私家车从市区奔向风景秀丽的周边，享受大自然、享受生活的情趣，因此带来成都周边旅游业的发达和兴旺。

农家乐起步。成都的休闲农业与乡村旅游始于20世纪80年代末的农家乐。农家乐以农户家庭经营为主，娱乐活动以吃农家饭、赏花摘果、麻将棋牌、喝茶聊天等为主，是成都市民周末大众化休闲方式之一。由于省委领导题名"农家乐"，并确立"先发展后规范"的指导思想[81]，农家乐得到迅速发展。进入21世纪，农家乐几乎遍及整个郊区，成为四川乃至西南地区休闲农业与乡村旅游的典型和缩影。

农家乐快速发展。随着农家乐的快速发展，以家庭经营为主的农家乐起点低、档次不高、缺乏特色、同质化严重、环境污染等问题日益暴露，呈现出"大规模扩展，低水平发展"的状态。外来者投资经营比重逐渐增加，导致早期的经营农户旅游收入下降。2000年，郫县农科村有60户经营户，外来经营者占10户；到2003年，经兼并重组后，20多家经营户中外地经营者占到了40%，这些农家乐规模大、设施好、位置优，经营收入占全村的70%以上，"飞地化"现象显现。[94]再加之旅游者对休闲农业与乡村旅游提档升级的需求和激烈的市场竞争，成都农家乐及时调整发展思路，积极探索转型升级。2016年，郫县农家乐发展30年，当地以农家乐为基础建成3个国家4A级旅游景区，3个3A级旅游景区，形成以花牌村等10个休闲农业与乡村旅游示范村、300余家特色农家乐和51家乡村酒店为支撑的乡村旅游发展格局，荣获全国休闲农业与乡村旅游示范县等称号。[205]

农家乐转型发展。成都的休闲农业与乡村旅游一直在变化创新，从初期以吃农家饭为主的农家乐1.0版本，升级到农家乐+游乐业态的2.0版本，增加了骑游、垂钓等更多娱乐活动，目前进入3.0版本，其软硬件环境得到提升，注入文化内涵，融入生活美学，提升到生活方式层面。农家乐旅游发源地农科村在经历发展、繁盛、低谷后，2018年开始全面的提档升级，友爱街道引导龙头企业与村集体合作成立了成都农科村景区管理运营有限公司，以平台公司推进泛农科村4个村的整体旅游度假打造。龙泉驿区政府每年拿出近百万元举办"桃花节",后又宣传策划了"赏果节""花博会",推动传统农家乐向特色民宿升级,2020年进一步启动实施民宿发展三年行动计划,按照"一宿一品"的发展思路,打造"天府桃花源"民宿品牌。青城山镇政府积极引导传统农家乐向"特色、精品、高端"民宿转型,打造青城山高端民宿产业集群。三圣乡部分农家乐已转型为艺家乐,传统农家乐创新叠加出文化、国学、养生、音乐等多种艺术形态。时代在发展,成都的乡村在变革、在转型、在创新,是成都这座包容性极强的城市孕育并推动了这股求变的精神。

六、未来发展

城市依托型发展模式是休闲农业与乡村旅游发展初期的重要模式之一,依托城市的巨大客源市场而起步。由于早期城市居民可支配收入还不足以支撑长距离、多目的地或长滞留的出游方式,因此出游半径多集中在大中城市郊区,休闲农业与乡村旅游者的出游行为规律也遵循近城原则,在环城游憩带内选择乡村休闲度假旅游目的地。[206] 然而随着乡村地区旅游业的持续推进,大中城市郊区原先的魅力渐失,区位优势和客源优势不再,逐渐沦为城市居民周末短途旅行地。由于居民可支配收入的增加、国民休假时间的延长、交通工具的迅速便捷,旅行打破时间、空间和费用的限制,资源条件结合得好的乡村地区将拥有良好的发展前景。依托特色资源发展休闲农业与乡村旅游,对旅游者吸引力极大,旅游者数量必将持续增长,今后市场选择会越来越广阔。

第三节 产业带动型发展模式

"特色"是一个事物所特有的区别于其他事物的本质属性,是历史的积淀、文化的传承,是由其赖以产生发展的特定环境所决定的。特色产业是具有比较优势的产业,体现了特定地区经济发展逐步演进的过程,要以"特"制胜。特色产业的理想状态无疑是产业在一定范围内的集聚。比如国家火炬特色产业基地，据了解，国家火炬特色产业基地是国家火炬产业基地内容之一，近年来正呈加速发展态势，截至2023年年底，全国的国家火炬特色产业基地已超过400余家。国家火炬特色产业基地已成为高新技术产业规模化、特色化和集群化发展的重要产业集聚地。又比如优势特色产业集群建设，2020年农业农村部、财政部批准建设50个联农带农紧密的优势特色产业集群，推动产业形态由"小特产"升级为"大产业"，空间布局由"平面分布"转型为"集群发展"，主体关系由"同质竞争"转变为"合作共赢"。2020—2023年，全国共创建180个国家级优势特色产业集群。截至2020年年底，全国范围内已有34个优势特色产业集群主导产业全产业链产值超百亿，部分已超500亿元，吸引近900家省级以上农业产业化龙头企业、超过800家省级以上农民合作社示范社和250多个农业产业化联合体链条共建、渠道共享、品牌共创。[207]"十四五"期间，农业农村部、财政部将统筹谋划优势特色产业集群建设，加快构建现代乡村产业体系，助力乡村全面振兴，实现农业农村现代化。

每个地区都有自己的优势特色产业，如山东的蔬菜产业、云南的花卉产业、广东的金柚产业、吉林长白山的人参产业等，这些产业体现了区域的特色和优势，凝聚着祖辈的心血和汗水，承载着世代的希望和梦想。除了具有一定知名度的产业资源，还有大批特色品种亟须扶持和保护，如河北省青龙满族自治县的安梨产业，这些传统品种产业链条短、增值空间小，带动农民增收的能力有限。本书的产业带动型仅限于发生在乡村地区的联农带农紧密的特色产业。

优势特色产业与区域经济发展的关系是密切而复杂的，关键就是处理好优势特色产业发展与区域产业结构优化的关系，使得优势特色产业与区域发展良性互动，形成相互促进、相互繁荣的区域关系。纵观国内外乡村文化旅游的发展历程，各异的地域特征与产业布局逐渐演变成以产业制造和主题文化旅游为核心的经济结构，[208]推动"产业+文化+旅游+教育"的发展模式，探索构建"农文旅教"一体化产业体系。依托优势特色产业集群建设，建设集种植、加工、商贸、休闲、旅游和文化推广于一体的特色产业主题游，打造全国的主题产业游版图，培育旅游新名片。

一、概念界定

我国地大物博,农业种植历史悠久,造就了独特的地域景观,特色产业集聚效应凸显。以优势特色产业资源为基础,延伸产业链条,多环节融入旅游、休闲要素,转化为富有特色的旅游资源。依托特色产业发展起来的休闲农业与乡村旅游活动,可实现三产融合发展,重构乡村产业体系,其理论基础是产业融合理论,产业融合理论在前面章节已详细阐述,在此就不再赘述。众多专家学者对此种发展模式的叫法不一,如"产业带动型""特色产业带动型""产业经济依托型""产业依托型""产业庄园型""特色庄园型"等,本书统一采用"产业带动型"。

产业带动型休闲农业与乡村旅游是以产业化程度较高的特色产业为依托,拓展产业的旅游、休闲等功能,开发"农业+旅游"产品组合,带动农副产品加工、餐饮住宿服务等相关产业发展,促使一产接二产连三产,实现农业与旅游业的协调发展。以旅游村镇、专业合作社、产业企业、产业大户等为主体,兴建特色产业观光生态园、现代农业园区、产业庄园、休闲农庄、科普农园等,这类农业产业园既是进行科学化农事生产的基地,也是提供旅游六要素的服务性企业。

产业基础比较好,有景观价值和产品价值,具有农旅融合可能性的产业,可以发展农旅合一的农业产业园、特色农业小镇、田园度假区和田园综合体等。[173] 产业文化比较有代表性的乡村可以作为核心村,保护和展示传统农耕文化,推动现代农业发展。

二、特色产业与旅游业关系的探讨

要想发展休闲农业与乡村旅游,先要解决产业的问题,再考虑旅游发展的问题。休闲农业与乡村旅游是依托于一、二产业基础上的旅游业,没有产业支撑的乡村旅游业是空洞无味的。农业中有些产业部门与旅游业是相互促进的,比如大部分林果类可以开发赏花与采摘,可以相互借势,促进发展。而农业中有些产业部门与旅游业是相互对立的,如花卉类的某些品种,实现了观赏价值，其自身的产业价值就会消失。农业与旅游业融合发展，首先要理清产业关系，围绕产业关系合理匹配产业资源才能够实现真正的融合。从某种意义上说，休闲农业与乡村旅游只是实现乡村经济发展的一种途径，如果没有产业依托，旅游将很难实现可持续发展。[209]

（一）相互促进的产业关系

开花季节发展赏花经济，收获季节发展采摘经济。对于林果类的梨树、杏树、苹果等，中药材、花卉等开花时节，可以举办赏花节，秋季举办采摘节，农作物生长过程中可以增加一份额外的收入。当然举办赏花节、采摘节并非仅仅局限于微薄的门票收入，更重要的是对产业及深加工产品进行宣传，扩大产业的知名度，把旅游变成优势特色产业产业化上的一个重要环节。

旅游收入有限，但能带动产业的提升。比如河北省秦皇岛市昌黎县和卢龙县的葡萄酒庄旅游，多数游客是对葡萄酒产业的认知和酒庄、酒堡观光，在观光过程中购买葡萄酒的少之又少，但通过葡萄酒文化的宣传和感知，催生了品酒会、窖藏酒的发展，能够带动红酒的消费、红酒的窖藏，能够带动葡萄酒自身品牌价值的提升。以葡萄酒产业为基础的旅游虽然并未带来可观的收入，但能增加葡萄酒产业的总体价值。

旅游收入有成效，但带动产业能力有限。比如河北省秦皇岛市青龙满族自治县官场乡的梨花节从2008年开始举办，至今已成功举办10余届，形成品牌节庆，依托梨花节发展起来的农家乐旅游已成型多年，挂牌农家乐定点户30余户。在梨花节期间多为免门票，游客们一般在中午会选择农家饭，选购农家土特产，过夜的游客少之又少，很难产生二次消费，对当地农户增收、村镇发展有一定成效，但十分有限。在梨花节上很少看到与安梨相关的衍生品，仅是基础的乡村游产品，梨花节过后几乎很少有游客再次到访，对安梨自身品牌价值的提升空间也有限，品牌节庆的如火如荼与产业发展的困境形成鲜明对比。

（二）相互对立的产业关系

对于花卉类，如果发展赏花经济，在一定程度上会影响产业的收益。比如花卉中的玫瑰花，鲜切花及玫瑰精油均为含苞待放的花蕾，如果发展赏花经济，开败的玫瑰花则无法再出售，会影响玫瑰花种植户的收益。对于野生花卉和野菜类也是如此，有些野菜，比如婆婆丁，鲜食的是未开花的嫩茎，如果发展赏花经济就无法出售鲜食野菜。近几年，国内出现了很多农田花海，产品同质化现象严重，花期只有短短的十几二十天，且维护费用极高，如果不能向加工流通业延伸，单纯的观赏价值并不比土地上的原产业价值高出多少，甚至还可能低于原产业价值，使土地的产出价值大打折扣。

对于相对立的产业关系，可以采用分区的方法进行处理。可以选择一定比例的面积打造花田景观，比如一万亩中拿出五十或一百亩作为观赏区，打造万亩花海的效果，而其余的部分正常发挥原有的产业价值。观赏经济可以获得门票收入及相关旅游产业要素的增收，还可以提升花田所在地的美誉度，提高产业的知名度，干花类、护肤品类、文创类等衍生品就地出售，减少流通环节，引导一产向二、三产业延伸。

（三）总结

时下热捧的花卉旅游，只是利用短暂的几天至十几天的花期发展赏花经济，花期过后无人问津，远不能发挥土地的产出价值。花海景观如果仅是景观观赏，没有一、二产业的支撑，不能有效改变土地单位面积产出低的问题；单纯的农业产业，如果不进行后续二、三产业的延伸和开发，很难有效解决土地单位面积产出低的问题，总之，单纯的农业产业或单纯的农业景观游览很难满足农业产业的发展需求。

三、发展条件

除了农业农村部、财政部批准创建的优势特色产业集群，各地还有大量省级、市级的优势特色产业。以特色产业为基础，以各类园区为载体，利用围绕特色产业所形成的农田景观、生产活动和产业文化，以及农业资源环境，而发展农业旅游活动，既能体现生产、经济功能，还具有生活、生态功能。[210]

发展产业依托型休闲农业与乡村旅游的乡村需具备如下条件：农业产业

基础较好，具有一定规模经济基础的种植与养殖、以种植与养殖为依托的农产品加工、多样的乡村景观和丰富的旅游体验等；具有生产某种特色产品的历史传统和自然条件，特色产业具有一定的品牌效应和知名度；具有一定数量、一定级别的龙头企业，产业化程度较高，产业带动能力强，市场需求旺盛；交通通达性强，能够吸引大型涉农企业或旅游相关企业等投资主体进驻；政府对特色产业出台专门的政策文件，促使产业集群形成规模。

四、发展要点

传统乡村产业的纵向关联发展较弱，农业生产以农产品为最终产品，深加工水平较低。依托特色产业生产发展休闲农业与乡村旅游，建设集农事生产、农业研发、农产品销售、农业交流、科普教育和休闲旅游于一体的现代化农业园区，将有力推动乡村产业经济一体化发展。[148,211] 以特色产业为依托，完善产业链条，强化产业优势，加速产业带动，如有打造旅游吸引力的基础，可导入旅游业，建设"小而精"的生态农庄、农场、农业园区等，深入挖掘特色，向精深加工拓展，融入创意，提升品质。

（一）围绕特色产业开展旅游活动

继续依托特色农业景观，如果园、竹林、花海等吸引旅游者，发挥景观审美功能；依托农业科学技术发展起来的现代农业园区，发展特色产业体验游；发现和挖掘本土历史文化与当地特色资源，如草编、雕刻、泥塑、手工艺品、地方曲艺和历史传说等，融入创新创意，推出体现乡村文化特色且具有现代元素的乡村旅游商品。[138] 充分发挥特色产业所在地的生态环境、文化底蕴、特色产业等优势，可融合发展美食鉴赏游、节庆活动游、文博展馆游、乡村体验游、产业科普游、生态休闲游等多种旅游，推进农旅、文旅、工旅、康旅等多产业融合发展。

（二）建立产业生态博物馆

以地域范围内的特色产业基地、园区，以及企业、合作社和种植农户为依托，深挖特色产业的生态、绿色、健康等产业文化价值，创建产业博物馆，此博物馆并非常规的、陈列馆内的博物馆，而是活态的博物馆。博物馆是以产业为主题的主题博物馆，加以乡村田园综合体、现代农业园区、旅游小镇或特色乡村，包括产业文化展示区、休闲养生文化区、农家乐、体验园、主题农业公园等各具特色的主题展示区。通过筹建产业生态博物馆，挖掘产业的核心价值和文化内涵，对休闲农业与乡村旅游进行提质升级改造。

（三）设置产业主题体验活动

以产业小镇、现代农业园区以及高科技园区为核心，与旅行社合作，利用特色产业主题把文化元素注入所有旅游活动、消费项目，[212]开展形式多样的主题体验活动，打造产业文化旅游的典范。所有旅游活动目的地要非常精准地传递旅游主题及特殊资源——特色产业，从指引路牌、道路指示牌等指示系统，到垃圾桶、休闲座椅、游客中心的报刊亭等公共休闲家具，都是各式各样的产业主题形象，处处体现地方特色。以产业基地、园区为载体，设计产业主题研学、青少年科技创新活动、大学生社会实践活动等形式多样的科普与体验活动。每年定期举办产业文化节，节庆期间设置与特色产业相关的自然教育、美食DIY制作、户外徒步、生态环保等活动，更可以品尝各种乡村美食。

（四）研发产业主题旅游购物品

以特色产业为主题研发相关的衍生品作为旅游购物商品，助力区域产业品牌推广，让特色产业走向更广市场。划定专区设置"产业小集市"，出售特色产业的玩偶、装饰品及相关主题衍生品，以及本地的土特产品，也起到促销和宣传本地特产的作用。大力发展农产品精深加工，延伸产业链条，从果品鲜食、保鲜存放、干品制炼到成分提取制作美容护肤品和康体保健药品等一系列的生产、制作和包装技术。例如以樱桃为主要元素的文创产品，包括樱桃花、叶、果形状的胸针、头饰、手链等饰物，包装盒、包装瓶等外包装，樱桃房、樱桃帐篷、樱桃座椅等户外家具，书包、文具、拼图等儿童类用品，还有仿真樱桃、花卉盆景等文创产品。

五、典型案例分析

我国台湾地区自推出精致农业策略后,一直以"农+旅"为主要形式致力于乡村发展,如依托台湾苗栗县大湖乡的草莓产业、南投县信义乡的梅子特产、地震灾区桃米村以青蛙和蜻蜓为主的昆虫产业等发展起来的农庄旅游,多采取差异化战略;还有以奶牛为主的"飞牛牧场",以兰花为主的"宾朗蝴蝶兰观光农园",以香草为主的"熏之园",主题鲜明,创意十足,为我国休闲农业与乡村旅游发展提供借鉴。

山东省寿光县依托蔬菜产业打造蔬菜旅游项目,陕西省洛川县依托苹果产业做大旅游文章,云南省聚焦花卉文化,涌现出了丽江花色玫瑰庄园、大理张家花园、无量山樱花谷等以花卉为主题的旅游项目。产业依托型发展模式的典型还有,北京市大兴区庞各庄镇培植壮大特色西瓜产业,突出西瓜文化主题,发展西瓜小镇农旅融合项目,推动农旅融合发展;广东省梅县雁南飞茶田度假村依托优越的自然生态资源和标准化生产的茶田,以茶文化为主题,集茶叶生产、加工和旅游度假于一体。四川省成都市郫都区唐昌镇战旗村形成了以有机蔬菜、农副产品加工、郫县豆瓣及调味品、食用菌等为主导的农业产业和以五季花田景区为核心的旅游产业。有些产业因旅游而知名,比如河北省青龙满族自治县官场乡因梨花节而被大家知晓的安梨产业;有些产业化程度较高的产业尝试发展旅游业,如河北省平泉市的食用菌产业。并非所有的产业都要发展旅游业,要统筹考虑当地的发展基础,以及特色产业与旅游业的融合条件,区别对待。

典型案例:平泉市食用菌产业旅游发展

近年来,围绕"南果北菜全域菌"产业布局,平泉市持续调整优化种植业结构,形成了以食用菌为主,设施菜、林果业为辅的"一主两辅"特色产业集群。食用菌为平泉的主导产业和富民产业,也是承德市重点打造的10个县域特色产业集群之一。多年来,平泉市逐渐形成以香菇为核心,平菇、滑子菇等多品种相互补充、生长周期相互协调、草木腐菌并重、多模式周年生产、全产业链化的发展格局。[213] 截至2020年年底,全市食用菌生产面积达到6.5万亩,产量60万吨,产值62亿元,产业综合实力稳居全国县级第一,产品远销美、日、法等多个国家和地区。[214]

可依托的产业链条。多年来，平泉市高度重视食用菌产业发展，强力打造"中国菌乡"城市名片，食用菌产业成为产业特色优势明显、产业链条完整、带动能力突出、农民受益最多的特色支柱产业。平泉市食用菌产业自 20 世纪 80 年代末期开始起步，经过 30 余载的发展，壮大龙头力量，发展特色产业集群，提高品牌影响力。平泉市大力发展食用菌循环经济，引进玉米秸秆栽培蘑菇技术，推广废料再利用开发草腐菌等新技术，与中国农业科学院、河北农业大学等建立产学研合作关系，提高菌业科技含量，推动科技创新与成果应用推广。龙头企业差异化发展，如承德森源绿色食品有限公司的双孢菇立体化种植模式、蛹虫草发酵植物饮品生产线，河北燕塞生物科技有限公司不需要任何燃料的闭合产业链，承德金稻田生物科技有限公司的工厂化生产模式，希才菌业有限公司的反季羊肚菌技术推广，各企业积极探索各具特色的现代农业园区发展模式。食用菌产业发展带动包装、运输、机械制造、餐饮、信息等相关产业发展，进而又为产业发展提供设施支撑。

产业发展导入旅游业。为打破"规模大效益低"的产业发展瓶颈，平泉市启动中华菌文化产业园项目，坚持以文化提升为引领，挖掘中华菌文化，融合休闲、旅游、会展、创意等，实现产业发展多元化。[215] 依托中国平泉蘑菇博物馆进行科普教育，介绍食用菌相关基础知识及平泉食用菌产业的发展历程。平泉市成功举办中华菌文化节、国际食用菌烹饪大赛等食用菌主题节庆，特色活动精彩纷呈。平泉市开展食用菌休闲旅游活动较早，内容包括举办相关节庆、建立文化产业园，但仍存在顶层设计缺失、宣传不广泛、体验形式单一、纪念品无特色、餐饮价值待挖掘等诸多问题，旅游对产业的拉动效应远没有发挥出来。2020 年平泉市编制《全域旅游发展规划》，提出打造卧龙香菇等四个特色旅游小镇。

未来发展。恰当处理食用菌产业与旅游业的关系，合理配置产业要素，通过旅游发展带动平泉市食用菌产业的转型升级。依托食用菌产业布局与鲜明的地域特征，发展食用菌特色产业内容、食用菌康养、食用菌餐饮与食用菌文创等产业文化，使食药用菌文化日渐丰满，多环节融入旅游、娱乐、休闲要素，发展主题文化旅游。以家庭庭院、旅游村镇、合作社、现代农业园区、企业等为载体，兴建食用菌观光生态园、休闲农庄、科普农园、市民农园等，可参观、体验、科普，打造富有地方特色的食用菌产业旅游。

典型案例：青龙满族自治县官场乡梨花节

安梨属秋子梨系统，俗称酸梨，是梨属植物中最抗寒的品种，抗病性极强，有500多年的栽培历史，是东北及华北地区的古老品种。青龙满族自治县境内主要在官场乡、凉水河乡和八道河乡集中种植安梨，官场乡是著名的"梨乡"，官场乡"安梨"因乾隆御赐得名，现有盛果期梨树近16万株，年产鲜梨6 000吨。官场乡从2008年开始举办梨花节，已成功举办至今，形成该县的品牌节庆。由于安梨品种口感较差，再加上冬季丰富的鲜食水果，出现了"花好看，果难卖"的尴尬局面，由于销路不畅，价格低迷，安梨树的种植面积急剧萎缩。

安梨的产业化运作。2016年，在河北科技师范学院常学东教授的引荐下，官场乡政府和燕禾泉公司签订安梨种植基地合作建设协议，在山岭高村建有万亩安梨种植基地，开发安梨汁、安梨酒等深加工产品，按市场保护价收购安梨鲜果。2017年8月，青龙满族自治县政府与河北科技师范学院及安梨深加工企业联合举办了"2017青龙满族自治县安梨深加工项目对接会"，共谋产业发展。2018年4月，在凉水河乡救军炮村安梨基地举行"河北科技师范学院产学研合作示范基地暨安梨项目招商签约仪式"，主导振兴安梨产业、振兴乡村发展，共同探讨如何打破安梨产业发展的困境，如何构建安梨产业的可持续发展链条。只有政府、企业、种植户合作，高新技术引领，才能形成安梨产业发展的保护力量。

构建旅游全产业链。乡村旅游活动为迎合游客需求而开展，很容易满足游客的消费诉求，而通过休闲农业与乡村旅游如何促进安梨产业的发展，如何满足地区发展的诉求，需要产业化的推进，需要尊重地方自然环境、提炼地方历史文化，设计具有鲜明特色、延续地方发展脉络的旅游主题，形成区域旅游产品的差异性竞争优势。青龙满族自治县以安梨为主题，提升乡村旅游的档次、构建旅游产业链条，使传统的农业种植向农业生产、农产品加工、现代服务业一体化升级，打造出集生态环保、休闲度假、健康养生、文化娱乐等多功能于一体的家庭体验式旅游目的地。

开发安梨产业旅游。青龙满族自治县在安梨产业链条的各个环节应充分与第三产业融合，种梨树、赏梨花、品梨果、购梨（通"礼"）物，构建以安梨为主题的乡村旅游产业链，通过以安梨为主题的旅游发展提高安梨产业的知名度。首先在吃、住、交通等单品要素上附加个性化服务，如安梨主题民宿、安梨传统美食；其次是深度的产品创新和独特的产品体验设计，如安梨花、茎、叶、果等为题材的系列衍生品，安梨形状的包装盒、瓶、罐、袋等；最后，培育以安梨为主题的梨花节、采摘节、美食节等旅游节庆，深挖地方特色，提高产品档次。

未来发展。众多乡村在寻找适合自身发展的道路，安徽阜阳南塘村的合作社之路、河南信阳郝唐村的"经营乡村"理念，探索乡村内在激活机制，持续地为乡村创造生产力。以安梨产业为主题构建休闲农业与乡村旅游产业链，产生联动效应，让年轻人回归乡村，让原住民留在乡村，让特色产业孕育地成为"活着"的乡村。

六、未来发展

随着我国农业生产从高速增长向稳步增长转移，产业调整进入新常态，新常态下我国农业产业发展面临如何转型的问题。从产业宽度、深度出发，延伸产业链条，探索特色产业与旅游观光要素的融合路径，为企业和产品注入文化内涵，为行业再谋发展。在国家乡村振兴战略背景下，基于各地的资源禀赋和产业基础探索主题农业旅游的多样形式，推行产业+文化+旅游的推动模式，优势特色产业与旅游业协调发展，全力做好优势特色产业的全产业链构建，带动"产业再造"。

第四节　创意主导型发展模式

创意是创造意识或创新意识的简称。《现代汉语词典》将其解释为："有创造性的想法、构思等"。国际著名广告大师詹姆斯·韦伯·杨（James Webb Young）在其著作《创意》一书中将创意解释为"旧元素、新组合"。创意并非"无中生有",而是通过独特的想法和手段对资源、要素进行整合呈现,以达到出人意料的效果,创造出惊人的社会价值。创意具备思想性和新颖性的特征,是一种出奇制胜的突破,是对现有产品、作品、技术、艺术、营销、管理、体制、机制等方面认识的突破。创意与行业和领域都无关,无处不创意。从某种意义上来看,创意产业是一种发展模式的创新,是对传统产业发展逻辑的颠覆、对产业结构的优化和综合竞争力的提升。创意和创新逐渐成为推动经济增长的主要因素,全球创意经济时代已经来临。我国旅游业发展亟须转型提档、旅游产品层次亟须提升,用创意思维革新旅游形态具有特殊价值,能有力促进旅游业的深层次变革。

旅游产业发展视角下的"创意 + 旅游"着重强调创意思维或创意元素在旅游领域的延伸及运用。创意产业与旅游产业相互需求,创意内容展示需要原住民和游客作为观众,也需要承载多元文化的游客为创意提供丰富的人文创意元素;[216] 旅游产业需要融入创意元素推动产业提档升级,对于旅游景观泛滥、空间重复、旅游产品同质化等旅游文化"机械复制"问题,"创意转化"带来破解新契机。[217] 创意旅游是创意产业与旅游产业的融合,以知识和创意为引领的旅游新形态日益受到重视,用创意产业的思维方式和发展模式整合旅游资源、创新旅游产品、构建旅游产业链,重塑旅游产业体系、引导旅游消费新潮流。[218]

一、概念界定

2000 年,旅游及休闲教育协会(ATLAS)在葡萄牙的一次学术交流活动上,新西兰学者格雷·理查德(Grey Lichards)与克里斯宾·雷蒙德(Crispin Raymand)最早提出创意旅游概念,并最早在新西兰付诸实践[219]。国内学者厉无畏等[220]、冯学钢等[219, 221] 较早对创意旅游的概念界定、特征属性、发展条件、融合提升等进行了阐述。厉无畏等认为,创意旅游是创意产业对旅游业的革新和提升;冯学钢等认为创意旅游以旅游者与旅游目的地之间的创意性互动为核心要素。国外学者多把创意旅游视为一种旅游形式或旅游产品,国内学者多从行业或产业角度出发,认为是创意产业的衍生品。基于此,国内涌现出了"文化创意产业""旅游创意产业"等提法。众多专家学者对此种发展模式的叫法不一,如"创意带动型""创意主导型""创意示范型""创意开发型"等,本书统一采用"创意主导型"。

创意主导型休闲农业与乡村旅游是以乡村资源为基础,以创意理念为指导,运用创意手法整合乡村资源,延长旅游产业链条,实现乡村旅游目的地的可持续发展。目前,乡村丰富的文化资源和独特的地域文化并未得到有效开发和转化,通过独特的文化创意,放大乡村资源优势,塑造乡村独特的 IP 体系,培育独具特色的乡村文旅项目,激活乡村旅游全产业链,打造让游客可感知的乡村氛围和旅游环境。

二、理论基础:创意经济理论

创意是创新的起点,创新开发是创意的延展。奥地利经济学家 J. A. 熊彼特在 1912 年出版的《经济发展理论》一书中首先提出了创新的基本概念和思想,形成了最初的创新理论。党的十八大提出实施创新驱动发展战略,提升创新能力和效率。进入大众旅游时代,在产业转型升级背景下,需要用新理念、新思维将旅游要素融入更多领域,推动"旅游+"发展。困境之下,科技创新、文化创意等逐渐成为现代旅游业发展的新动能,以创新驱动重塑旅游业。

创意经济起源于文化产业。[222] 20 世纪 40 年代,法兰克福学派的学者提出了"文化工业"体系的说法;70 年代,美国学者丹尼尔·贝尔提出了"文化产业"的概念;到 80 年代,文化创意产业应运而生,文化创意产业是文化产业发展的新阶段。1998 年,英国政府出台了《英国创意产业路径文件》,一般认为英国是第一个提出创意理念的国家,也是全球最早提出"文化创意产业"概念的国家。之后,联合国教科文组织将创意产业定义浓缩为"创意的产业化"。随后,许多国家和地区开始重视对文化创意产业的研究和发展,目前国际上主要存在"文化产业""创意产业""文化创意产业"等叫法,美国称为版权产业,日本称为感性产业。

在文化产业范畴内,有关"创意"的理论研究兴起于世纪之交,英国学者约翰·霍金斯于 2001 年出版《创意经济》，2018 年出版《新创意经济 3.0：如何用想法点石生金》，还有美国学者理查德·E. 凯夫斯（2004）等众多西方学者，从思维层面定位"创意"的内涵。[223]亚洲地区文化创意产业起步晚于西方，国内学者如崔义中的《创意学》（2002），厉无畏的《创意改变中国》（2009），以及王铁军的《创意经济学》（2012）等系列专著，普遍认为文化是创意活动的基础，创意活动的目标是创新文化内容，研究主要是将创意理论体系化，具有学科化的倾向。文化创意产业不仅只是文化产业的一种，而且是"文化＋智力（创意）＋科技"这三者深度结合而形成的产业集群。以创意和文化为手段对文化资源进行整合、优化和再创造，将无形的文化转化为具有巨大经济价值和社会效益的产品和服务。

三、发展条件

从文化意义上说，创意旅游是地区文化交流的一部分。[224]创意主导型发展模式扩展了休闲农业与乡村旅游涵盖的资源范围，以丰厚的乡土文化为基础，为乡村旅游目的地创新发展提供了新路径。

发展创意主导型休闲农业与乡村旅游的乡村需具备如下条件：乡土文化资源比较丰富，历史源远流长、传承较好，当地居民自觉维护和传承乡土文化；拥有创新创意的土壤，饱含创意理念，领头人具有开拓意识和创新精神；重视创意人才的引进和培养，特别是精通文化创意产业商业模式的复合型人才和新媒体产业链的经营人才；当地的经济实力和科学技术水平是创意主导型发展的有力保障；主要客源市场对创意产品的消费需求是创意主导型发展的基础。另外，还要考虑自然生态环境、交通通达性，以及政府政策的倾斜和扶持。

四、发展要点

（一）以文化为本位

我国乡村地域广阔，休闲农业与乡村旅游的资源基础来源于乡村地区丰富的自然资源和社会资源,涵盖乡村旅游资源、乡村传统文化和乡村人文景观等各类资源。传统的休闲农业与乡村旅游强调对原生资源的开发利用,属于资源密集型发展模式,对文化内涵的深度吸收和挖掘不够,资源优势并未转化为产业优势和核心竞争力。随着资源的消耗和环境的恶化,休闲农业与乡村旅游面临环境、资金等诸多方面的发展困境,传统的资源红利和人口红利渐失,从要素驱动转向创新驱动,以文化创意、科技创新突破性地解决发展难题,为传统产业赋能。创意需要大量的原始资料的积累,不断从周围元素中吸取创意元素,乡村丰富的文化资源成为创意产生的基础素材。创意主导型模式是以文化为本位的旅游产品,以文化资源为生产要素,以文化内涵为主要内容,以体验式消费为主要特征,满足游客对乡村多元文化的旅游向往。当下,全国各地的休闲农业与乡村旅游运用创新、创意创造新的旅游场景和体验。赏花节、采摘节、丰收节等农业节庆是农业文化与创意元素的完美再现;庄稼画、玉米迷宫、创意景观等创意农业是融合创新创意的旅游体验活动;以印象刘三姐等为代表的旅游演艺是乡土文化与演艺的深度融合;以雕塑、泥刻、剪纸、藤编等各级非物质文化遗产为资源的体验工坊增强旅游体验环节,丰富旅游商品,都具有浓浓的乡土韵味。

(二)以创意为基准

文化创意是休闲农业与乡村旅游产业发展的新驱动力。通过要素整合和多元融合加速乡村形象重塑与产品服务更新,丰富产品供给模式与消费者过程体验,从而实现旅游产业从要素依赖到创新驱动的阶段性跨越。[225]创意主导型模式的资源基础来源于创造力,属于智力密集型发展模式,融入创意元素将资源转化为符合市场需求的旅游产品,实现资源内涵与外延的拓展。[226]以产品中的创意元素为基准,激发乡村旅游资源的内在价值。对乡村文化的主题凝练与活态化呈现,是文化创意融入休闲农业与乡村旅游的首要功能,也是其核心魅力。凭借"文创+"的要素吸纳、重构与再生产能力,结合科技、文化、艺术等创意手段,不断更新创意农业、创意节庆、创意餐饮等形式,精品民宿、汽车露营、休闲农庄、特色小镇等新业态受到热捧。运用多维视角和多元手段,挖掘、提炼乡村文化的"地方性"精神内核和表征符号,构建演绎乡村文化的主题形象和特色品牌，从而形成休闲农业与乡村旅游独有的人格化、故事化 IP 及其衍生体系；通过构建与消费者之间的"共创价值"，塑造乡土文化情怀和乡村生活魅力。创意主导型模式意在塑造多元的创意环境，构建就地生产、就地转化和就地消费的高附加值的全产业链条。

五、典型案例分析

国外创意主导型发展模式具有鲜明的特征，形成一定的发展模式。日本开发兼具体验性与示范性的多功能致富型模式，大分县的"一村一品"运动是创意农业的先行者；德国在倡导环保的同时发展社会生活功能型模式，主要形式为市民农园和休闲农庄，包括劳作体验、科普教育、休闲康养，交流分享经验等项目；另外，还有英国的旅游环保型、美国的民俗节庆型、新加坡的科技依托型、荷兰的高科技创汇型等创意发展模式带来尤为明显的附加效应。国内创意主导型发展模式起步较晚，但在全国范围内却百花齐放。通过引进不同作物品种打造的创意农田艺术图案项目，国际上具有代表性的有英国的麦田怪圈、日本的稻田艺术和美国的玉米迷宫，国内拥有辽宁大连的玉米迷宫、各地丰富的庄稼画等。利用花卉打造壮丽的花田景观项目，比较著名的有法国的薰衣草花海和荷兰的春季花海，国内如江西婺源、青海门源的油菜花田、新疆伊犁的薰衣草花海等。各地依托优势资源，融合农耕文化、农业生产、果蔬花卉、民俗风情的农业节庆，形成农文旅融合的精品，培育了一批知名节庆品牌。国外有荷兰的郁金香节、西班牙的西红柿节、法国的柠檬节、瑞士的洋葱节、保加利亚的玫瑰节、美国的草莓节、墨西哥的胡萝卜节、澳大利亚的咖啡节和日本的农业时装秀等，国内有浙江平湖的西瓜灯节、北京昌平的草莓节、云南怒族的鲜花节、云南傣族的泼水节、江苏盱眙的龙虾节、台湾新埔的柿饼节、台湾新社的花海节，以及我国各地的农业嘉年华活动等。旅游演艺也是国内"创意+文化"在旅游行业的实践，主要有山水实景模式的印象系列和室内剧场模式的千古情系列，此外还有《长恨歌》《梦回长安》等旅游演艺精品。

自 20 世纪 70 年代开始，国际上艺术圈出现了艺术介入社会的思潮。亚洲艺术乡建最具代表性的是日本的越后妻有大地艺术祭，它试图探讨地域文化的传承与发展，试图通过艺术的介入来修复人与土地的依存关系，成为以艺术带动乡村振兴的典型成功案例。位于我国台湾的台北公馆水岸旁的宝藏岩聚落，保留了近代建筑与聚落，以"共生"为概念，构成艺术与居住共生的新型聚落，谱写出台湾的艺术乡建模式。山西省晋中市的许村，由艺术家梁岩主导"许村计划"，引入当代艺术元素，促进乡村的活化与复兴。此外，国内还有安徽省黟县碧山镇的碧山村，以及甘肃省秦安县叶堡镇的石节子村、贵州省兴义市清水河镇的雨补鲁寨等艺术乡建，开启了大陆乡建实践的新路径。

经典案例：山西许村国际艺术公社

许村地处太行腹地、阳曲山下、清漳河畔，是避暑的好地方。许村隶属山西省晋中市和顺县松烟镇，因商而兴，盛产核桃，是远近闻名的历史古村。1986年的电影《老井》曾经在这里取景拍摄。2005年，由渠岩主导的"许村计划"正式拉开序幕，用艺术推动乡村复兴，使许村成为重建中国乡村文化精神与信仰的现场。2016年以来，许村先后荣获"中国美丽休闲乡村""中国乡村旅游创客示范基地""山西省旅游示范村"等荣誉称号。

许村计划。许村是中国古老乡村的真实样本，因没有任何资源，一直都处于落后和穷困的状态，民俗日渐淡化，古建筑正在坍塌，日渐凋敝的村庄亟须激活与复兴。许村计划包括"许村宣言""许村艺术公社""许村论坛"以及"许村国际艺术节"双年展等一系列艺术介入行动。在保护原有村庄格局、环境、古民居、风俗等的基础上，许村引进国内国际艺术家来此采风，驻村创作，建设了许村酒吧、艺术品商店、乡村集市等，在村民与外来艺术家、游客、志愿者等不同主体之间构建和谐温馨的乡村情感共同体。许村国际艺术节每两年举办一次，每届15天，使许村成为国际知名的艺术乡村，并被誉为"中国乡村艺术的798"。许村也成为澳大利亚艺术基金会、中国人民军事博物馆绘画室、台湾大学乡村研究所、山西大学、太原理工大学等国内外十多家机构的创作写生基地。因为渠岩的艺术改造，许村吸引年轻人返乡创业，修复老房子，开办农家乐、小商店，发展旅游产业，解决了乡村复苏的根本问题。许村村民也开始重新审视家园的价值，用老房子作为载体寻回精神家园，村民手持文明手册学习文明用语和文明行为，村民素质得到明显提升。[227]

许村国际艺术节。许村国际艺术公社成立于2011年，并举行了"中国·和顺首届乡村国际艺术节"。许村国际艺术公社大都改建于被闲置和废弃的旧影视基地和传统老屋。之后，许村每两年举办一次国际艺术节，东西方文化在这里落地生根。根植于许村自身的文脉与世界的关系，许村国际艺术节每届更换主题。2011年首届主题为"一次东西方的对话"，2013年第二届主题为"魂兮归来"，2015年第三届主题为"乡绘许村"，2017年第四届主题为"神圣的家"，2019年第五届主题为"庙与会"，前五届艺术节主要围绕"家"的价值，让人们通过艺术找回"家"的感觉。从2021年开始，渠岩从艺术本体拓展，深入艺术本身，带人们走入精神内核。每届艺术节都会邀请中外艺术家进驻许村艺术公社进行为期两周的艺术创作，艺术节结束时举办作品展览、作品画册等。艺术节期间，艺术家们与当地村民、孩子广泛交流，并且自愿免费办英语、绘画、钢琴助学计划和培训班，从深层次影响当地小学生的思想观念、行为习惯。此外，许村还会邀请社会学者、人类学家、教育专家等进行乡建问题研究，为乡村复兴与建设提供研究文本。许村国际艺术节已深深嵌入地方文化与生活中，在传统节日文化内涵渐失的当下，许村村民已将艺术节看作自己的节日与庙会。

许村复兴灵魂人物渠岩。渠岩是我国20世纪80年代第一批前卫艺术家之一，也是当代知名的跨界艺术家。更为业界人士所熟知的是他推动的用艺术复兴乡村的计划和实践，从"许村计划"到"青田范式"，许村是从"艺术"入手，促进乡村社会复苏；青田则是从"乡土"开始，接续传统文明根脉。[228]渠岩带领团队开展了长达十几年的中国艺术乡建之路，试图利用艺术介入的方式，唤起乡村中的文明基因和社会礼俗，唤起中国人的灵魂家园。渠岩说，在乡建的过程中，他身兼启蒙者、在地学徒、协调员，还有日常政治的战士四个角色，用以维护自己的乡建成果。许村还在以自己的方式书写着自己的历史，作为国际艺术节总策划的渠岩说："让我们民族的文化基因在乡村延续，让许村的儿童唱着欢快的歌谣。"

六、未来发展

旅游业与文化产业密切相关,创意主导型发展模式以乡村文化为依托,是乡村文化旅游的纵深发展。乡村文化资源是创新创意的素材,然而,单一的文化发展并不足以塑造地区独特性,创意转向更被广泛接受的方式。创意成为实现休闲农业与乡村旅游转型升级的重要手段和途径。文化创意产业与旅游产业巧妙结合,可产生强大的经济效益和社会效益。目的地要素的创造性利用,为旅游者提供参与创意活动的创意环境。

将文化创意的创新思维与发展模式融入休闲农业与乡村旅游的发展,有利于乡村文化的创新传承与发展,能够促进乡村基础设施、公共服务空间和生态环境的更新,而这些又为休闲农业与乡村旅游创设发展环境。文化创意产业与乡村旅游产业融合发展,本身就是对乡村文化资源保护的有益探索,也为乡村旅游产业开辟文化创新之路,只有大力发展以旅游休闲为主体的文化创意产业并不断创新,才能推动乡村旅游产业的可持续性发展。[229]

第五节　特色资源依托型发展模式

资源属于经济学名词,查阅《新华字典》和《辞源》,资源是指一国或一定地区内拥有的物力、财力、人力等各种物质要素的总称,分为自然资源和社会资源两大类。前者如阳光、空气、水、土地、森林、草原、动物、矿藏等;后者包括人力资源、信息资源以及经过劳动创造的各种物质财富。原国家旅游局制定的《中国旅游资源普查规范》指出,旅游资源是指自然界和人类社会凡能对旅游者有吸引力,能激发旅游者的旅游动机,具备一定旅游功能和价值,可以为旅游业开发利用,并能产生经济效益、社会效益和环境效益的事物和因素。有用性、可用性和有效益是构成旅游资源的三个基本条件。在旅游资源分类和评价方面,业界普遍采用自然旅游资源和人文旅游资源的二分法,即自然景观和文化古迹。

在较长一段时间内,旅游资源成为地理学在旅游研究领域的立足之本,但从20世纪90年代中后期开始，逐步转向旅游产品的研究。在旅游资源转化为旅游产品的过程中，主要存在"资源-产品共生""资源-产品提升""资源-产品伴生"三种关系。[230]"资源-产品共生"型是指旅游资源品位较高、吸引力较强，不需经过大规模开发即可转化为某种类型旅游产品，比如故宫、兵马俑、长城、丽江山水、泰山等遗产类资源，旅游资源本身就是旅游产品，在改革开放初期成为吸引国际游客的重点旅游产品。"资源-产品提升"型是指旅游资源品位较低，资金投入需求量较大，开发强度较大，比如黑龙江的冰雪资源开发为滑雪度假产品，洛阳地下文物资源转化为旅游产品等，20世纪90年代的旅游开发多属于此种情况。"资源-产品伴生"型是指某些功能上属于其他类型的设施或场所，同时具有一定的旅游功能，如天安门广场、上海外滩、新安江水库、武汉长江大桥等设施或场所，逐渐发展成为著名的旅游吸引物。随着旅游产业的深入开发与建设，"资源-产品共生"型旅游资源多数已发展成为国家核心旅游景区，"资源-产品提升"型旅游资源也已开发成为国家及各省市重点旅游景区，"资源-产品伴生"型旅游资源涵盖的范围也越来越广。深入挖掘资源的旅游功能，如电视塔、体育场、图书馆、教堂等，一座小桥、一片海滩、一眼山泉、一处溪流等日常资源也可发展为旅游吸引物。

一、概念界定

本书中特色资源是指不同地域范围内具有特色的旅游资源，即较大地域范围内具有相对优势的资源，较小地域范围内具有绝对优势的资源。在国家层面上，如长城、长征、大运河、丝绸之路等线性遗产资源，大兴安岭、太行山、南岭、横断山等山脉资源。由自然遗产资源转化而来的旅游资源，地域跨度大，涉及范围广。在省域或市域层面上，如南方少数民族聚居地、三山五岳等华夏名山等地区，沿途或地域范围内的村镇依托地域自然生态环境，结合历史文化、乡村风貌、乡风民俗等开展旅游活动，发展休闲农业与乡村旅游。在具体乡村层面，可能缺少名山大川、江河湖海等知名旅游资源，但随处可见野菜、野花、野果等植物资源，畜禽、山鸡野兔等动物资源，小麦、油菜、苹果等农田作物景观，均可转化为旅游资源，成为旅游吸引物。古村、古镇、古城保留下来的多样民俗活动吸引旅游者前往体验，如春节、中秋等传统节日民俗，红白喜事等日常生活民俗，庆丰收等生产劳动民俗，祭祖庙会等社会组织民俗，由于地域差异各具特色，成为各地开展旅游活动的资源优势。

特色资源依托型发展模式可分为特色自然资源依托型和特色人文资源依托型，自然资源如温泉冷泉、森林山地、海滨沙滩、河流湖泊等，人文资源如历史文化、农耕文化、民俗文化、产业文化、宗教文化、长寿文化等，以及自然、人文遗产资源。本书主要是指具有鲜明特色和观赏性的资源，如动植物、民俗、乡村等，由于资源本身的休闲性较弱，开发时需围绕资源配套旅游、娱乐、休闲、度假设施，培育自身独特主题，形成特色旅游产品。各地因地制宜发展休闲农业与乡村旅游，如依托古村镇和新农村格局的村镇旅游，依托特色田园景观的田园农业旅游，依托农村乡风民俗的民俗风情旅游，依托优美自然景观的自然生态旅游，类型丰富多样，各具特色。

旅游资源禀赋是旅游经济发展的驱动力，特色资源依托型模式表现出对资源的高度依赖。[231]早期，凭借旅游资源优势开发形成了一批以观光产品为主导的传统旅游产品，成为特色资源依托型模式的典型代表，但仍有部分特色资源亟须通过旅游开发进行保护性利用。近年来，传统旅游产品逐渐出现产品老化的现象，部分地区资源优势逐渐消失，在可持续发展理论、创意经济理论、产业融合理论等相关理论的指导下，传统旅游产品只有不断寻求新模式、新形式、新业态，才能适应旅游者的当代需求。相关基础理论已在前面章节介绍，在此就不再一一赘述。

二、发展条件

依托区域特色资源进行旅游开发，其核心优势是具有不可复制的先天优势资源。充分发挥资源优势，通过保护性开发留住村民对民族家园的情感，重塑精神文化价值，为乡村振兴注入新力量。发展特色资源依托型休闲农业与乡村旅游的乡村需具备如下条件：村域内普遍存在高品质自然及人文旅游资源，资源具有绝对或相对优势；资源开发具有规模化效应，能够推动自然资源与文化资源融合发展；拥有特色资源同时具备一定发展基础；对资源的利用方式可延伸，如可向康养、教育、娱乐等方向拓展。

三、发展要点

特色资源依托型模式是依托当地优势资源发展起来的，具有明显的地域特征，在一定程度上能主导当地旅游经济的发展。发展过程中需要正确处理特色资源与地区发展之间的关系，充分发挥特色资源的集聚效应和带动作用。[232]

（一）充分发挥特色资源的集聚效应

各旅游地应通过特色资源撬动旅游业的发展，推动各类资源要素集聚、开放、共享，相关产业融合发展。基于区域特色资源，推出主题旅游线路、设计特色旅游活动、开发特色旅游商品，规划提升住宿、餐饮、休闲等娱乐项目，完善基础设施，全面提升休闲农业与乡村旅游的发展水平。以特色资源为依托，把特色资源符号融入乡村建设，精准传递旅游主题，围绕特色资源提供配套服务，延伸产业链条，精心打造具有地域特色的旅游品牌。

（二）坚持创新发展理念

旅游资源是特色资源依托型发展模式的核心。旅游资源的优势在于其对旅游者的吸引力大小，各旅游地应引入创新理念，把静态的比较优势转化为动态的竞争优势，使旅游发展走出对禀赋条件的依赖。[233]各旅游地应该顺应旅游市场需求的变化，不断更新和再生吸引力要素，开发新的旅游产品，将特色资源的有限生命转化为无限的生命周期循环，引导资源依托型转向创新导向型，延长旅游产品的生命周期，增强旅游产品的吸引力。[234]

（三）正确处理特色资源开发与保护之间的矛盾

对于自然或文化价值较高的资源，其保护要求相应也高。面对传承与商业化的博弈，面对当地原住民与旅游经济的博弈，寻找发展平衡点，实现利益共享是特色资源依托型模式可持续发展的关键所在。对于古村镇依托型、民俗文化依托型，要在保护的基础上进行合理利用；对于自然生态资源依托型，要在开发过程中注重生态环境的保护。正确认识当地原住民对旅游发展的重要作用，认真对待当地原住民的生活需求，"水有源，木有本"，休闲农业与乡村旅游才能长久发展。

四、典型案例分析

依托特色资源发展休闲农业与乡村旅游的乡村，因地制宜地放大资源的优势效应，在全国涌现出了众多成功典型。依托古村镇开发旅游的乌镇模式，在保护先行理念指导下进行了有序开发，乌镇旅游股份有限公司先后又保护开发了古北水镇景区、濮院古镇、贵州乌江村等，对古镇保护开发方式作了有效的探索。在少数民族风情浓郁地区，展示乡村文化活化与社区发展的云南丽江民俗文化旅游，拥有束河古镇、白沙古镇、雪嵩村、玉湖村、美泉村、均良村等众多古村落吸引游客前往。秦皇岛环长城旅游公路以长城遗产为主题串联沿线村落旅游业发展，展现长城文化生态，构建融合型环长城乡村旅游带。

典型案例：秦皇岛环长城旅游公路旅游带

2017年河北省第二届旅游发展大会在秦皇岛市召开，环长城旅游公路是大会重点观摩项目之一，全长176.6千米，包括环长城旅游公路环线路段、车房旅游公路路段和祖山连接线公路路段。环长城旅游公路途经海港区6个镇、40余个村庄，连接20多个旅游景区景点，成为连接秦皇岛海港区和北部山区的通道，形成旅游景观环线。[235]道路两侧实施绿化景观建设，景观林与地方特色经济林栽植相结合，公路沿线村镇共栽植各类树木20余万株，营造"绿道葱茏、花海满目"的景观效果。秦皇岛市海港区政府积极引导农民改变种植结构，林带外围乔、灌、草景观带与大田农作物种植结合，形成层次丰富的特色景观。环长城旅游公路构建起全域空间发展廊道和支撑框架，将长城沿线丰富的自然、人文旅游资源优势转变为旅游产业优势，以旅游为切入点带动乡村产业发展，是搞活经济发展的旅游路、生态路、富民路。

沿线长城遗址遗迹。河北长城世代承续，没有缺环，河北省是长城途经最长、保存最完好、建筑独具代表性的省份，长城河北段是长城国家文化公园重点建设区。秦皇岛市域范围内古长城遗址遗迹资源丰富，保存完好，现存北齐、北周、隋代及明代长城，正在规划建设国家长城文化公园，海港区政府积极推进长城文化公园试点建设。秦皇岛明长城东起山海关老龙头入海石城，西到青龙满族自治县城子岭口，是明长城最精华的地段之一。环长城旅游公路沿线的著名长城旅游景区有历史悠久的水上九门口长城，有气势磅礴的董家口长城，还有著名的板厂峪倒挂长城等。此外，还有很多像拿子峪、猩猩峪、箭杆岭等未经修葺的长城，非常受自助游爱好者的青睐。

传承新时代长城文化精神。当代，长城成为世界历史文化遗产，升华为国家和民族的象征。抗日战争时期，举国上下高唱"把我们的血肉筑成我们新的长城"；毛泽东同志"不到长城非好汉"，成为以长城为象征讴歌爱国主义精神的名句。[236] 新时期，涌现出了张鹤珊、张鹏等大量长城保护员，不计工资报酬义务守护长城。戍守长城将士的后裔聚居在长城沿线村落，默默地守护和繁衍。板厂峪、董家口、桃林口等旅游景区，通过旅游的方式阐释长城价值和长城精神内涵，增强民族文化自觉和文化自信。新时代赋予长城所象征的民族精神新的文化内涵。

旅游业发展。自然村落与长城相伴而生，作为线性遗址的长城早已与周围的自然地理环境、村落、乡民融为不可分割的整体，共同转化为重要的旅游资源。秦皇岛环长城旅游公路的沿线乡村共同构建长城旅游生态廊道，重点发展景区发展带动型、特色产业融合型、长城文化提升型、康养资源辐射型四种模式，按照"以线串点、以点带面、城乡融合"的思路带动全域发展，串联长城旅游大环线，打造以长城为依托的开放性景区。以长城沿线村落为载体进行旅游开发，要注重凝炼自身特色、培育品牌形象，如板厂峪村的红色文化，董家口村的烤全羊宴等；应把旅游新形态与村落原始风貌相结合，兼顾旅游产品的多元化、个性化、创新化，发展主题民宿、乡村客栈、乡村博物馆、非遗体验工坊、书吧咖啡厅等业态，打造体验型乡村；应把遗产保护和文化传承相结合开展研学活动，研学长城沿线村落的历史发展脉络、地域文化形成、优势特色产业发展等，在了解地方的同时助力地方发展，并吸引游客成为长城文化保护和宣传的志愿者。环长城旅游公路旅游带统筹考虑差异化产业形态布局,发挥乡村的多功能性,打造出多样化、复合型、主题鲜明的系列旅游产品,推进乡村旅游业差异化、深层化发展。[237]用现代元素创新长城文化,使之更富有时代内涵,尝试把剪纸、藤艺、绘画等民间艺术与家具、家居装饰品结合起来;将地秧歌、鼓吹乐等表演艺术进行题材和内容再创作,带动建设一批手工体验坊、艺术表演团队,还可培育为乡村地区的主导产业和品牌产业。

交旅融合发展。自2017年六部委联合出台《关于促进交通运输与旅游融合发展的若干意见》之后,国家又相继出台多项政策指导着交通与旅游的融合更加深化。新疆独库公路旅游风景道、海南国家海岸一号风景道、318国道川藏线、滇川风景道等线性旅游目的地空前发展,构建起"快进慢游"的旅游交通网络。交通主导的"快进"与旅游主导的"慢游"相结合,"快进"提高旅游目的地的通达性和便捷性,"慢游"打造具有通达、游憩、体验、康健、文化、教育、研学等复合功能的主题线路。秦皇岛环长城旅游公路乡村旅游带立足沿线资源禀赋和产业基础,打造"最美长城旅游公路"的线性总体印象,促进产业升级和业态拓展,带动乡村地区的"文化复兴"与"产业再塑",以旅游发展助推乡村振兴。

五、未来发展

在国家政策支持下,众多乡村立足地区特色资源,挖掘旅游价值,坚持充分保护与适度开发并重,提供优质的特色旅游服务项目,打造富有地域特色的乡村IP,促进乡村遗产保护与可持续发展。休闲农业与乡村旅游产业与其他产业融合发展,扩大旅游资源的范畴,丰富旅游产品数量、提升旅游产品质量、发展旅游新业态,为乡村发展带来新机遇。[238]在未来发展中,特色资源依托型模式要转变发展理念,由资源驱动型转向资本驱动型、科技驱动型、创意驱动型等,通过产业融合、科技创新等打破资源禀赋的束缚,实现旅游转型的资源突破。

第八章 休闲农业与乡村旅游的经营管理模式

第一节 经营管理模式概述

一、经营管理模式简介

经营模式的研究多见于企业管理领域,强调战略、客户与价值三方面内容,以亚德里安·J. 斯莱沃斯基(Adrian J. Slywotzky)的"四要素模式"和加里·哈默尔(Gary Hamel)的"整合模式"最具代表性。经营管理模式是指利用一定有效的管理手段或组织手段整合资源要素,从而获取一定收益或达成某一目标的方式或方法。[239] 对于休闲农业与乡村旅游而言,经营管理模式主要涉及经营者、经营管理方式和利益相关主体之间的利益联结机制等方面。休闲农业与乡村旅游的参与主体不同,其经营方式和利益分配机制也不相同,参与主体的参与程度是利益分配的关键因素。休闲农业与乡村旅游的开发与经营管理涉及多个参与主体,不同的参与主体以不同的经营方式组合形成不同的组织模式,或联合或分工协作共同完成旅游经营管理过程,共同分享旅游利益。

经营管理模式的形成经过了不断的实践和检验,在特定阶段和一定程度上适应并促进了当地旅游业的发展,在后续发展中继续探索更适合自身的发展模式。各种典型模式具有区域上的局限性和时间上的滞后性,对于国内各地的休闲农业与乡村旅游发展不具有普适性,其发展规律可以发现和参照，但路径并不可复制。对于休闲农业与乡村旅游经营管理模式的研究，是沿时间轴线动态发展的长期课题，随着内外部影响因素的变化，以及不同区域休闲农业与乡村旅游发展实际的特殊性，还有很大的研究空间和研究价值。

二、发展的关键点

休闲农业与乡村旅游业发展归根结底是农民的事业，发展基础是农业、农村，发展主体是农民，忽视农民利益需求的发展就是本末倒置。农民既是旅游开发建设的主体，也是旅游发展的受益者，乡村发展旅游业离不开农民的参与，脱离和影响甚至破坏正常的农业生产活动、农民日常生活和乡村生态环境，就动摇了休闲农业与乡村旅游的根基。无论是哪种经营管理模式，都要充分考虑农民的参与，农民能够分享旅游发展红利，获利越多、越均衡，其支持度就越高。休闲农业与乡村旅游需要建立有效的利益协调机制，尽可能多地把旅游业发展的益处留在当地。经营管理模式有无生命力，关键是看此模式能否调动农民参与的积极性，是否增强农民的主体意识，是否提升农民参与的内生动力。休闲农业与乡村旅游发展要考虑农民的意志和需求，激发其参与积极性和主观能动性。合理有效的经营管理模式决定着旅游资源与客源市场的对接程度，可以弱化甚至从根本上消除发展中的不利因素，直接影响着休闲农业与乡村旅游的可持续发展。发展休闲农业与乡村旅游不能单纯地追求经济效益，要统筹考虑乡村地区的全面发展，关注农民素质的提升，关注乡村文化的传承，关注生态环境的改善，促进城乡共同发展。

发展休闲农业与乡村旅游是传统农业转型的新契机，具备社会、经济、生态的综合功效，在乡村扶贫方面表现出很强的拉动效应，但它的负面效应也不容忽视。当游客数量超过一定限额，区域自然环境被污染，乡村生活方式被打破，传统文化风貌被替代，乡村生存环境受到威胁。乡村地区要正确处理旅游开发与乡村文化传承之间的矛盾，因地制宜地选择发展模式，找到政府、企业、农民等相关参与主体的利益平衡点，维护市场秩序，才能真正实现乡村的可持续发展。

三、我国的发展历程

乡村振兴战略背景下,如何利用现有资源发展农村经济一直是核心问题。[240]在这种背景下,在休闲农业与乡村旅游发展的初级阶段,尤其是在农村经济发展落后地区,政府主导驱动模式占据主导地位,[241]旅游扶贫成为政府主导下的精准扶贫的重要方式。单体农户模式是休闲农业与乡村旅游发展的最原始模式,单体农户、"农户+农户"和个体农庄模式是自主经营阶段最普遍存在的形式,比较适合以家庭为接待单位的小规模休闲农业与乡村旅游。随着乡村的旅游市场日益成熟,分散的个体经营越来越难以适应市场需求,与其他利益相关主体联合发展成为必然。当休闲农业与乡村旅游发展到较成熟阶段,外部企业或本土企业进入旅游投资市场,进入以"企业+农户""企业+村集体"或"企业+合作社",以及股份制合作等企业主导的经营阶段。经营管理模式是一个动态演进的过程,同一地区在不同发展阶段、不同发展条件下,也在不断重新选择合适的发展模式,实现跨越式发展。选择模式要充分考虑农业生产和农村产业结构调整,要因地制宜开发,通过不同模式的探索实现当地产业的可持续发展。

政府对待休闲农业与乡村旅游的态度是其成功的关键因素之一。目前,世界上大部分国家对休闲农业与乡村旅游持积极态度,希望通过休闲农业与乡村旅游发展带动乡村地区的经济增长,这就决定了其是在政府主导下的旅游业发展。随着旅游业的深入开展,政府所扮演的角色也在不断发生变化,从初期的政府主导模式逐渐向政府引导模式转变。政府应逐渐淡化主导地位,从行业主导者变为管理者、服务者,不进行直接的行政干预,不大包大揽,注重行业管理,更多发挥行业协会、龙头企业等在经营管理中的作用,实现政府职能转变。

第二节 "农户+农户"模式

一、模式简介

"农户+农户"模式是指农户自主开发经营旅游接待服务并享受旅游带来的利益,存在于休闲农业与乡村旅游发展的初级阶段,最早出现于区位条件好、有优质资源依托、客源市场较成熟的乡村,以农家乐为主要形式运营,主要满足游客基本的食宿需求。农户是乡村旅游资源的所有者,在旅游活动中扮演着旅游接待者、体验指导者和文化传播者等多种角色,能够为游客营造原汁原味的乡土氛围,是"农户+农户"模式的主导者。[242]在休闲农业与乡村旅游发展的初期,或当前远离市场的乡村地区,农民对企业介入旅游开发建设普遍具有顾虑,加上乡村的排他性,农户对企业不信任,甚至还有抵触情绪,企业介入相对比较困难。只有示范户取得可观经济效益后,才会吸引其他农户纷纷效仿,到示范户处学习经验和技术,相互磨合并形成"农户+农户"的发展模式。随着旅游发展条件日益完善、客源市场迅速扩张,示范户与效仿户自由组合,抱团发展,共同谋求更高更大的发展平台。该模式呈现分散、自主经营、见效快、方式灵活的特点,能有效带动其他农户的参与积极性,在一定地域范围内具有示范效应。因主要参与者为当地村民,受外来文化的影响较小,旅游地在一定程度上保留了乡村的原真性,旅游费用低,但能体验到最真实的乡土文化。

二、存在问题及未来发展

由于农户文化水平不高、缺乏管理经验、眼界相对狭窄、难以正确研判市场发展动向,致使旅游地开发层次较浅,产业结构简单,接待量较小,难以形成专业化、规模化和标准化发展,发展的中后期同质化竞争加剧,导致农户陷入"微利"困境。最终,以农户为主体的模式无法应对日益激烈的市场竞争,无法向更高级的发展模式进化。在休闲农业与乡村旅游发展的初级阶段，"农户+农户"模式是因为价格低廉而快速被市场所接受，后来逐渐被其他模式所取代，当下却又因为乡村真实场景的体验而重新受到市场青睐。未来，"农户+农户"模式的发展要点在于由地方政府搭建发展平台，出台实施细则，强化宣传促销，引导产业分工，提升农户经营管理水平，实现规范化、高水平、抱团式发展。

发展初期，"农户+农户"模式主要是政府推动下的村民自主开发经营，随着乡村旅游市场规模不断扩大，演变为以村集体或旅游企业等为主的旅游机构组织农户自主参与开发的模式。其一，村集体具有行政职能上的优势条件，以管理者或服务者的身份加入，规范引导农户行为，形成"村集体+农户"的发展模式。其二，现代化的企业带着资金、技术、人才等优势条件，以合作者的身份加入，形成"企业+农户"的模式。这两种模式在实践中不断完善和发展出更丰富的模式。随着市场竞争的日益激烈，参与农户只要善于钻研学习，迎合旅游者的消费心理，提供特色鲜明、具有个性化的服务，才能把自身优势转化为市场优势。

三、典型案例分析

"农户+农户"模式是休闲农业与乡村旅游发展初期阶段的经营模式，通常投入较少，具有短平快的优势，多存在于其他模式的初级阶段，如成都郫县农科村发展初期的农家乐，浙江安吉县天荒坪镇的旅游发展初期。作为典型代表的农家乐旅游，仍然是目前多数乡村休闲农业与乡村旅游起步的重要形式。

典型案例：天荒坪镇农家乐旅游发展

天荒坪镇位于浙江省安吉县南端，是林业大镇、竹业强镇，森林覆盖率达82%以上，是安吉县生态旅游重镇。2016年，天荒坪镇成为省级森林特色小镇，"两山理论"发源地的余村，以及大溪村的漂流、江南天池、藏龙百瀑等，都位于天荒坪森林特色小镇之中。天荒坪镇依托景区大力发展农家乐，拥有全县三分之一的农家乐、景区，是安吉县第一森林旅游大镇。[243]

农家乐起步。安吉农家乐始于1998年，而天荒坪镇是安吉农家乐的发源地。为推动旅游经济快速发展，1998年始，安吉县委、县政府在大溪村开展农家乐试点，其他农户纷纷效仿。在政府引导和辅助下，大溪村农家乐发展迅速，但出现了经营不规范现象。早在20世纪末，五鹤村由于靠近大竹海景区，其农家乐就已经发展得热火朝天，而十余年来村集体却无太大变化。2005年，时任浙江省委书记的习近平到余村视察，首次提出"绿水青山就是金山银山"理念，此后，来学习、考察、闲逛的团队络绎不绝，多数来访者仅限于吃农家饭、买土特产，能够真正驻足品味的并不多。在天荒坪镇旅游发展的初期阶段，农家乐"多、小、档次不高"的特点一直被游客诟病。

在探索中前行。近年来，天荒坪镇深入谋划旅游提升发展，对各大景区进行集中整治，积极引进精品民宿，对农家乐进行提档升级，让游客住得更舒心、玩得更开心。依托天下银坑、大竹海等景区，各村开办家庭农场，如绿泰家庭农场、优兹蓝家庭农场、喜农果蔬专业合作社等，开展果蔬种植及采摘体验活动。余村原党支部书记潘文革一直忧虑下一步路该如何走，尝试了建设环山绿道，规划旅游集散中心，发展林下中草药基地，成立旅游公司，引进管理团队等方式，让游客留下来，融进去。安吉农家乐和乡村旅游最发达的大溪村，成立农家乐工会组织，规范农家乐经营活动，新建古道缘民宿和坐云民宿等精品民宿，主题就是让游客享受宁静，细细品味乡村。五鹤村紧抓美丽乡村精品示范村创建机遇，改善村庄环境、完善配套设施、规范农家乐经营、筹划开办民宿，打造村域型景区。天荒坪镇在践行"绿水青山就是金山银山"理念的过程中，实现了"美村"和"富民"比翼齐飞。

第二节 个体农庄模式

一、模式简介

个体农庄模式是个体农户在规模农业基础上发展起来的，是以"旅游个体户"的形式出现的一种相对独立的发展模式。投资经营主体自负盈亏，通过对自家农牧果场进行改造和旅游项目建设，独立完成旅游接待和服务过程中的全部工作，使之成为一个完整意义的旅游景区景点。[244] 个体农庄模式是经营实力较强的农户把传统农家乐升级为小型农庄，适用于农业产业特色鲜明、目标市场容量大、经济相对发达的区域，以各类农园、牧场、农场、酒庄等为主要形式。个体农庄模式是单体经营户的发展方向，是休闲农业与乡村旅游经营综合化的一个表现，周边闲散劳动力通过手工艺、表演、服务、生产等形式加入农庄服务业中，获取一定劳动报酬，形成以点带面的发展局面。

二、存在问题及未来发展

个体农庄模式属于短期旅游经济行为，持续发展存在制约因素，容易受投资经营主体影响，可能会出现定位不准、抗风险能力弱和管理混乱等问题。由于受投资者与管理者的文化素养、认知水平和知识技能水平影响，产品升级迭代慢，服务标准规范缺失，难以做成精品。个体农庄多为农民个人投资经营，由于缺乏投融资思维与渠道，外部资金难以进入，投资风险系数增加；家族式的经营管理导致难以引进外部优秀人才，农庄整体的经营管理水平不高。未来，个体农庄模式的发展要点在于瞄准目标客户群体，动态优化调整产品，凝炼主题形象，开发主题鲜明的农庄体验产品业态，不断创新升级产品。同时，引进现代化经营理念与方法，推进招商引资与人才引进，使投资经营主体和参与者共享收益，提升旅游吸引力与行业竞争力。

三、典型案例分析

我国很多地方都有个体农庄的发展实践，如北京蟹岛绿色生态度假村、辽宁盘锦西安生态养殖场、珠海莲江国际私家农庄主题生活公园、湖南益阳赫山区花香农家、内蒙古乌拉特中旗瑙干塔拉、江苏扬州台农农庄等，通过农庄自身发展带动周边村民参与旅游开发经营，走共同富裕之路。由于个体农庄自身发展的局限性，多数实践案例消失于市场中。其中，北京蟹岛绿色生态度假村是生态循环农业最典型、农旅结合最紧密，也是我国起步较早、最成功的生态农庄之一。

典型案例：基于生态链的北京蟹岛绿色生态度假村发展

北京蟹岛绿色生态度假村（以下简称蟹岛）创立于1996年，拥有庭院式景观、花园式设计，主要提供会议、餐饮、住宿、康体娱乐、温泉养生等综合性服务，为国家5A级旅游景区。蟹岛总占地面积3 300亩，位于北京朝阳区金盏乡境内，紧邻首都国际机场，是朝阳区推动农业产业化结构调整的重点示范单位，也是中国环境科学学会指定的绿色生态园基地。蟹岛积极利用国家扶持"三农"的相关政策，温室大棚、沼气处理站、中水处理站、生物农药站、星级公厕、道路、电力、太阳能等园区内的很多基础设施，都是通过"农委""科委""环保局"等各级政府部门扶持补贴修建的。多年来，蟹岛获得多项荣誉，如2003年通过"绿色环球21世纪"认证体系，2004年入选全国第一批"农业旅游示范点"，2008年圆满完成奥运蔬菜供应任务，2010年被上海吉尼斯评定为"城市中最大的度假村"。

经典的"前店后园"模式。蟹岛始终坚持以循环农业为依托，以休闲度假为手段，开创了"前店后园"的经典模式，以园养店、以店促园，形成"农游合一"的综合效益，构建了集种植、养殖、旅游、休闲、度假于一体的循环经济体系。[245]"前店"指旅游区，主要包括开饭楼、蟹官、康体官、科普中心、海景水上乐园、特色小院和仿古农庄等，为"后园"提供顾客，是利润中心；"后园"指农业区，主要包括种植园、养殖园、科技园等，为"前店"提供产品，是成本中心；"前店后园"的布局保证了农业与旅游互补互融发展。农业区和旅游区分开管理、独立核算，饭店、酒店、商业聘请专业团队经营，农业区实行承包责任制。蟹岛瞄准大众消费群体，同时兼顾中高端消费群体，为无门票的开放式景区，景区内很多休闲娱乐设施免费对游客开放，免费为蟹岛带旺人气，成为家庭休闲出行的京郊好去处。

超前的循环经济理念。1996年，作为农业技术员出身的付秀平承包金盏乡长店村3 000亩土地，由于土地的高租金、农产品市场竞争激烈，他不断琢磨土地的复合价值，钻研农业技术效益驱动，探索以循环农业模式节省开支，从而走上循环经济发展之路。蟹岛起步于有机农业，随后谋划产业延伸，紧接着是旅游业接力，造就多产并行、多业共生共融的发展局面，逐渐形成集农业、加工业、旅游业于一体的多功能旅游度假村。[246]蟹岛基本上实现了农产品产、销一体化的内部封闭经营，90%的农产品被农业区的内部职工和旅游区的游客消费，其余部分以高于市场价 4 倍以上的价格在北京市区商超出售，这种自产自销的模式降低了农产品的运输成本和促销成本。[247-248]多年来，蟹岛始终坚持可持续发展理念，形成以沼气为纽带的物质循环、种养结合均衡发展、"农游合一"融合发展的循环经济模式，成功树立"蟹岛"有机食品品牌，深受市场好评。

因时而异的业态调整。蟹岛集团审时度势，适时进行改革调整。发展初期，周末休闲刚起步，旅游市场成熟度低，蟹岛形成以农业为主、旅游为辅的产业格局，在内蒙古赤峰市建立有机农业种植基地，在北京各大城区开起直营店。2005 年后，蟹岛形成农旅各半、双头并进的格局，客户群体主要是人气旺但消费水平低的周末休闲散客、人数少但消费水平高的会议培训团队游客，"会议＋住宿"是核心产品、餐饮是引流产品、康体娱乐是配套产品。2010 年后，会议和大型活动日益减少，蟹岛重点培育文化创意类产业，如北方农村居民文化博览园、蟹岛民宿文化艺术宫、国外异域风情文化园等，2011 年成功引入北京国际啤酒节，使旅游业迸发新活力。近年来，由于蟹岛逐步纳入中心城区，土地本身价值发生变化，蟹岛不再是单纯的休闲农庄，开始走向"搭平台"的旅游商业地产模式，引进相关娱乐、演艺、商业项目等，虽有盈利，但在一定程度上削弱了农庄的农业 IP。

生命周期再循环问题。蟹岛得益于近郊的地利和旅游业的天时，产业宽度和厚度是其他农庄无法模仿和超越的，但同样也面临诸多约束和挑战。由于蟹岛大部分是靠自有资金和政府补贴开发建设，融资渠道非常有限，致使发展速度较慢。蟹岛滚雪球式的发展，缺乏整体规划，致使空间布局凌乱，有待进一步的优化和提升。随着城市化进程加快，最初的区位优势演变为发展劣势，休闲农业用地日益被旅游商业地产用地蚕食，周边很多空港工业环境质量有限，尤其是环境噪音无法避免，使蟹岛发展受限。随着"野奢型"乡村旅游度假产品崛起，加之受经营者水平和风格影响，蟹岛产品升级换代遭遇天花板。蟹岛的未来，需在前行中不断探索和实践。

第三节 "村集体+农户"模式

一、模式简介

农村集体经济是社会主义公有制经济的重要组成部分,发展集体经济关系到农民的切身利益,是实现农村农民共同富裕的重要举措,是新时代实现乡村振兴的重要抓手。[249] 农村集体经济是指主要生产资料归农村社区成员共同所有,实行共同劳动,共同享有劳动果实的经济组织形式,是提高农民组织化水平的重要载体。[250] 为顺应市场经济发展,在村集体的领导下,多地组织农民成立专业合作社以及股份制、股份合作制等多种形式的经济组织,提高组织化程度和收入水平。实践是检验真理的唯一标准。安徽小岗村是土地分包到户的标杆,遭遇发展瓶颈后开始重新考量集体化经济道路。实行农工商合作社的江苏华西村、江苏蒋巷村、河南南街村、北京韩村河村、陕西袁家村、河北周家庄乡等,以及走集体化道路的浙江航民村、滕头村等村庄,是高水平农村集体经济的成功代表。集体经济强不强,关键在于是否有好的"领头雁",是否有团结一致、开拓进取、真心实意为百姓服务的基层组织和高瞻远瞩且有威望的带头人,如华西村的吴仁宝、南街村的王宏斌、长江村的郁全和、留民营村的张占林、袁家村的郭裕禄等人的奉献奋斗精神,以个人威望及人格魅力强化对村民的领导,成为集体经济发展的核心凝聚力。他们坚持集体经济,将党的农村政策与集体经济的总方向相结合,有效整合集体资源要素,激活农村集体经济组织潜能,让很多村庄实现了共同富裕。

为了防范单一产业的经营风险,许多村庄积极尝试发展"村集体+"合作模式,转型升级集体经济经营方式,探索和实践集体经济的多元化发展路径,变"单业发展"为"多元并进"。休闲农业与乡村旅游能有效整合三产资源,能充分实现村集体所有资源的市场价值,成为村集体经济发展壮大的重要支柱产业。"村集体+农户"模式是由村集体统一开发、运营与管理,统一配置资源要素,引导村民直接从事旅游服务和管理工作,并参与经营决策和利益分配的经营模式。根据村集体的经济实力和具体的组织管理情况,又可分为村集体经济体模式和村集体组织全民参与模式。由于是"自家人"办"自家的企业",出于对故土的眷恋与理解,能够更多地保留和展示乡土文化的原真性;出于浓厚的地缘情结,相互之间的利益冲突相对容易调和。"村集体+农户"模式多出现在村镇旅游整体开发的前期,"谁投资、谁受益",能够调动农户的参与积极性,旅游业发展迅速。[242] 北京大兴留民营村、陕西礼泉袁家村、浙江奉化滕头村、江苏苏州蒋巷村等村庄深入挖掘和传承地方文化精髓,发展休闲农业与乡村旅游,有效带动相关产业发展,创新性地走出了集体经济发展的新路子。

二、存在问题及未来发展

"村集体+农户"模式属于有组织的经营开发,规模效益明显,有利于乡村可持续发展,较为合理的利益分配有利于解决村民利益冲突,实现集体致富。该模式推进需要全体村民的高度配合,但村民的开发运营意识很难统一,尤其在用钱、用地、用人等方面。随着休闲农业与乡村旅游产业规模持续增长,参与主体日益多元化,又创新出了"村集体+企业+农户""村集体+合作社+农户""村集体+协会+农户"等多种模式,不断探索新型经营主体与村集体的利益联结机制。以村集体为主导、以村民为主体成立村办企业,组建合作社、股份合作社,筹建行业协会,打造农民可参与的创业平台。村集体积极开展招商引资,引入社会资本,与外来企业深度融合发展,可改善外来企业水土不服的状况,但村集体一定要切实掌握发展主导权,不能仅仅是旁观者或参与者。村集体主导下的村办企业、合作社等,深度参与前期规划、实施推进及效益分红,村集体调节村民之间的利益分配,村集体及村民享有主导权,发展富民乡村产业,实现共同富裕。

"村集体+农户"模式过于依赖村集体带头人,带头人的战略眼光与经营管理思维决定了休闲农业与乡村旅游的发展格局与水平。该模式难以突破村集体经济发展的局限性,如投资力度弱、管理水平低、主观因素较大等问题,与外来企业合作中往往处于弱势地位。休闲农业与乡村旅游各利益主体之间关系复杂,村民之间、商户之间、村民与商户(包括本村商户和外来商户)

之间、投资者与村集体之间、旅游地与关联村之间，矛盾纠纷频发，"村集体＋农户"模式需要创新性地设计出符合乡村实际和村民心理的合作制度，最大限度保障村民的共同利益。例如袁家村通过农民股份合作社调节收入分配，形成利益共同体，实现村民抱团发展。

三、典型案例分析

近年来，部分村庄紧扣"红""绿"等优势资源开始发展休闲农业与乡村旅游，如华西村的乡村旅游、前南峪村的红色旅游、滕头村的休闲旅游、南街村的农业旅游、留民营村的生态旅游等；又如华西村、前南峪村、滕头村、蒋巷村、南街村和留民营村等村庄，本身既是国家A级旅游景区，还拥有全国乡村旅游重点村、全国农业旅游示范点等多项荣誉。

典型案例：北京大兴留民营村生态旅游发展

北京大兴区长子营镇留民营村位于北京市东南郊，村庄总面积2 192亩，人口不足千。1982年，北京市环保局和市沼气办公室选定留民营村进行生态农业试点，留民营村成为我国最早实施生态农业建设和研究的试点村。1986年被联合国环境规划署正式承认为中国生态农业第一村，1987年被授予"全球环境保护500佳"称号。1987年，建成全国第一个生态农场——留民营生态农场，为国家AAA级旅游景区。2003年被评为首批北京市民俗旅游村，并成立民俗旅游办公室，对旅游接待服务进行规范管理。2004年被原国家旅游局评为首批全国农业旅游示范点单位。2010年，获得"北京最美的乡村"称号。

留民营村一直重视生态环境的保护，开发利用新能源，大力开展植树造林，积极进行产业结构调整。20世纪70年代，面对恶劣的自然条件，老书记张占林带领村民发展生态农业，80年代开始建成以沼气为中心的"家庭生态小循环系统"，90年代，转变为由生态农场统一生产沼气供应全村，沼气七村联供创造了全国使用新能源的崭新模式。1991年与中国林科院专家共同制定了生态村农用林业建设规划，进而在京郊推广其生态循环模式，并荣获"全国绿化美化千佳村"称号。目前，留民营村以沼气站为能源转换中心，形成了地下三个网（供水、供电、供气网络），地上四个区（农民居住区、畜牧养殖区、工业开发区和农业观光区），各业良性循环。当下，留民营村把绿色食品、观光农业、生态旅游作为主要发展方向。

生态旅游发展。留民营村民俗活动丰富且悠久，小车会、大鼓队、合唱团坚持常年活动，村民男女老幼齐上阵的农民运动会异彩纷呈，凝聚文明乡风的"千人饺子宴"已有40余年历史。留民营村充分发挥生态农业的品牌优势，深入挖掘民俗文化内涵，积极拓展农家乐、观光农业、乡村旅游等项目，观光旅游发展已有30多年历史。凭借优良的生态环境，依托现代化温室、能源利用设施和多彩的文化活动，以及新建的生态庄园、农业公园、农业采摘园等设施，发展乡村生态旅游，村内已经形成集种植、养殖、旅游观光、休闲度假、健康养生于一体的高科技生态旅游度假村。留民营村生态旅游发展，注重把旅游与生态环境保护、有机生态农业发展、节能环保实践相结合，针对中小学生开展寓教于乐的活动，还有生态农业观光游、民俗田园采风游、年三十包饺子过大年、正月十五闹花灯游园会等活动，吸引游客纷至沓来。现已完成的留民营村美丽乡村规划，将依托生态农业发展农业综合体。

集体经济基因。留民营村生态农业的顺利推行与成功实践，与集体经济形式密不可分。从"冰棍村"到"亿元村"，从后进村到全球五百佳，再到获得"世界有机种植者"大奖，是留民营村生态环境保护和循环经济发展之路的生动实践，是广大党员和村民艰苦创业、创新发展的真实写照。改革开放后，在老书记张占林的带领下，留民营村没有实行分田到户，而是继续维持集体统一经营方式，集体经济占绝对优势，"集体致富"的目标与原则未曾改变。以老书记张占林为首的党员干部，培养了村民的集体意识和集体凝聚力，形成独特的集体经济文化基因，值得我们尊重和学习。2005年老书记正式退休，集体经济在留民营村内部仍然占据着主导地位，但体制改革引发了村落社会结构的变动与村民心理结构的失衡，其内部的社会关系也随之进行调整与重构。[251]2014年村委会完成集体产权改革，村民变成集体经济的股东，继续走生态农业之路。现如今的留民营村，集体经济实力雄厚，农民富裕，环境整洁，社会安定，散发出更加成熟的魅力，一代又一代的留民营人正在续写新的篇章。

典型案例：陕西礼泉袁家村旅游发展之路

袁家村地处关中平原腹地，属陕西省咸阳市礼泉县烟霞镇下辖村，被誉为"关中第一村"，是国家AAAA级旅游景区，先后获评中国十大美丽乡村、国家重点旅游乡村、中国乡村旅游创客示范基地等荣誉称号。袁家村景区是一个集农业观光、餐饮娱乐、民俗体验、休闲养生等功能于一体的休闲文化景区，占地1 000亩，于2007年国庆节建成并开放。2012年，袁家村游客量达到100万人次。2015年袁家村注册成立袁家村文化旅游产业有限公司。2019年，袁家村游客量突破600万人次，旅游总收入超10亿元，吸引3 000多人就业，成为全国休闲农业与乡村旅游发展的成功典型。[252]

20世纪70年代以前还是贫困村的袁家村，在改革开放之初，由老支书郭裕禄带领村民大力发展集体经济和村办工业，随后成立了农工贸一体的集团型企业，下辖12个子公司的袁家村农工商联合总公司，带领袁家村提前进入社会主义小康村行列。村民们由衷地说："没有郭书记领着咱们干，就没有今天的新袁家。"2000年，由于国家产业政策调整，袁家村经济受到严重冲击。2007年，在县委、县政府的倡导下，袁家村在旅游资源匮乏的情况下，另辟蹊径发展民俗旅游，从展示民俗的康庄老街到回民街、祠堂街、小吃街的特色美食，再到具有艺术和时尚气息的祠堂东街、酒吧街、书院街、艺术长廊，袁家村整合优化村庄及周边资源，打造关中印象体验地。

初始阶段：乡愁版袁家村。2007—2011年是袁家村发展旅游的初始阶段，在此阶段袁家村重点贩卖原汁原味的关中民俗和乡村生活，以关中传统老建筑、老作坊、老物件等文化遗产所代表的关中民俗为内涵，瞄准周边城市周末短途游人群。发展初期，袁家村党支部书记郭占武回首多年在外工作的经历，发现很少有陕西的地方美食，随即决定将关中地区的传统民俗文化结合现代旅游来吸引游客，培育关中印象体验地休闲旅游品牌。在袁家村旅游文化景区规划基础上，陆续恢复建成康庄老街、关中小吃街等，采用前店后厂的模式发展旅游。2007年，袁家村起步于农家乐和康庄老街，从寻找袁家村及周边村镇的特色小吃、传统民俗开始，郭占武带领全体村民建起了康庄老街，涵盖了关中作坊、关中民俗、关中小吃、关中杂耍等多种体验形态。2008年，袁家村筹建作坊街，再现关中地区的传统工艺，打造看得见的食品安全。2009 年，在农家乐供给不足和同质化严重的情况下，袁家村又创新性地筹建了小吃街，汇聚陕西地方风味小吃，至今小吃街都是袁家村的精华和旅游消费热点。食品安全、诚信经营、差异化产品一直是小吃街运营的关键。

转型阶段：时尚版袁家村。2011—2015 年是袁家村旅游的转型升级阶段，逐步更新旅游业态，提升旅游品位和档次，开发酒吧街、艺术街等适合夜晚消费的新型街区，阳光下的袁家村逐步向月光下的袁家村转变。旅游长远发展不可能单纯依靠游客增量来实现，袁家村在发展中不断地转型升级，更多民宿进入袁家村，2011 年，袁家村开始发展乡村度假游。为应对食品安全问题，袁家村在发展过程中逐渐形成了"农民捍卫食品安全"的村庄共识。袁家村于 2012 年建成了融入时尚元素和现代元素的酒吧街，2014 年建成艺术长廊，2015 年建成回民街和祠堂街，袁家村开始形成整体的度假村风貌以及产业集群的气质。从关中民俗游到乡村度假游，袁家村吸引文创青年、时尚达人等参与经营投资，不断融入酒吧、咖啡厅、客栈、民宿、书屋、创意工坊等创新业态，逐渐过渡到多业态并存的状态，具有更多时尚元素和城市元素。

拓展阶段：进城出省计划。2015 年以来，袁家村开始对外投资，2015 年 8 月，"城镇版"袁家村亮相西安。袁家村把三产的体验项目变成二产的加工项目，把农副产品变为旅游产品，旅游产品形成产业，走农副产品产业化的道路。在乡村振兴的过程中，旅游需要产业支撑，面粉、豆腐、酸奶等众多小产业成就了大旅游，旅游又促进了大产业的繁荣发展。截至 2019 年年底，袁家村的进城店达到 19 家，营业收入接近 3 亿元，把袁家村·关中印象的经营模式和经验带到全国，因地制宜地打造不同地域文化的袁家村。从 2016 年开始，启动出省计划，逐渐与青海、河南、山西、湖北等省份达成合作意向。至此，袁家村变成可对外输出价值的品牌，其代表了袁家村的产业链。

以"农民利益"为中心。在旅游业发展初期，袁家村同样遇到了旅游收入分配不均的问题，贫富差距明显，凭借灵活调整的股权配置，解决利益分配失衡问题，并促进全村形成集体主义。袁家村的旅游产业合作方式，是以产品化对农民再组织，以合作社对利益再分配，实现"全民参与、共同富裕"。袁家村的股份制采用基本股、混合股、交叉股、调节股、限制股等形式吸纳本村村民及周边群众，以合理有效的分配方式激发群众创业的内生动力。[253]2020年,袁家村成立17家合作社,实现本村村民入股全覆盖。股份制培育了村民的集体意识,使其自觉维护旅游品质,促使袁家村旅游产品不断提档升级。袁家村经验告诉我们:唯有将农民个人利益与集体利益绑在一起才能真正实现共同富裕。如若不以"农民利益"为中心,农户无序发展,恶性竞争,将导致旅游业起步于农家乐亦止步于农家乐。

未来发展与隐忧。原本不足300人的关中小山村创新性地发展旅游产业,成功实现了村域经济的转型。袁家村以集体所有为前提、以农民为主体、采用股份合作形式、分配原则多样性以及合作原则自愿性,创造了产业共融、产权共有、村民共治、发展共享的新型集体经济发展奇迹。[252]袁家村搭建农民创业平台,吸引投资、吸纳人才、完善业态,创业就业人数多达3 000余人,带动周边近两万名农民增收,带领参与者实现共同富裕。袁家村发展旅游业只是探索乡村发展的一种途径,并非最终目的。依托袁家村品牌,从乡村旅游扩展到食品加工,再到建设农业生产基地,由三产带动二产、倒逼一产,是逆向三产融合的过程,从根本上保证袁家村的可持续发展和乡村振兴。如今,袁家村最主要的餐饮业态接近饱和,很难吸收更多的创业者。未来,靠什么支撑袁家村持续发展下去?中国人民大学农业与农村发展学院周立教授以袁家村为例进行研究,认为资源匮乏型村庄通过资源共建、社会共治、成果共享,可实现内生发展集体经济。[252]为突破资源困境,袁家村转型发展乡村度假游,启动进城出省计划,发起"百村联盟",袁家村要打造百年袁家村,谋求产业的良性发展,追求老百姓可持续性地致富。

第四节 "企业+农户"模式

一、模式简介

"企业+农户"模式始于20世纪80年代,是农业生产中的重要经营模式,在2004年以来的中央一号文件及各地政策文件中都有所体现。"企业+农户"模式是指企业和农户以契约形式结成利益共同体,权责明确,由企业统一组织经营管理活动，带动乡村以农户为单位参与旅游服务活动。其核心是通过契约建立企业与农户之间的利益分配机制，并由此规范彼此的交易关系。企业与农户优势互补，利益共享，风险共担，能够很好地解决农户的小生产与大市场、大流通之间的矛盾。企业进行统一的旅游规划开发与经营管理，规范农户接待标准，完善公共基础设施，开拓客源市场，开展营销宣传，提供技术指导和专业培训，避免出现因恶性竞争而造成游客利益受损的现象。[254]农户通过提供游览、餐饮、住宿等接待服务，参与民俗节庆等特色展演活动，从事安保、保洁等服务性工作获取旅游收益。"企业＋农户"模式结合了企业的规模优势和农户的乡土优势，克服了农户势单力薄的弊端，解决了企业难以进入乡村的难题，有利于旅游产品向广度和深度拓展。该模式灵活运用乡村闲置资源、剩余劳动力、多样农事活动、特色农副产品，向游客展示真实的乡村生活。[255]

企业是指企业或公司，根据性质的不同，又可分为村办集体企业和引进外部企业。村办集体企业实行村民自治，为内生式开发，村民或村委会为直接利益主体，自筹资金、自我开发，工作开展较易，但由于自身原因发展速度较慢；引进外部企业为外部介入式开发，表现为借助现代企业制度的建设，能够迅速打开市场，旅游收入较高，但容易出现难以理清的产权配置问题，管理中受到村民的抵制，工作开展难度较大。[256]两种模式各有利弊，关键是如何处理好企业和农户之间的利益关系，做到扬长避短，选择适宜的发展模式。利益共享和利益分配是开展合作的重要前提，以企业和农户的利益诉求为导向平衡利益分配机制，规范合作条约，保障双方利益，稳定的合作才能保证长久发展。[257]

二、存在问题及未来发展

村办集体企业是实现农村发展的有效方式，能够壮大集体经济，推动全村共同致富。依托集体企业发展繁荣的乡村典型示范比比皆是，如江苏华西村、山东南山村、得利斯村、辽宁小平房村、东街村、陕西袁家村等，全国知名。在繁荣的背后，村办集体企业同样具有普遍性的经营管理问题，家族式管理、管理观念陈旧、管理模式僵化、管理体制不规范、缺乏有效监督等，村办旅游企业也难以避免，也面临着投资能力弱、资金筹措难等问题。全国著名的旅游乡村中，如陕西袁家村、安徽西递村等，实现了乡村与旅游业、企业与村民的共同繁荣，成为行业发展的典范。外来旅游企业多为成熟的大型集团或企业，资金实力雄厚、技术力量强大、经营管理理念先进、从业人员素质较高，在景区开发与管理、营销和服务上具有优势，难题在于与村民关系的处理，在社区发展、村民致富增收方面考虑不周全，由此引发本地村民与政府、开发商、旅游者之间的种种矛盾冲突。

在发展中由于信息不对称，企业因控制旅游市场而通常处于优势地位，农户处于弱势地位，加上企业对利润的追求，可能会损害农户的利益，两者之间矛盾重重。企业如若不能照顾到农户的切身利益，甚至剥夺农户表达自身利益和参与开发的权利，农户则会出现不满情绪，矛盾和冲突在所难免，有的甚至引发激烈的冲突。由于约束机制不健全，容易导致两者之间约定的脆弱性，当合作双方产生利益冲突时，都可能以违约方式获取眼前利益，如项目出现亏损时，企业可能会放弃经营；经营状况良好时，农户可能会要求增加土地流转补偿。这些情况增强了模式的不稳定性，双方合作关系难以维持。[258] 依博弈论观点，组织如果不能约束契约方的行为，轻则影响组织的远期效率，重则导致组织的解体，制约模式的健康发展。[259] "公司＋农户"模式问题层出不穷，双方在利益上难以找到合适的平衡点，合作关系难以维持。

基于两者不平等的市场关系，让企业直面农户并非最佳选择，但此模式并非不能推行。在公司和农户之间引入"中介"结构，负责两者之间的沟通与协作事宜，就能有效地规避该模式与生俱来的弊端。通过引入合作社等新型经营主体，引入政府等第三方主体，在实践中创新出了"企业＋基地＋农户""企业＋村集体＋农户""企业＋合作社＋农户""政府＋企业＋农户"等多种模式，让"企业＋农户"模式更好地实现了双赢。改良或升级的"企业＋农户"模式，在国内农业领域有着广阔的创新和探索空间，调整市场主体之间的关系，优化产销链条，可以获取更好的经济效益。

三、典型案例分析

"企业＋农户"模式在我国普遍存在，成功与失败案例比比皆是，如四川成都三圣乡的"幸福梅林"，广西灵川县毛洲岛等的旅游开发与经营管理，安顺开创"企业＋农户"贵州乡村旅游新模式，而乌镇是成熟古镇中采用企业主导型模式的主要代表，企业通过多种途径带领农户参与乡村建设。

典型案例：桂林毛洲岛农家乐旅游

广西壮族自治区灵川县毛洲岛西距桂林市区仅18千米，背靠磨盘山，漓江呈"川"字形穿岛而过，与大圩镇隔江相望。毛洲岛面积0.43平方千米，四周环水，翠竹奇石，果树成林，绿色覆盖率达92%，为百里漓江第一大岛，是一个天然的氧吧。毛洲岛上居住着一个普通的自然村落——毛洲村，岛上居民不足百户，人口400余人，均为汉族。毛洲村以种植蔬菜、瓜果为主，屋前房后随处可见菜地和果树。

旅游起步。在各级政府号召下，毛洲岛改变以往种植柑橘的单一经营方式，2001年开始建设毛洲岛生态旅游农庄。毛洲岛盛产柑橘、蜜桃、桂花橙等珍贵品种，后来村民又扩种了提子、草莓、西瓜等无公害绿色水果，旅游业带动发展观光农业。毛洲岛利用当地的田园、庭院、经济作物，主要瞄准桂林及周边等地的城市居民，大力推进以"农家乐"为重点的生态休闲农家旅游。2007年灵川县人民政府批准成立灵川县大圩毛洲岛渡口，方便游客往返。2005年，毛洲岛接待游客1.5万人，旅游收入37.5万元。2007年毛洲岛被评选为全国农业旅游示范点。

"企业＋农户"模式。毛洲村委牵头、村民参与，完善岛上的水、路、厕等基础设施，装修旅游接待中心，成立了毛洲岛旅游管理委员会，改善旅游环境，提升服务水平。村里对从事旅游接待的农家乐进行统一编号管理，采用××号农家乐的形式，如11号香樟屋农家乐、18号香樟树农家乐、40号果园农庄农家乐、58号江边农庄农家乐等。农家乐大致分为四个片区，主要提供餐饮、住宿、娱乐、采摘等产品或服务。毛洲岛先后引进胜源旅游开发有限公司、双付生态旅游有限公司等企业，拓宽筹资渠道。与双付生态旅游有限公司合作后，毛洲岛主要采用"企业＋农户"的发展模式，企业先后投资 180 多万元，对农户（主要是旅游接待户）外墙进行统一装修，完善景区大门、观光水车、码头和道路等服务设施。在毛洲岛的旅游开发与经营管理过程中，企业充分听取农户的意见和建议，广泛地吸引农户参与到经营与管理中，公司统一管理与农户分散经营相结合，农户乐于接受管理，并不断提升自我，投资商与农户和谐共处，成为"企业+农户"发展模式的典型案例。据统计，截至 2019 年，岛上有 150 余人加入旅游服务行业，提供间接就业岗位近百个。[260]

未来发展。毛洲岛旅游取得了一定成绩，但同时也必须正视存在的问题，如产品和服务层次较低、基础设施和服务设施较差、文化内涵有待挖掘、服务水平有待提升等，毛洲岛旅游还处于起步发展阶段。但正是由于浅层次的开发，使得毛洲岛能够远离喧嚣，田园气息浓郁，民风乡情质朴，被游客称为世外桃花源。

第五节 股份制模式

一、模式简介

股份制是我国经济体制改革的产物，党的十五大明确股份制是公有制经济的实现方式之一，党的十六大要求积极推行股份制，股份制在社会经济发展中发挥越来越重要的作用。股份制是指以入股方式把分散的、属于不同主体的生产要素集中起来统一使用，合理经营、自负盈亏、按股分红的一种经济组织形式。股份制是一种新型乡村旅游社区参与模式，属于内外部联合开发，村民以其所拥有的土地、房屋等租赁或入股，同时吸收社会资金入股，吸引多方力量参与休闲农业与乡村旅游的开发与保护。[256] 股份制模式是休闲农业与乡村旅游发展的高级模式，各参与主体以股份合作形式进行旅游开发，把旅游资源、特殊技术、劳动量转化成股本，收益采取按股分红与按劳分红相结合的形式。

在休闲农业与乡村旅游领域，股东主体一般包括三部分，外部企业、村集体和村民。企业盈利后，通过股金分红支付股东的股利分配，各参与主体按各自股份获得相应收益；通过公积金的积累完成休闲农业与乡村旅游的扩大再生产，进行旅游设施建设与维护；通过公益金形式支持乡村公益事业，如相关培训、旅游生态环境保护与改善、文化设施建设，以及维持本地村民参与机制的运行等。[244]农户以自身土地、房屋及其他资产入股，定期获得股份分红收入，还可通过房屋租赁、农家乐经营、农产品售卖、劳动提供等多种方式参与旅游经营活动，获得多种收入。股份制模式扩大了乡村集体和农户的经营份额，有利于实现农户的深层次参与，引导农户自觉保护乡村生态资源；股份制模式实现了旅游企业资产联合，有利于提高企业和资本的运行效率，便于组建大型旅游企业集团，保证休闲农业与乡村旅游的良性发展。

股份制组织形态按生成方式可分为内生式经济组织和外源式经济组织。由村集体主导的内生式经济组织，是指以村集体为主导、以村民参与为主体，在合作社或村办企业的基础上升级形成旅游股份制公司，例如陕西袁家村的"村集体＋农户"的多元股份制和山东中郝峪的全员股份制等。由外部企业主导的外源式经济组织，是指外部企业与村集体、村民共同成立股份合作制企业，公司按股份分红，外部企业以现金、技术、设备等作为股本，村集体、村民将集体资源或个体资源等转化为股本，例如湖南十八洞村的分类股份制、浙江鲁家村前期的"村集体＋公司"的合作股份制、山东五彩村的"公司＋村集体＋贫困户"的扶贫股份制等。[261]

二、存在问题及未来发展

股份制模式既考虑外来投资者的利益，也重视社区居民的利益，实现了旅游资源由"公有"到"共有"的转变，达到保护资源和生态环境的目的。但企业经营需自负盈亏，获益主体均存在一定的风险，影响休闲农业与乡村旅游的长期稳定发展。企业经营过程中有可能会出现多重管理或管理缺乏等问题，分配红利时有可能导致利益分配不均。如果企业破产，企业股对本企业的投资将无法用来抵债，易侵犯债权人的利益。农户不一定是股东，不参与企业的经营决策，发展过程中缺少话语权。优化股权，明确产权，把参与主体的责权利有机结合起来,进行跨地区、跨产业的资产联合,降低风险,保证休闲农业与乡村旅游的良性发展。合理划分各参与主体红利,使农户得到应有的股权,让当地农户代表成为合法股东参与企业的开发经营决策与生产经营活动,保证社区参与主体的合法利益。休闲农业与乡村旅游在探索农民股份制新型集体经济模式中提供了可借鉴的新模式、新经验,农民股份制与旅游生产要素和旅游资源供给不断匹配和逐渐完善。

三、典型案例分析

改革开放以来,我国旅游企业纷纷进行股份制改造,实行股份制经营符合我国旅游企业改革发展实际。1983年,深圳银湖旅游中心股份有限公司公开发行股票筹集资金;1993年年初,泰山索道公司进行股份制试点改革,组建成立了山东泰山旅游索道股份公司,以定向募集方式募集股份,1996年成为原国家旅游局推荐的第一家上市公司;上海新锦江大酒店于1992年进行改制,向社会公众发行境内公众股,成为中外合资型的股份制上市公司;1997年11月,中青旅成为A股上市企业,而上海国旅仅为B股上市企业。[262]

众多的古村古镇等乡村旅游目的地尝试组建旅游股份有限公司,或由原旅游相关企业升级为旅游股份有限公司,促进休闲农业与乡村旅游投资的快速扩展,成功案例比比皆是。如成都三圣乡红砂村成立了由外来投资者、村集体和村民共同持股的股份制旅游企业,武夷山下梅古村由政府、集体公司与村民合办下梅民俗文化旅游有限公司,周庄镇在政府主导下组建了江苏水乡周庄旅游股份有限公司,乌镇旅游股份有限公司由中青旅控股股份有限公司和桐乡市乌镇古镇旅游投资有限公司共同投资经营,陕西袁家村创建了"袁家村特色"多元股份制。

典型案例:山东中郝峪旅游发展的全员股份制

山东省淄博市博山区池上镇中郝峪村地处博山大山深处,交通闭塞,人均耕地少,2003年以前是远近闻名的贫困山区村。二十年来,中郝峪村坚持"以农民为主体、让农民共同致富"的理念,探索实施"公司主导+村民入股"的综合性发展模式,通过新型休闲农业与乡村旅游产业盘活全村资源、创建"郝峪模式",带动全体村民共同致富。2019年,中郝裕村接待游客数量突破23.8万人次,综合收入达到3 500万元,先后荣获全国休闲农业与乡村旅游示范点、全国乡村旅游重点村、全国森林康养示范建设基地和乡村研学旅游目的地等荣誉称号。中郝裕村休闲农业与乡村旅游特色发展模式入选《山东省乡村旅游培训教材》典型案例,2018年入选世界旅游联盟扶贫典型案例,2020年入选世界旅游联盟旅游减贫案例。

全员股份制模式。中郝裕村设计并实施了"全体村民股份制"的新型农村集体经济发展模式,全村113户363名村民全部入股,真正实现了全村参与、全民持股,是全国最早实现全体村民全员持股的村庄之一。[261]中郝峪村党支部书记赵东强带领村两委准确把握村内生态环境优势,提出了打造农家乐、发展乡村旅游的脱贫强村思路。2003年,村两委自筹资金1万元作为旅游业接待农户的奖励扶持资金,2003年5户农家乐开业,当年便收回成本,每户还获得2 000元的扶持奖励。2006年秋,赵东强的儿子、省级优秀毕业生赵胜建回乡创业,关于旅游发展,赵胜建提出了公司化集体运营的想法。2012年全体村民入股641.6万元,正式成立淄博博山幽幽谷旅游开发有限公司,公司负责全村的旅游项目开发和运营,公司化运作,单体承包责任经营,赵胜建任公司总经理。联合全村所有的农家乐业户,整合所有有价值的资源折现入股,同时对全村集体资产进行确权转股,实现了资源变资产、现金变股金、村民变股民的转变。鼓励土地、劳动力、农林果园、闲置房屋等合法流转,由村民选出的评估小组进行统一评定股份,股份可在本村内转让继承,可逐年投资持续参股。参与农户除经营收入以外,每年还可通过发放福利、年底分红等形式参与利益分配。在利益分配上,公司留取20%用于公司运营和基础设施建设,其余80%为全体村民所有,主要包括比例股份、集体干股和福利股三部分,集体干股占17%用于人头股分红,福利股占3%用于老人福利分红,剩余的80%用于二次分红。

"郝裕模式"评析。作为全国实施农民股份制的先行者,"郝裕模式"取得成功的原因是多方面的。一是有胆识、有魄力的基层领导班子。村两委主要成员连续几届全票或高票当选,拥有极高的威望。二是有高水平的经营团队。团队为平均年龄不超30岁的回乡大学生,拥有扎实的专业知识、敏锐的市场意识和极高的创新能力。三是全民参与旅游发展。全村113户,其中农家乐达103家,参与经营农户占全村90%以上,全村能够形成利益共同体,在股份制问题上容易形成主导性意见。四是乡土文化根基发挥纽带作用。中郝峪村的村民是由几个大姓家族组成的,村民之间有着密切的宗族关系、血缘关系,依此建立起来的信任与依赖在乡村事务中发挥关键作用,如3%的老人福利股就是村委会提议、全体村民同意通过的,完全是基于乡土文化根基和传统孝道文化而形成的利益分配机制。

未来发展。中郝峪村的旅游发展从初期的单一观光农业,逐渐形成集规模化种植、农副产品加工与销售、旅游观光、休闲娱乐、现代化服务于一体的"新六产"发展格局,休闲农业与乡村旅游成为新的经济亮点。未来,中郝裕村将积极转变发展方式,培育乡村新产业、新业态,大力发展乡村养生养老产业、乡村民宿度假产业、高标准农业旅游产业等。未来,中郝峪村将不断完善运营环节和要素,使新型集体经济模式在精准扶贫和乡村振兴中得到广泛应用和普及。

第六节 "政府+企业+农户"模式

一、模式简介

"政府+企业+农户"模式,是指在休闲农业与乡村旅游开发经营过程中,由各级政府按市场需求和地方旅游总体规划节点,引进企业、发动村民开办休闲农业与乡村旅游,政府和旅游部门进行跟踪指导和监督管理。从本质上看,"政府+企业+农户"模式是政府引导下的"企业+农户"模式,政府充当中间者角色,协调各方利益主体矛盾,主要出现在大型景区的乡村地区,政府积极地支持和配合引进企业,创设良好投资环境。企业可以由村集体、当地村民、外来投资者,或村集体、村民与外来投资者共建;企业可以是旅游开发与经营管理综合性公司或单纯的经营管理公司,或者是大型的旅游集团或旅行社集团,旅游经营管理按企业运作,利润由所有参与者按比例分成。村民可以通过为游客提供餐饮、住宿、娱乐等单项旅游服务换取一定的报酬，获取稳定的日常工资收入。

由政府部门制定各级旅游规划，负责基础设施建设，开发经营过程中进行必要的指导和引导。政府组织农户参与旅游建设，旅游企业带来资金、技术、人才等，负责专业技术指导和培训，达到政府获益、企业增值、农户增收的效果。政府邀请外部投资者，或由各级政府参与组建旅游企业，具体参与旅游业务的开发与经营。在此模式下，政府肩负引导和监督责任，能够约束企业和农户的经营行为，避免企业因利润最大化和农户小农意识而出现的旅游超载、破坏资源等现象，引导旅游业持续健康发展。

二、存在问题及未来发展

"政府+企业+农户"模式主要出现在休闲农业与乡村旅游经营的早期，政府更多考虑地区社会经济的综合效益，过分追求为引进企业提供良好投资环境，对农民的参与及利益关注度不够。若政府主观干预意识过强，容易引发农户的反抗情绪，导致农户参与程度较低、参与方式单一。随着乡村旅游市场的日益完善，政府参与旅游开发、经营的方式和程度有所变化，应淡化各级政府的主导地位，健全完善的行政监督制度。该模式发展的关键问题是涉及农民利益难以衡量。未来发展中，政府要充分考虑农户利益，提供灵活多样的参与形式，提高农户参与旅游的积极性。

三、典型案例分析

各级政府主导旅游发展的成功实例很多，大连、杭州、成都等地均在政府主导下实现旅游业的跨越发展，如周庄镇、乌镇镇级政府深度参与当地旅游业全国知名，周庄是政府主导模式的典型代表，政府主导、市场化运作，统筹古镇保护与旅游开发，开创了保护与发展并重的"周庄模式"。如果参与主体利益分配机制不合理，和谐发展将会遭遇困境。1997年由苏州市甪直镇人民政府投资设立甪直旅游发展有限公司，1998年黟县宏村引进北京中坤科工贸集团，政府与其组建黄山京黟旅游开发总公司，两家公司主要负责甪直景区、宏村景区的运营管理以及相关旅游业务，虽然当地旅游业繁荣发展，但政府、公司与百姓矛盾重重。

典型案例：政府主导下的周庄旅游发展

周庄镇地处江苏省昆山市和上海市交界处，是中国历史文化名镇、国家首批5A级旅游景区。周庄历史悠久，60%以上的民居仍为明清建筑，大部分住户都是临水而居，属于典型的江南水乡小镇，是江南六大古镇之一，有"中国第一水乡"之誉。从20世纪80年代开始，周庄就在全国率先开始探索古镇的保护与发展，旅游开发从一开始就是在当地政府主导下进行的，政府不仅运用规划审批和行政管理等手段对古村镇旅游开发进行宏观管理，负责古村镇公共设施、公共服务和公共事务，而且在一定程度上参与旅游开发、经营。

周庄古镇保护模式。第一，重视总体规划。早在1984年，周庄就提出保护古镇、开发旅游、确立"旅游立镇"的发展方向。1986年，通过了同济大学建筑与城市规划学院阮仪三教授主持的《水乡古镇周庄总体及保护规划》，规划中明确提出了"保护古镇，开发新区，发展旅游，振兴经济"的十六字方针，古镇的整体风貌格局得以完整地保存。1992年，昆山市批准了用地面积为0.676平方千米的《周庄风景旅游开发区规划》。随后数年时间里，阮教授根据发展实际情况和暴露问题进行了多次修订，以保持总体规划的适宜性。第二，建立政府主导的古镇保护组织机制。1999年，周庄成立古镇保护委员会，下设办公室，对古镇保护工作实施管理、监督和指导。从20世纪90年代初到2014年，周庄先后编纂了两轮镇志，较为系统完整地保存了周庄的历史资料文献。从2008年开始，周庄每年面向全国举办中国名镇名村（周庄）论坛，国内外专家和历史文化名镇名村代表共同参与交流中国历史文化名镇的保护与发展。2017年"阮仪三城市遗产保护基金会周庄工作站"落地，该工作站是为了更好地带动江南水乡的保护与发展。保护经费不依靠国家，主要依托镇旅游公司收入以及镇管租房租金和古镇保护基金，通过旅游收入反哺古镇保护。镇旅游公司门票收入的30%~50%用于古镇保护，2004年周庄成立国内首个国内文化名镇保护基金会后，每年旅游门票收入的10%划入基金用于古镇保护。第三，保留古镇区原住民。周庄进行了古镇区与新镇区的功能区分，保留古镇区原住民的生活空间、生活方式、生产资料与文化习俗，最大限度维持周庄原生态人居环境和活态文化遗产。原住民生活其中，并积极投身旅游事业，担任导游、船娘或民俗活动表演者，为游客带来优质的人文体验，成为古镇中最动人的风景。

周庄旅游开发模式。第一，政府主导，市场化运作。20世纪80年代初，苏州市旅游局对周庄古镇旅游发展进行规划，在专家指导下周庄镇政府成立了周庄旅游服务公司，周庄开始走上旅游发展之路。[263] 1994年年底，在周庄旅游服务公司的基础上周庄镇政府又组建成立了周庄镇旅游发展公司，所有景点统一经营管理；1998年9月，苏州周庄古镇旅游集团公司正式组建成立，由单一的旅游服务项目发展到旅游综合服务；2000年年底，集团公司实施整体改制，引进战略投资者，于2001年4月正式设立了江苏水乡周庄旅游股份有限公司，下设10家专业公司，政府作为主要力量参与旅游建设，统筹古镇保护与旅游开发，始终扮演主导者的角色。[264-265] 第二，保护性旅游开发。周庄在政府主导下，实施"古镇区＋古镇新区＋新镇区"的模式。对古镇区进行整体性保护，原住民主体没有迁出，在此居住的仍有800多户2 000多人，原汁原味的生活方式成为特色旅游资源，原住民也成为从事旅游的主体之一，把整个古镇培育为社会型景区。1983年庄春地先生着手修复沈厅，"修旧如故，以存其真"，没有破坏古镇重建假古董，把整个古镇作为活态景区加以保护，从1995年开始，周庄整合古镇众多景点，以"中国第一水乡"品牌形象对外宣传整个古镇，并且从1996年开始承办周庄国际旅游节，周庄在古镇保护方面声名鹊起。

周庄旅游转型发展。周庄水乡古镇开创了依托古镇资源发展旅游、以旅游发展反哺古镇保护的周庄模式，却也逐渐暴露出商业化氛围过浓的问题，破坏了水乡风韵和古镇风貌。从2005年开始，周庄提出十年提升战略，从过去相对单一的观光旅游向休闲度假旅游、文化创意、高新技术制造三大产业转型发展。"十三五"期间，周庄充分挖掘乡村资源，向乡村旅游延伸，进行全域旅游的新探索，全力打响"乡村体验游"旅游品牌。

第七节 "政府+企业+农民旅游协会+旅行社"模式

一、模式简介

"政府+企业+农村旅游协会+旅行社"模式,是指休闲农业与乡村旅游发展的几个关键利益主体通过合理分享利益而协作发展的旅游模式,适用于政府投资能力较弱、经济相对落后、市场发育不太完善的乡村地区。该模式的具体内容包括,各级政府负责旅游规划制定和基础设施建设,优化旅游发展环境;旅游企业负责景区的经营管理和商业运作;农民旅游协会组织村民参与旅游开发与经营活动;旅行社负责开拓市场、组织客源。政府全盘把握,企业和协会分工协作,农户广泛参与,各利益主体充分发挥自身优势,实现多方共赢。这种模式主要出现在休闲农业与乡村旅游发展的初期阶段,能够解决贫困乡村地区旅游发展资金短缺、客源市场不足的问题,为本地村民参与旅游提供机会和条件,各方利益关系得到有效协调。在政府引导下,各利益主体之间形成文化保护与旅游开发双向互动的良性机制,增强当地村民的文化保护自觉意识,原生态的乡土文化得到较好的传承与发展,避免过度商业化,为旅游可持续发展奠定基础。

二、存在问题及未来发展

在实际的操作中由于参与主体较多,涉及领域较广,影响因素较多,利益关系难以协调。该模式各利益主体之间属于松散型的协作关系,缺少一系列严格的契约约束,各利益主体的参与动机和目的不同、扮演角色不同、利益诉求不同,易在多角动态失衡中凸显矛盾。作为乡村核心利益主体的本地村民,通过农民旅游协会参与旅游开发建设,增加了社区参与机会的不平等,其利益诉求难以得到体现,旅游发展不能真正解决村民的生计问题。随着旅游业的深入发展,会造成土地资源的浪费、生态环境的污染,不利于可持续发展。未来发展中,该模式应该树立兼顾多方利益的共同发展理念,建立高效的利益分配机制和社区参与机制,保障各利益主体获得最大的收益。

三、典型案例分析

随着内外部环境要素的变化和内部利益主体不断调整,休闲农业与乡村旅游发展中面临无法回避的利益冲突与矛盾。该模式的典型代表有贵州天龙模式,它充分发挥旅游产业链中各环节的优势,推进农村产业结构的调整,但后续旅游发展依然出现徘徊与困惑,在实践中不断探索旅游业的持续发展。

典型案例:贵州天龙屯堡"四位一体"模式

屯堡是明代耕战经济在贵州安顺的历史遗存,天龙屯堡是屯堡群中的核心代表。天龙村隶属贵州省安顺市平坝区天龙镇,地处贵州喀斯特地貌大山深处,是村寨与旅游景区一体化的典型代表。天龙屯堡文化旅游区由天龙屯堡景区和天台山景区组成,是安顺屯堡文化旅游圈的重要组成部分。屯堡文化主要由600年前朱元璋"调北征南""屯田戍边"保留下来的屯堡村寨、屯堡人构成,主要包括建筑、服饰、地戏,以及释、儒、道三教合一的信仰,"明代古风,江淮余韵"是屯堡文化演绎的高度概括。[266]

天龙屯堡"四位一体"旅游模式。1997年,屯堡人陈云敏锐地嗅到乡村发展旅游业的商机,成立了屯堡文化资料收集小组和旅游开发筹建小组。2001年,在安顺市政府的主持和扶持下,包括陈云在内的当地三个屯堡人共同投资100万元组建了天龙旅游开发投资经营有限责任公司(以下简称天龙旅游公司),获得天龙屯堡景区50年的经营权,主要负责景区的经营管理与商业运作,如旅游产品开发、市场推广、门票收取、景区环境改造与整治等。在利益分配方面,由天龙旅游公司对景区实行统一经营管理,负责景区所有的费用开支和经营收入再分配。[267] 2001年9月,天龙屯堡文化旅游区举行首游式,休闲农业与乡村旅游正式启动,到2002年参与旅游开发的农户人均收入提高了50%。2003年2月,在镇政府扶持下,天龙村组建农民旅游协会,协会成立的目的是带动村民积极参与旅游开发建设,处理好村民参与旅游开发建设的各种关系,如组织参与演出、组织参加培训、负责维护社会治安和环境卫生等。[268]当地村民自愿加入农民旅游协会,每年缴纳会费10元,通过到天龙旅游公司就业、出售手工艺品和土特产品、开办家庭旅馆等方式获取收益。天龙旅游公司的创始人之一吴比为贵阳风情旅行社负责人，旅行社利用旅游网络资源优势，负责开拓市场、组织客源，并从天龙旅游公司门票收入中获得部分让利。天龙屯堡景区开创了"政府＋企业＋农民旅游协会＋旅行社""四位一体"的多方参与式旅游模式，融入多个利益主体，兼顾各方利益，形成旅游业互惠互赢的良好发展局面，成为贵州休闲农业与乡村旅游开发的成功典范。[269]2004年，此地作为世界乡村旅游论坛分会场，世界旅游组织把天龙村作为"乡村旅游项目开发实验基地"。

旅游目的地生命周期的起伏。经历了2001—2004年的起步发展，2005年天龙屯堡景区旅游步入发展快车道，天龙村2001年接待国内外游客仅为1.43万人次，2005年达到32.87万人次，2007年成功突破50万人次，2008年游客人数开始出现下滑，2010年景区购票数量仅20万。[270-271]2008年以后，天龙屯堡获得多个国家级荣誉，如中国历史文化名镇、国家级文化产业示范基地等，旅游产品内容日益丰富，但并未能成功延续持续增长的良好势头，进入缓慢发展阶段。2009年，天龙旅游公司收购开发云峰屯堡的南风公司，参与策划百里屯堡文化旅游圈。2011年，天龙屯堡景区引进黄果树集团、大明房地产开发公司、平坝国有资源管理控股公司三家公司，与原有的天龙旅游公司共同组建旅游投资集团，景区开始旅游资源重组，尝试旅游发展提档升级。[272]

旅游景区徘徊与困惑。天龙模式同样遭遇了旅游业发展中无法回避的利益冲突与矛盾。作为货币资本持有者的天龙旅游公司始终处于旅游发展的主导地位，形成了表达其利益主张的产权制度和利益分配机制，压缩了其他主体的利益表达空间，多方参与、公司主导型的天龙模式所具有的制度缺陷是影响旅游可持续发展的显著隐患。[273]货币资本的地位和利益主张随着旅游的发展而得到凸显，而文化资本仅在项目可行性研究阶段得到重视，旅游发展水平日益提高，作为文化资本持有者的当地村民表达利益主张的话语权却被剥夺，参与空间被压缩，当村民发现旅游发展带来的经济利益与本身所得利益之间的差距时，村民的参与积极性逐渐下降，参与程度越来越低。松散协作型的天龙模式，除天龙旅游公司与旅行社有一定的契约关系外，其余利益主体之间缺少严格的契约约束，从而致使各利益主体会根据自身需要突破模式的束缚，追求个体利益最大化。从普遍的公共利益出发，公众期望文化遗产能够最大程度地保存其历史、文化、科学等多方面价值，而文化遗产的私权主体还要考虑其生存权、发展权，在实现其生存权、发展权的过程中，私权主体可能会对文化遗产造成一定程度上的损害，[274] 如村民修建白瓷砖房破坏古镇风貌、不愿参与传统生产生活方式的传承等，用消极的态度或行为甚至极端暴力对抗旅游开发建设。天龙屯堡景区在未来旅游发展中，要逐渐淡化组织资源的主导地位、弱化货币资本的社会地位、强化文化资本的结构地位，打造各利益主体位置均衡、利益均等的场域结构，构建和谐互促的利益格局和利益秩序，实现可持续发展。

第八节 典型模式对比分析：西递与宏村旅游发展模式比较

安徽西递、宏村，保存了较为完整的徽派古村落，是皖南古村落的代表，国家 5A 级旅游景区，于 2000 年被列入世界文化遗产名录，是我国第一批古村落型的世界文化遗产。同为"企业＋农户"的旅游发展模式，西递村采用集体经营模式，宏村采用租赁经营模式，两种模式并无绝对的优劣势，探索实践出了不同的旅游发展道路。

一、西递村旅游业发展

1986 年，西递村由村委会统一组织开发旅游，1994 年，西递村委会注册成立"西递旅游服务公司"并自主经营至今，1996 年成立"旅游管理委员会"，旅游业稳步发展。[275] 西递村旅游经营权掌握在村民手中，受村委会委托，西递旅游服务公司代表村民负责旅游的开发与管理工作，公司与西递村按照 1∶1 的比例分配景区门票收入，村庄部分又按 20% 和 80% 的比例用于村集体公益事业和村民分红，有益于解决就业、保护文化遗产、改善生态环境、促进社区发展,百姓真正受益。同样,村民为了私利容易产生带游客逃票现象,政府公务接待会产生门票漏损等问题普遍存在。在西递村旅游发展过程中,政府、社区、遗产保护组织起到了关键作用,村民由自主经营逐渐转向在政府和遗产保护组织规划、引导下的良性发展。[276]近年来,由于西递村旅游收入明显落后于宏村,同样引发了村民对西递旅游服务公司的不满意和不信任,旅游业在公司与村民的摩擦中艰难前行。

二、宏村旅游业发展

宏村于 1986 年开始发展旅游业,在随后的十多年间先后经黟县旅游局、黟县旅行社、际联镇(现为宏村镇)政府、宏村村民经营,旅游收益并不乐观,旅游业增长缓慢。[277]1998 年引进北京中坤科工贸集团,集团与政府组建黄山京黟旅游开发总公司,采取租赁经营模式,获得 30 年的旅游开发经营权,开始现代化的企业经营管理,旅游效益显著提升。[278]按照 1999 年签订的协议,旅游公司自留门票收入的 95%,旅游公司每年支付宏村 9.2 万元和 1% 的门票收入,支付给当时的镇政府 7.8 万元和 4% 的门票收入。[256]2001 年修改合同,在全部门票收益中,京黟公司占 67%,县政府占 20%,镇政府占 5%,村民占 8%,其中村民部分还包括村截留部分。[279]宏村坚持引入新产品、新业态,积极开发创新创意型旅游产品,2008 年建成奇墅湖国际度假村,2012 年推出大型旅游实景文化演出《宏村·阿菊》,品牌知名度不断提升。宏村旅游业繁荣发展的背后却是村民话语权的丧失,据多位学者调查得知,宏村村民从旅游业发展中直接获益较少。

三、对比分析

早期,宏村干预因素较多且复杂,经营管理主体频繁变更;而西递村经营管理相对稳定,旅游业平稳发展,致使旅游总收益明显高于宏村,村民获益也高于宏村;但随着旅游市场的日益壮大,两者差距逐年缩小。申遗成功后,宏村的知名度和影响力明显高于西递村,主要得益于京黟公司的开发和推广，年旅游人次和年旅游收入获得大幅度提升，而西递村由于村办集体企业自身的弊端，旅游业发展速度放缓，在竞争中逐渐落后于宏村。1997年宏村旅游人次和旅游收入仅是西递村的17%和10%，而2004年年底宏村均已超过西递村。[275]2015年，西递村的年游客接待量88.96万人次，实现旅游收入4 365万元，而同期宏村年游客接待量186万人次，实现旅游收入1.14亿元，二者均远高于西递村。从长远发展的角度来看，西递村管理体制顺畅，旅游发展过程稳定，但在中后期面对竞争激烈的旅游大市场表现为后劲不足，在一定程度上制约旅游业进一步发展；宏村引进大型旅游企业，凭借自身的资金、技术、管理、市场等优势，迅速打开市场，旅游业做得风生水起，但由于与村民、政府之间的利益分配机制不健全，三者矛盾重重。两村多数村民都肯定旅游业对当地经济的带动作用，对旅游业持友好态度，均能从旅游发展中获益，但西递村支持度和参与度均高于宏村，西递村村民更注重文物和环境保护。两村村民与旅游企业之间均存在矛盾，但矛盾关注点不同，均曾发生过不和谐事件。两村村民均不满足既得利益，西递村村民在发展后期表现出对企业及政府的不信任，不满意于旅游业发展的长期低迷，主要发生于旅游总收益低于宏村之后；宏村引进企业对村民的尊重和理解不够，旅游业发展与村民收入不成正比，村民不满意收入在旅游总收益中的占比。

四、未来发展

早期，西递村集体企业集中力量开发旅游的优势，在后期更多地表现为体制上的一种束缚，关乎企业利益、村民利益、景区产权、经营权和决策权的变革势在必行。西递村试图摆脱自我封闭的传统经营模式，转向大型旅游企业集团。2013年，黟县政府成立的徽黄旅游集团对西递旅游服务公司等进行收购、重组，在原公司的基础上组建国有全资子公司——黟县徽黄西递旅游开发有限公司，西递村的发展模式进入新的发展阶段。引入外来资本经营的宏村旅游业，不可避免地面临与政府、社区、村民的矛盾冲突，对整体文化的保护和传承问题有待完善，使村民从旅游发展中真正受益还需进一步探索。完美的经营管理模式是不存在的，不同的模式会面临不同的可持续发展问题，关键是识别出不同模式背景下旅游发展的内在问题，不断调整现有的经营管理模式，为其他地域提供参考和借鉴。

第九节 经营管理模式总结

经营管理模式是根据旅游资源和客源市场综合确定的，不同的资源禀赋和地域客源市场，加上地区发展水平各异，经营管理的模式也不尽相同，任何一种模式都存在一定的风险和局限，全国不可能统一发展模式。[280] 休闲农业与乡村旅游开发建设中经营管理模式无绝对好坏之分，不能照搬照抄成功案例，各地要根据实际情况，因地制宜地选择合适的旅游发展方式。

一、自主经营模式

自主经营模式主要出现在休闲农业与乡村旅游发展的初期阶段，适合以家庭为单位的小规模接待，主要包括单体农户模式、"农户+农户"模式、个体农庄模式等。单体农户模式是指具有资源优势的农户直接从事旅游活动，或出租给外来人员从事经营活动，是自主经营模式的最基本单元。随着休闲农业与乡村旅游日益发展，竞争越来越激烈，受自身经营观念、经济实力等方面的限制，单体农户难以参与市场竞争，单体农户之间联合发展逐渐演化为"农户+农户"模式，实力较强的单体农户升级改造为旅游经营综合化的个体农庄模式。自主经营模式的经营者多为本地人，会注意保护性经营，因此能够较好地保留原汁原味的地方特色，游客可以体验原生态的乡土文化。由于受资金投入、管理水平和经营理念等的影响，自主经营模式对旅游经济的带动效应并不理想，难以形成规模化发展。

二、企业经营模式

随着休闲农业与乡村旅游市场的成熟与发展，部分外地企业或本土企业开始投资乡村旅游市场，参与休闲农业与乡村旅游经营活动，企业经营模式开始出现。企业经营模式实行企业型治理，经营主体可以是国有或民营旅游企业，主要包括公司制模式、"企业＋农户"模式、"企业＋合作社＋农户"模式、股份制模式等。公司制模式比较适合休闲农业与乡村旅游的初期阶段，在旅游开发经营中，最大受益者为旅游企业，农户较难从中获利，但农户要承担旅游开发过程中所带来的各种负面影响，资源与利益严重失衡，容易招致农户的反对甚至破坏。随着休闲农业与乡村旅游市场的深耕，以旅游企业为主导，联合村集体、合作社、农户等参与主体的企业经营模式日益多样化，逐渐建立起完善的利益分配机制。企业经营模式能够集中各参与主体的优势力量，联合或协作发展，使休闲农业与乡村旅游迅速走上有序化发展道路，农户参与向深层次转变，旅游带动效益明显，形成规模化发展。

三、政府主导模式

政府主导模式的前提条件是以市场为基础配置资源，充分发挥政府的宏观调控职能，规范各旅游主体的经营行为，在政府主导作用下实现旅游资源的最优配置，主要包括"政府＋企业＋农户""政府＋企业＋农民旅游协会＋旅行社"等模式。在旅游产业基础较薄弱的地方，在休闲农业与乡村旅游发展的初期阶段，政府主导模式在短时间内较易见成效。旅游资源的公共性和跨地域性、旅游产品的综合性等自身特性要求实施政府主导型战略。[281]政府的主导作用主要体现在政策引导、规划制定、旅游设施建设、旅游项目宣传推广和旅游环境营造等方面，要避免政府主宰、政府主财、政府主干等概念误区。[282]任何一种模式都具有阶段性，随着经济体制和社会体制的改革和深化，政府主导型逐渐演变为政府指导型、政府协调型。政府完善基础设施、旅游服务设施、文化环境等公共服务，成为公共服务领域的提供者；加强对顶层设计的规划统筹，制定政策法规、做好资金扶持，在遵循市场规律的基础上进行宏观调控；建立有效的监督评估机制，强化对行业发展的监督监管，创造良好的市场环境；加强对服务人员的培养提升，提高行业服务水平，加速形成与新时代相匹配的、以服务为特征的政府管理体系。

参考文献

[1] 陈永慧. 乡村产业的未来是乡村旅居 [J]. 安家，2019（2）：34-37.

[2] 侯亚男，王剑. 民族区域发展视角下农业文化遗产研究：以"重庆石柱黄连传统生产系统"为例 [J]. 农学学报，2017，7（11）：80-85.

[3] 闵庆文. 农业文化遗产旅游：一个全新的领域 [J]. 旅游学刊，2022，37（6）：1-3.

[4] 苑利. 农业文化遗产保护与我们所需注意的几个问题 [J]. 农业考古，2006（6）：168-175.

[5] 高同彪，刘瑾. 世界农业格局的演变与农业经济效益理论研究 [J]. 长春金融高等专科学校学报，2017（6）：77-82.

[6] 乔金亮. 用工业化理念发展农业不过时 [N]. 经济日报多媒体数字报刊，2018-07-04（09）.

[7] 马惠娣. 人类文化思想史中的休闲：历史·文化·哲学的视角 [J]. 自然辩证法研究，2003（1）：55-65.

[8] 张广瑞. 国人的休闲：梦想与现实 [J]. 中国国情国力，2013（4）：18-20.

[9] 卿前龙，吴必虎. 闲暇时间约束下的休闲消费及其增长：兼论休闲消费对经济增长的重要性 [J]. 杭州师范大学学报（社会科学版），2009，31（5）：89-94，99.

[10] 赵航. 休闲农业发展的理论与实践 [D]. 福州：福建师范大学，2012：21.

[11] 杜兴军，陈曦. 台湾地区休闲农业发展的经验及对大陆的启示 [J]. 农业现代化研究，2013，34（2）：198-201.

[12] 范子文. 观光、休闲农业的主要形式 [J]. 世界农业，1998（1）：50-51.

[13] 戴美琪，游碧竹. 国内休闲农业旅游发展研究 [J]. 湘潭大学学报（哲学社会科学版），2006（4）：144-148.

[14] 郭焕成，吕明伟. 我国休闲农业发展现状与对策 [J]. 经济地理，2008（4）：640-645.

[15] 范水生，朱朝枝. 休闲农业的概念与内涵原探 [J]. 东南学术，2011（2）：72-78.

[16] 刘毅. 川西地区乡村公共空间的演变与重构研究 [D]. 成都：西南交通大学，2017：9-12.

[17] 虞茜茜. 合肥乡村旅游产业融合评价及策略研究 [D]. 合肥：合肥工业大学，2020.

[18] 定军，杨乔，汪晓宇，等. 全国常住人口城镇化率达 59.58% 部分新型城镇化目标或提前完成 [N].21 世纪经济报道，2019-03-01（06）.

[19] 韩长赋. 对标硬任务 做好"三农"工作 [J]. 智慧中国，2019（增刊 1）：37-39.

[20] 吴丰华，李敏. 新时代中国乡村振兴：历史渊源与实施重点 [J]. 经济理论与政策研究，2018（0）：51-61.

[21] 刘守英. 乡村振兴战略是对重农业轻乡村的矫正 [J]. 农村工作通讯，2017（21）：51.

[22] 刘默. 乡村仍是中国现代化主战场：访中国人民大学经济学院刘守英教授 [J]. 中国经济报告，2017（12）：48-52.

[23] 张强，张怀超，刘占芳. 乡村振兴：从衰落走向复兴的战略选择 [J]. 经济与管理，2018，32（1）：6-11.

[24] 张强. 深入实施乡村振兴战略：中国农村的复兴之路 [J]. 上海商业，2021（3）：91-101.

[25] 陈力. 当代乡村文化之忧与思 [J]. 群言，2013（12）：27-29.

[26] 张万林. 乡村文化之忧 [N]. 人民日报，2009-07-21（20）.

[27] 何景明，李立华. 关于"乡村旅游"概念的探讨 [J]. 西南师范大学学报（人文社会科学版），2002（5）：125-128.

[28] Reichel A, Lowengart O, Milman A. Rural tourism in Israel：service

quality and orientation[J].Tourism Management，2000，21（5）：451-459.

[29] 郭焕成，韩非. 中国乡村旅游发展综述 [J]. 地理科学进展，2010,29（12）：1597-1605.

[30] 何景明. 国外乡村旅游研究述评 [J]. 旅游学刊，2003（1）：76-80.

[31] Dernoi L A．Farm Tourism in Europe[J].Tourism Management，1983，4:155-166.

[32] Inskeep E．Tourism Planning：An Integrated and Sustainable Development Approach[M]．US：Van Nostrand Reinhold，1991.

[33] Bramwell B，Lane B．Rural Tourism and Sustainable Rural Development[M].UK：Channel View Publications，1994.

[34] Sharpley R，Sharpley J．Rural Tourism：an Introduction[M]．London：International Thomson Business Press，1997.

[35] 王兵. 从中外乡村旅游的现状对比看我国乡村旅游的未来 [J]. 旅游学刊，1999（2）：38-42，79.

[36] 肖佑兴，明庆忠，李松志. 论乡村旅游的概念和类型 [J]. 旅游科学，2001（3）：8-10.

[37] 刘德谦. 关于乡村旅游、农业旅游与民俗旅游的几点辨析 [J]. 旅游学刊，2006（3）：12-19.

[38] 沈刚. 基于生态系统视角的乡村旅游空间地域性探讨 [J]. 干旱区资源与环境，2007（9）：102-105.

[39] 骆高远. 休闲农业与乡村旅游 [M]. 杭州：浙江大学出版社，2016：4.

[40] 张莞. 做好"农旅融合"这篇新文章 [J]. 人民论坛，2018（32）：88-89.

[41] 张晓玲. 可持续发展理论：概念演变、维度与展望 [J]. 中国科学院院刊，2018，33（1）：10-19.

[42] 罗慧，霍有光，胡彦华，等. 可持续发展理论综述 [J]. 西北农林科技大学学报（社会科学版），2004（1）：35-38.

[43] 李龙熙. 对可持续发展理论的诠释与解析 [J]. 行政与法（吉林省行政学院学报），2005（1）：3-7.

[44] 刘治彦. 我国可持续发展面临的挑战与对策 [J]. 人民论坛，2003（1）：

20-22.

[45] 邹统钎.旅游景区开发与管理[M].3版.北京：清华大学出版社，2011：1-3，24-34，45-72.

[46] 李天元.中国旅游可持续发展研究[M].天津：南开大学出版社，2004.

[47] 魏小安.中国旅游业发展的十大趋势[J].湖南社会科学，2003（6）：91-98.

[48] 吕君.旅游可持续发展的本质及其研究意义[J].北方经济，2006（12）：40-41.

[49] 杨颖.产业融合：旅游业发展趋势的新视角[J].旅游科学，2008（4）：6-10.

[50] 程锦，陆林，朱付彪.旅游产业融合研究进展及启示[J].旅游学刊，2011，26（4）：13-19.

[51] 厉无畏，王振.中国产业发展前沿问题[M].上海：上海人民出版社，2003：20.

[52] 马建云."乡村旅游，文化创意"产业融合发展的发力点[J].人民论坛，2019（16）：138-139.

[53] 周娟.以产业融合带动乡村旅游扶贫[N].海南日报，2020-05-27（A13）.

[54] 保继刚，楚义芳.旅游地理学[M].3版.北京：高等教育出版社，2012：134-144.

[55] Cooper C P. The destination life cycle：an update [M]//Seaton A V. Tourism：the state of the art. New York：Wiley，1994.

[56] 谢彦君.旅游地生命周期的控制与调整[J].旅游学刊，1995（2）：41-44，60.

[57] 杨森林."旅游产品生命周期论"质疑[J].旅游学刊，1996（1）：45-47.

[58] 余书炜."旅游地生命周期理论"综论：兼与杨森林商榷[J].旅游学刊，1997（1）：32-37.

[59] 许春晓."旅游产品生命周期论"的理论思考[J].旅游学刊，1997（5）：43-46.

[60] 阎友兵.旅游地生命周期理论辨析[J].旅游学刊，2001（6）：31-33.

[61] 祁洪玲，刘继生，梅林.国内外旅游地生命周期理论研究进展[J].地理科

学,2018,38(2):264-271.

[62] Haywood K M. Evolution of tourism areas and the tourism industry [M]// Butler R. The tourism area life cycle: applications and modification. Toronto: Channel View Publications,2006.

[63] 刘莉.利益相关者的利益保障研究 [D].长春:吉林大学,2007:6.

[64] 李正欢,郑向敏.国外旅游研究领域利益相关者的研究综述 [J].旅游学刊,2006(10):85-91.

[65] 陈志永,李乐京,梁涛.利益相关者理论视角下的乡村旅游发展模式研究:以贵州天龙屯堡"四位一体"的乡村旅游模式为例 [J].经济问题探索,2008(7):106-114.

[66] 郑仕华,张跃西,胡雁飞.浅析利益相关者理论对旅游地管理的启示 [J].消费导刊,2008(9):23-24.

[67] 不满生活受骚扰 南欧多地发生反游客游行 [N].华商报,2017-08-12(A1).

[68] 王兴斌."体验经济"新论与旅游服务的创新:《体验经济》读书札记 [J].桂林旅游高等专科学校学报,2003(1):16-20.

[69] 周业安.体验经济缘何盛行 [J].人民论坛,2019(13):86-87.

[70] 邹统钎.体验经济时代的旅游景区管理模式 [J].商业经济与管理,2003(11):41-44.

[71] 派恩二世,吉尔摩.体验经济 [M].夏业良,译.北京:机械工业出版社,2002.

[72] 张欣.文化记忆理论研究 [D].青岛:中国海洋大学,2015.

[73] 李正军,王清智.文化记忆理论视角下历史街区文脉传承探索 [J].设计,2015(17):76-77.

[74] 扬·阿斯曼,金寿福."文化记忆"理论的形成和建构 [N].光明日报,2016-03-26(11).

[75] 张宇婷.浅谈文化记忆 [J].大众文艺,2011(4):83.

[76] 高德武,郭凌,杨启智.基于羌族文化记忆的乡村旅游规划研究 [M].成都:四川大学出版社,2014.

[77] 余宏.基于文化记忆理论的城市文化记忆建构 [J].哈尔滨师范大学社会科

学学报，2019，10（2）：158-161.

[78] 王丹.传统节日研究的三个维度：基于文化记忆理论的视角[J].中国人民大学学报，2020，34（1）：164-172.

[79] 伍光和.自然地理学[M].4版.北京：高等教育出版社，2008.

[80] 朱合娟.旅游产品的原真性与商业化关系探究[J].商业时代，2013（34）：126-128.

[81] 邹统钎.中国乡村旅游发展模式研究：成都农家乐与北京民俗村的比较与对策分析[J].旅游学刊，2005（3）：63-68.

[82] 庄梅华.旅游原真性理论及实证研究的文献综述[J].价值工程，2015，34（24）：197-199.

[83] 樊信友，蒲勇健.乡村旅游原真性开发的博弈分析[J].西北农林科技大学学报（社会科学版），2013，13（5）：129-133.

[84] 韩通.城市近郊乡村旅游主题定位研究：以苏州旺山村为例[J].财经界，2012（2）：271-272.

[85] 中国社会科学院旅游研究中心.2018—2019年中国旅游发展分析与预测[M].北京：社会科学文献出版社，2018：105-107.

[86] 丁青.休闲农业面临难得的发展机遇：访农业部乡镇企业局局长张天佐[J].中国乡镇企业，2012（5）：14-15.

[87] 陈昱卉.基于旅游地生命周期第二曲线理论的乡村旅游产品升级研究[D].杭州：浙江工商大学，2008.

[88] 周静，卢东，杨宇.乡村旅游发展的起源及研究综述[J].资源开发与市场，2007（8）：764-765，733.

[89] 姚蔚蔚，尹启华.我国乡村旅游存在的问题及发展策略[J].农业经济，2018（1）：59-61.

[90] 中国农民旅游业协会第三次大会暨首届旅游农业研讨会在豫召开[J].旅游学刊，1989（2）：6.

[91] 韩阳.农家乐发展状况研究[J].新农业，2016（13）：9-11.

[92] 改革发源农家乐 创新引领乡村游[N].成都日报，2016-12-16（06）.

[93] 白骅.从郫县走向全国 中国农家乐发源地引领乡村旅游大浪潮[N].中国

旅游报，2016-12-16（A01）.

[94] 何景明.成都市"农家乐"演变的案例研究：兼论我国城市郊区乡村旅游发展[J].旅游学刊，2005，20（6）：71-74.

[95] 傅忠贤，易江莹.论"一村一品"与社会主义新农村建设的关系[J].经济研究导刊，2010（7）：32-33.

[96] 陈俊红，周连第.北京沟域经济发展模式的内涵及区划初探[J].广东农业科学，2012，39（9）：177-180，238.

[97] 赵方忠.北京山区凭什么崛起[J].投资北京，2009（12）：58-61.

[98] 何忠伟，李昀，王有年.北京市沟域经济发展的内涵与模式分析[J].农业经济问题，2010（9）：105-109.

[99] 张义丰，谭杰.北京沟域经济发展的理论与实践[M].北京：气象出版社，2009.

[100] 孙文文.北京成立沟域经济发展联合会"穷山沟"变"生态谷"[N].北京晚报，2017-06-05.

[101] 本刊记者.沟域经济成为京郊山区发展新亮点[J].北京农业，2010（19）：1-2.

[102] 郭淑敏，王秀芬，王立刚，等.北京市房山区沟域经济创新发展模式研究：国家现代农业示范区北京市房山区都市型现代农业创新发展模式之一[J].中国农业资源与区划，2015，36（5）：149-153.

[103] 李蕊.北京沟域典型农林复合经营经济效益分析[J].林业经济，2013（5）：125-128.

[104] 李庆国，高杨.沟域经济成为京郊发展新亮点[N].农民日报，2014-10-11（08）.

[105] 白云飞，王龙飞，王勇.沟域里 天地宽[N].洛阳日报，2020-07-25（03）.

[106] 黄红立.洛阳沟域经济赋能农业高质量发展[N].河南日报农村版，2020-09-22（09）.

[107] 徐登林，薛维睿.百县千村行 沟域经济赋能黑水贫困群众增收[EB/OL].川观新闻（2020-11-03）[2021-08-05].https：//cbgc.scol.com.cn/news/434083.

[108] 一片桃林托起尼木县"沟域经济"担负起群众脱贫重任 [EB/OL]. 澎湃新闻（2019-06-23）[2021-08-05]. https：//www.thepaper.cn/newsDetail_forward_3750378.

[109] 张晓华，陆健，史薇薇. 之江大地上的"三变三美" [N]. 光明日报，2023-06-25（04）.

[110] 白春明，尹衍雨，柴多梅，等. 我国田园综合体发展概述 [J]. 蔬菜，2018（2）：1-6.

[111] 马牧青. 乡村旅游：从旅游向旅居的转变 [N]. 中国文化报，2016-07-23（06）.

[112] 刘根生. 从乡村旅游步入乡村旅居 [N]. 南京日报，2018-03-05（B04）.

[113] 景再方，杨肖丽. 中国乡村旅居产业发展的制约因素与模式选择 [J]. 农业经济，2010（6）：31-33.

[114] 演克武，陈瑾，陈晓雪. 乡村振兴战略下田园综合体与旅居养老产业的对接融合 [J]. 企业经济，2018，37（8）：152-159.

[115] 庞小笑，侯琳，何琼盆. 乡村扶贫新模式：论旅居养老对乡村经济的影响：以浙江省鹿田村为例 [J]. 乐山师范学院学报，2018，33（3）：54-59.

[116] 胡川晋，高宇波，王崇恩，等. 旅居养老视角下的红色古村振兴研究：以山西地区为例 [J]. 建筑与文化，2019（10）：82-84.

[117] 潘斌，何君毅，黄林杰，等. 基于乡村旅居养老的苏南乡村适老问题及其对策研究 [J]. 上海城市规划，2020（6）：48-54.

[118] 程豪，杨钊. 从大众旅游到乡村旅居：乡村区域旅游发展的新趋势：基于元方法的驱动力分析与旅居地假设 [J]. 地理科学，2021，41（1）：83-91.

[119] 张亚卿，丁亚周，易兰兰. 休闲农业与乡村旅游发展条件探析 [J]. 南方农业，2018，12（32）：118-119.

[120] 赖泳源. 湖湘旅游论坛今日开讲 探索乡村振兴与乡村旅游发展 [EB/OL].（2018-06-24）[2021-08-09].http：//travel.voc.com.cn/article/201806/201806242228394702.html.

[121] 罗兹柏，杨国胜．中国旅游地理 [M]．天津：南开大学出版社，2011：19．

[122] PINE II P B，GILMORE J H. Welcome to the experience economy[J]. Harvard Business Review，1998，76（4）：97-105．

[123] 赵西萍．旅游市场营销学 [M]．北京：高等教育出版社，2011：6．

[124] 刘兵．乡村旅游应注重当地村民社区参与 [N]．大众日报，2017-04-17（05）．

[125] 孙九霞．守土与乡村社区旅游参与：农民在社区旅游中的参与状态及成因 [J]．思想战线，2006（5）：59-64．

[126] 王伟英．西递、宏村保护和开发模式的比较研究 [C]// 中国城市规划学会．生态文明视角下的城乡规划：2008 中国城市规划年会论文集．大连：大连出版社，2008：3391-3398．

[127] 李岚．西递、宏村的保护和旅游开发模式借鉴 [J]．云南电大学报，2010，12（2）：86-89．

[128] 李婧．乡村旅游：旅游投资的下一个风口？ [N]．中国文化报，2015-06-06（02）．

[129] 张雪．乡村旅游要提升品质 [N]．经济日报，2018-12-25（015）．

[130] 李剑锋，黄泰圭，屈学书．近 30 年来我国乡村旅游政策演进与前瞻 [J]．资源开发与市场，2019，35（7）：968-972．

[131] 崔晶．今年世界旅游日主题为"旅游与乡村发展" [N]．中国旅游报，2020-09-11（01）．

[132] 李志刚，寇小萱．中国和印度入境旅游发展比较 [J]．旅游学刊，2008（10）：29-33．

[133] 廖越．第六声学者计划｜地方政府为什么热衷于旅游扶贫 [EB/OL]．(2018-08-11)[2022-07-08].https://www.thepaper.cn/newsDetail_forward_2327570.

[134] 伍策，高峰．强化要素保障 推动乡村旅游产业健康发展 [EB/OL]．(2018-12-10)[2022-07-08]. https://www.sohu.com/a/280837021_116897.

[135] 中国旅游报．乡村旅游投资贵在多方共赢 [J]．魅力中国，2017（3）：前插 12- 前插 13．

[136] 费孝通．行行重行行 [M]．银川：宁夏人民出版社，1992：539．

[137] 王忠武．科学发展观与发展模式创新 [J]．泰山学院学报，2005（1）：74-78．

[138] 马勇，赵蕾，宋鸿，等.中国乡村旅游发展路径及模式：以成都乡村旅游发展模式为例[J].经济地理，2007（2）：336-339.

[139] 宋林飞.中国经济发展模式的理论探讨：费孝通的一项重要学术贡献[J].江海学刊，2006（1）：65-71.

[140] 洪银兴，陈宝敏.苏南模式的新发展兼与温州模式比较[J].改革，2001（4）：53-58.

[141] 肖佑兴，明庆忠，李松志.论乡村旅游的概念和类型[J].旅游科学，2001（3）：8-10.

[142] 戴斌，周晓歌，梁壮平.中国与国外乡村旅游发展模式比较研究[J].江西科技师范学院学报，2006（1）：16-23.

[143] 苏飞，王中华.乡村振兴视域下的中国乡村旅游发展模式、动力机制与国际经验借鉴[J].世界农业，2020（2）：115-119，127.

[144] 张树民，钟林生，王灵恩.基于旅游系统理论的中国乡村旅游发展模式探讨[J].地理研究，2012，31（11）：2094-2103.

[145] 池静，崔凤军.乡村旅游地发展过程中的公地悲剧研究：以杭州梅家坞、龙坞茶村、山沟沟景区为例[J].旅游学刊，2006（7）：17-23.

[146] 江林茜，张霞.乡村旅游经济发展模式初探：以成都农家乐为例[J].求实，2006（增刊1）：244-245.

[147] 包文娟.四川地震灾区乡村生态旅游发展模式研究[D].成都：西南交通大学，2011：29-30.

[148] 王云才，许春霞，郭焕成.论中国乡村旅游发展的新趋势[J].干旱区地理，2005（6）：862-868.

[149] 刘盛和，杜红亮.四川成都市农家乐的兴起及存在问题与发展对策[C]//亚洲大学.休闲农业与乡村旅游发展第二届海峡两岸休闲农业与观光旅游学术研讨会论文集.徐州：中国矿业大学出版社，2004：7.

[150] 陈晨.新农村建设过程中的乡村旅游模式研究[D].兰州：兰州大学，2009：37-38.

[151] 王瑞花，张兵，尹弘.国外乡村旅游开发模式初探[J].云南地理环境研究，2005（2）：73-76.

[152] 李德明，程久苗.乡村旅游与农村经济互动持续发展模式与对策探析[J].人文地理，2005（3）：84-87.

[153] 郑群明，钟林生.参与式乡村旅游开发模式探讨[J].旅游学刊，2004（4）：33-37.

[154] 罗明义.云南发展乡村旅游的特点和模式[J].旅游学刊，2006（5）：9.

[155] 潘顺安.中国乡村旅游驱动机制与开发模式研究[D].长春：东北师范大学，2007：117-121.

[156] 叶林红.构建乡村旅游发展新模式：以南阳市卧龙区为例[J].资源与产业，2006（5）：56-59.

[157] 邹再进.欠发达地区乡村旅游发展模式探讨[J].调研世界，2006（12）：17-20.

[158] 李源，陈琴，张述林.国内乡村旅游发展模式研究综述[J].浙江万里学院学报，2013，26（6）：34-38.

[159] 舒伯阳.中国观光农业旅游的现状分析与前景展望[J].旅游学刊，1997（5）：40-42.

[160] 胡爱娟.休闲农业结构布局及发展模式研究：以杭州市为例[J].生态经济，2011（1）：104-107，112.

[161] 来璐，李世峰，谭建欣，等.大城市边缘区观光休闲农业发展模式探讨：以昆明市为例[J].山西农业大学学报（社会科学版），2010，9（2）：177-180.

[162] 王忠林.休闲农业旅游的发展模式和策略[J].长春工业大学学报（社会科学版），2011，23（4）：145-147.

[163] 伽红凯，王雨霏，邹铃，等.中国休闲农业研究综述[J].天津农业科学，2016，22（2）：64-68.

[164] 牛君仪.都市休闲农业的发展模式与对策[J].生态经济，2014，30（1）：124-127，143.

[165] 葛威.福建省休闲农业的发展模式及策略研究[D].福州：福建农林大学，2014：28-35.

[166] 康杰，杨欣.北京都市休闲农业的发展模式及对策建议[J].北京农业职

业学院学报，2016，30（3）：11-15.

[167] 冯建国，杜姗姗，陈奕捷. 大城市郊区休闲农业园发展类型探讨以北京郊区休闲农业园区为例 [J]. 中国农业资源与区划，2012，33（1）：23-30.

[168] 丁金胜. 青岛地区休闲农业空间布局及发展模式研究 [J]. 中国农业资源与区划，2016，37（8）：103-109.

[169] 张润清，赵邦宏，曹盼. 休闲农业发展模式分析 [J]. 经济论坛，2011（8）：141-143.

[170] 帅娅娟. 休闲农业发展模式研究 [D]. 长沙：湖南师范大学，2008：11-19.

[171] 赵国如. 休闲农业的发展模式与模式选择 [J]. 中国发展，2009，9（2）：63-71.

[172] 靳晓青. 我国观光休闲农业发展的空间布局和发展模式研究 [D]. 石家庄：河北师范大学，2011：33-43.

[173] 胡晓燕. 成都市休闲农业与乡村旅游发展模式研究 [D]. 成都：四川农业大学，2016：22-47.

[174] 杨义菊. 武汉休闲农业与乡村旅游发展模式探析 [J]. 现代农业，2015（10）：105-108.

[175] 王婷婷. 山西省休闲农业和乡村旅游发展的模式选择及对策研究 [J]. 经济师，2015（4）：178-179，181.

[176] 耿品富，梅素娟，肖兴跃，等. 乌当区休闲农业与乡村旅游管理经营模式探索 [J]. 贵州农业科学，2012，40（5）：205-209，213.

[177] 潘顺安. 中国乡村旅游驱动机制与开发模式研究 [D]. 长春：东北师范大学，2007：113.

[178] 邹统钎，马欣，张昕玲. 乡村旅游可持续发展的动力机制与政府规制 [J]. 杭州师范学院学报：社会科学版，2006（2）：64-67.

[179] 杨世河，章锦河，戴昕. 基于类型的乡村旅游竞争力研究 [J]. 资源开发与市场，2008，24（4）：361-364.

[180] 杨蜜蜜，龙茂兴，刘建平. 景区边缘型乡村旅游发展探讨 [J]. 生态经济，

2009（1）：142-144.

[181] 李伯华，刘沛林，窦银娣，等.景区边缘型乡村旅游地人居环境演变特征及影响机制研究：以大南岳旅游圈为例 [J].地理科学，2014，34（11）：1353-1360.

[182] 汪宇明.核心－边缘理论在区域旅游规划中的应用 [J].经济地理，2002，22（3）：372-375.

[183] 严春艳，甘巧林.旅游核心区与边缘区协同发展研究：以广东省为例 [J].热带地理，2003，23（4）：371-375.

[184] 张河清，成红波."核心－边缘"理论在南岳衡山区域旅游产品开发中的运用 [J].地域研究与开发，2005，24（3）：68-71.

[185] 龙茂兴，罗进.景区边缘型乡村旅游发展理论探究 [J].商业研究，2008（7）：198-201.

[186] 陈萍.景区带动型乡村旅游精准扶贫：内涵、机制与实现路径 [J].生态经济，2019，35（6）：120-124.

[187] 韩卢敏，焦华富，李俊峰.景区边缘型乡村旅游地开发研究：兼论黄山风景区周边乡村旅游开发 [J].安徽师范大学学报（自然科学版），2011，34（2）：186-190.

[188] 陈强.十渡大街"美容"记 [N].北京日报，2021-03-09（10）.

[189] 孟辉.从"砍"树人到"看"树人 [N].人民日报，2007-07-11（01）.

[190] 李中文，窦瀚洋.村民更团结 乡村更兴旺 [N].人民日报，2021-04-20（02）.

[191] 马克思恩格斯全集：第1卷 [M].北京：人民出版社，1995：104.

[192] 吴国清.市场导向与上海郊区旅游开发初探 [J].人文地理，1996（3）：69-71.

[193] 邵黎明.上海郊区旅游业发展对策研究 [J].地域研究与开发，1998（1）：70-72.

[194] 吴必虎，黄安民，孔强.长春市城市游憩者行为特征研究 [J].旅游学刊，1996（2）：26-29，62-63.

[195] 李九全.西安环城风景区旅游开发研究 [J].经济地理，1999（1）：125-

128.

[196] 吴必虎.大城市环城游憩带（ReBAM）研究：以上海市为例 [J].地理科学，2001（4）：354-359.

[197] 苏平，党宁，吴必虎.北京环城游憩带旅游地类型与空间结构特征 [J].地理研究，2004（3）：403-410.

[198] 张金霞.武汉市环城游憩带乡村旅游合作研究 [J].特区经济，2007（2）：184-185.

[199] 宋雪茜，黄萍.成都环城游憩带乡村旅游发展研究 [J].特区经济，2007（3）：204-205.

[200] 周继霞，苏维词.重庆环城游憩带乡村旅游可持续发展评价研究 [J].乡镇经济，2007（7）：36-40.

[201] 李露.基于环城游憩带视角的都市休闲农业景观营建研究：以成都市为例 [D].北京：北京林业大学，2016.

[202] 卢小丽，成宇行.环城游憩带乡村旅游发展影响因素研究评述 [J].生态经济，2014，30（2）：176-179.

[203] 谢彦君.以旅游城市作为客源市场的乡村旅游开发 [J].财经问题研究，1999（10）：79-81.

[204] 北京大学"多途径城市化"研究小组.多途径城市化 [M].北京：中国建筑工业出版社，2013：239-242.

[205] 张明海.三十而立农家乐往何处去？ [N].四川日报数字版，2016-12-21（07）.

[206] 吴必虎，黄琢玮，殷柏慧.中国城郊型休闲农业吸引物空间布局研究 [C]// 中国地理学会持续农业与乡村发展专业委员会、北京市科学技术协会、台湾台中健康暨管理学院、北京市延庆县人民政府.海峡两岸观光休闲农业与乡村旅游发展：海峡两岸观光休闲农业与乡村旅游发展学术研讨会论文集.徐州：中国矿业大学出版社，2002：7.

[207] 王壹.优势特色产业集群已成为区域经济发展引擎 [N].农民日报，2021-01-25（06）.

[208] 邵明华，张兆友.国外文旅融合发展模式与借鉴价值研究 [J].福建论坛

（人文社会科学版），2020（8）：37-46.

[209] 郭占武，张仕珍. 乡村旅游与产业化发展 [N]. 中国旅游报，2016-09-05（04）.

[210] 陆嘉，彭震伟，李玉琳. 庄园模式在我国农村地区发展中的应用探讨：以沈阳康平县卧龙湖地区发展规划为例 [C]// 和谐城市规划：2007 中国城市规划年会论文集. 黑龙江：黑龙江科学技术出版社，2007：2371-2377.

[211] 刘丽君，郭宏杰. 我国乡村旅游开发模式研究 [J]. 安徽农业科学，2008（16）：6907-6908.

[212] 尹宏祯. 城镇化过程中文化小镇建设的比较研究：以中国古镇和国外文化小镇为例 [J]. 长春市委党校学报，2013（6）：46-49.

[213] 董祎垚，李芊芊，王佳琪，等. 对平泉县食用菌产业发展的几点思考 [J]. 商场现代化，2017（22）：15-16.

[214] 尉迟国利. 中国食用菌品牌集群在平泉成立 [N]. 河北日报，2021-04-21（11）.

[215] 王力，卢丙文. 平泉县食用菌产业带动农业转型升级 [J]. 农村财政与财务，2012（3）：47.

[216] 高静，刘春济. 论创意旅游：兼谈上海都市旅游的提升战略 [J]. 旅游科学，2010，24（3）：12-19，38.

[217] 许艺琳. 乡村振兴背景下凤羽镇创意旅游发展研究：基于文化资源开发视角 [D]. 昆明：云南财经大学，2022：1-3.

[218] 厉无畏，王慧敏，孙洁. 创意旅游：旅游产业发展模式的革新 [J]. 旅游科学，2007（6）：1-5.

[219] 周钧，冯学钢. 创意旅游及其特征研究 [J]. 桂林旅游高等专科学校学报，2008（3）：394-397，401.

[220] 厉无畏，王慧敏，孙洁. 论创意旅游：兼谈上海都市旅游的创新发展思路 [J]. 经济管理，2008（1）：70-74.

[221] 冯学钢，于秋阳. 论旅游创意产业的发展前景与对策 [J]. 旅游学刊，2006（12）：13-16.

[222] 兰玉. 创意经济理论初探 [J]. 合作经济与科技，2008（8）：33-34.

[223] 赵敏. 创意理论研究的新领域 [N]. 中国社会科学报，2022-04-15（07）.

[224] 潘海颖，张莉莉. 创意旅游之内涵特征、构建图谱与发展前瞻 [J]. 旅游学刊，2019，34（5）：128-136.

[225] 于秋阳，冯学钢. 文化创意助推新时代乡村旅游转型升级之路 [J]. 旅游学刊，2018，33（7）：3-5.

[226] 吴学成，李江风，蒋琴，等. 创意旅游：休闲农业的转型升级和提升路径 [J]. 农业经济，2014（2）：36-38.

[227] 渠岩，王长百. 许村 艺术乡建的中国现场 [J]. 时代建筑，2015（3）：44-49.

[228] 渠岩. 艺术乡建 从许村到青田 [J]. 时代建筑，2019（1）：54-59.

[229] 赵华，于静. 新常态下乡村旅游与文化创意产业融合发展研究 [J]. 经济问题，2015（4）：50-55.

[230] 吴必虎. 旅游研究与旅游发展 [M]. 天津：南开大学出版社，2009：39-45.

[231] 韩春鲜. 新疆旅游经济发展水平与旅游资源禀赋影响研究 [J]. 生态经济，2009（10）：62-66.

[232] 刘通，倪青山. 资源依托型特色经济发展和结构调整 [J]. 宏观经济管理，2007（2）：51-54.

[233] 孙东峰. 资源依托型县域经济可持续发展路径选择 [J]. 农业经济问题，2008（9）：96-99.

[234] 高丽华. 资源依托型旅游产品创新研究：以苏州古典园林为例 [D]. 苏州：苏州大学，2003：1-2.

[235] 秦皇岛环长城旅游公路开工建设 [J]. 石油沥青，2016，30（6）：72.

[236] 曹大为. 凝聚中华民族的历史丰碑：评长城的历史作用 [C]// 中国长城学会. 长城国际学术研讨会论文集. 长春：吉林人民出版社，1994：38-52.

[237] 莫莉秋. 国外乡村旅游发展的典型模式 [J]. 人民论坛，2017（31）：202-203.

[238] 朱海艳.旅游产业融合模式研究 [D].西安：西北大学，2014：1-5.

[239] 彭燕平.乡村旅游经营模式研究 [D].济南：山东大学，2007：25-28.

[240] 程坦.我国乡村旅游发展的模式分析 [J].旅游纵览（行业版），2012（10）：78-79.

[241] 廖珍杰，张丽娟.乡村旅游社区参与模式的选择与完善 [J].哈尔滨商业大学学报（社会科学版），2010（1）：105-108，114.

[242] 李宪宝，张思蒙.我国乡村旅游及其发展模式分析 [J].青岛科技大学学报（社会科学版），2018，34（1）：49-54，64.

[243] 李春宝.安吉天荒坪森林小镇：美丽乡村旅游新高地 [J].浙江林业，2016（10）：12-13.

[244] 郑群明，钟林生.参与式乡村旅游开发模式探讨 [J].旅游学刊，2004（4）：33-37.

[245] 赵剑峰.北京蟹岛创新的循环经济发展模式分析 [J].世界农业，2006（9）：13-16.

[246] 陈晓，吴芝薇.基于产业振兴视角的乡村旅游发展再思考：以北京蟹岛度假村为例 [C]//活力城乡 美好人居：2019中国城市规划年会论文集（18 乡村规划）.北京：中国建筑工业出版社，2019：1148-1154.

[247] 邹统钎.基于生态链的休闲农业发展模式：北京蟹岛度假村的旅游循环经济研究 [J].北京第二外国语学院学报，2005（1）：64-69.

[248] 刘祥恒.城郊农业旅游发展研究：以蟹岛度假村为例 [J].郑州航空工业管理学院学报，2016，34（1）：92-96.

[249] 仝志辉，陈淑龙.改革开放以来中国农村集体经济的四个发展阶段 [J].乡村振兴，2020（9）：40-43.

[250] 彭海红.中国农村集体经济的现状及发展前景 [J].红旗文稿，2010（23）：16-18.

[251] 张银锋.留民营 [J].开放时代，2013（5）：2，225.

[252] 周立，奚云霄，马荟，等.资源匮乏型村庄如何发展新型集体经济？：基于公共治理说的陕西袁家村案例分析 [J].中国农村经济，2021（1）：91-111.

[253] 吴正海，范建刚．资源整合与利益共享的乡村旅游发展路径：以陕西袁家村为例 [J]．西北农林科技大学学报（社会科学版），2021，21（2）：70-79．

[254] 熊金银．社区参与乡村旅游模式选择与优化 [J]．农业经济，2015（12）：40-41．

[255] 廖珍杰．乡村旅游社区参与典型模式的比较与选择研究 [D]．湘潭：湘潭大学，2008：16-20．

[256] 蒋海萍，王燕华，李经龙．基于社区参与的古村落型遗产地旅游开发模式研究：以皖南古村落西递、宏村为例 [J]．华东经济管理，2009，23（8）：24-28．

[257] 魏昕伊．乡村旅游开发中企业与农户的合作机制研究 [J]．现代化农业，2019（1）：48-51．

[258] 吴天龙，张灿强．乡村旅游发展模式及对比分析 [J]．当代农村财经，2017（10）：48-52．

[259] 何艳琳，耿红莉．论政府在乡村旅游产业组织模式中的作用 [J]．商业时代，2012（5）：119-122．

[260] 王媛，许欢科．基于游客感知的桂林大圩毛洲岛乡村旅游服务质量研究 [J]．桂林师范高等专科学校学报，2019，33（4）：17-22．

[261] 王德刚，孙平．农民股份制新型集体经济模式研究：基于乡村旅游典型案例的剖析 [J]．山东大学学报（哲学社会科学版），2021（1）：142-151．

[262] 谢雨萍．我国旅游行业股份制改造初探 [J]．桂林旅游高等专科学校学报，1999（1）：52-56．

[263] 庄秀琴，郑海涛．周庄古镇生命周期研究 [J]．商场现代化，2006（3）：184-186．

[264] 曾博伟．中国旅游小城镇发展研究 [D]．北京：中央民族大学，2010：139．

[265] 徐致云，陆林．周庄旅游保护与开发研究 [J]．资源开发与市场，2006（5）：476-478，485．

[266] 陈志永，周杰，况志国．贵州乡村旅游开发天龙模式和郎德模式的比较

[J]. 贵州农业科学，2009，37（6）：250-255.

[267] 李乐京，陈志永. 天龙屯堡"政府，公司，旅行社，农民旅游协会"的乡村旅游发展模式研究[J]. 生态经济，2007（6）：117-121.

[268] 陈斌，周龙. 乡村旅游开发中社区居民参与地位的演变考察：以黔中天龙屯堡为例[J]. 贵州师范学院学报，2015，31（10）：58-63.

[269] 陈志永，李乐京，梁涛. 利益相关者理论视角下的乡村旅游发展模式研究：以贵州天龙屯堡"四位一体"的乡村旅游模式为例[J]. 经济问题探索，2008（7）：106-114.

[270] 陈志永，吴亚平，李天翼. 乡村旅游资源开发的阶段性演化与产权困境分析：以贵州天龙屯堡为例[J]. 热带地理，2012，32（2）：201-209.

[271] 徐刚. 贵州乡村旅游可持续发展的困境及破解：以安顺天龙屯堡为例[J]. 贵州社会科学，2014（8）：116-118.

[272] 吴忠军，潘福之. 基于产权理论的乡村旅游与农民增收研究：以贵州天龙屯堡为例[J]. 广西师范大学学报（哲学社会科学版），2014，50（1）：63-67.

[273] 陈斌，韩雷. 屯堡乡村旅游开发模式的隐患探析：以贵州省平坝县"天龙模式"为例[J]. 安顺学院学报，2013，15（3）：10-12，22.

[274] 周真刚，胡曼. 试析文化遗产保护中的权利冲突：以贵州安顺天龙屯堡、云峰屯堡为例[J]. 民族研究，2018（3）：15-26，123.

[275] 王咏，陆林，章德辉，等. 古村落型旅游地管理体制研究：以黟县西递、宏村为例[J]. 安徽师范大学学报（自然科学版），2006（3）：294-297，306.

[276] 尹寿兵，刘云霞，赵鹏. 景区内旅游小企业发展的驱动机制：西递村案例研究[J]. 地理研究，2013，32（2）：360-368.

[277] 王莉，陆林，王咏，等. 古村落旅游地利益主体关系及影响研究：世界文化遗产地西递、宏村实证分析[J]. 资源开发与市场，2006（3）：276-279.

[278] 鲁峰，秦玲. 乡村旅游社区和谐发展评价及指标体系构建：以宏村为例[J]. 科技和产业，2012，12（11）：41-46，96.

[279] 刘慧洁. 基于利益主体理论的古村落旅游开发模式比较: 以西递、宏村为例 [J]. 经济研究导刊, 2014 (31): 236-237.

[280] 贾荣. 乡村旅游经营与管理 [M]. 北京: 北京理工大学出版社, 2016.

[281] 陈曦. 政府主导型旅游发展战略 [J]. 边疆经济与文化, 2007 (7): 12-13.

[282] 章尚正. "政府主导型" 旅游发展战略的反思 [J]. 旅游学刊, 1998 (6): 21-22.